Eilco Kasemier
Gerard van Straaten

ABENTEUERLICHE REISE UM DIE WELT

Delius Klasing Verlag

Titel der holländischen Originalausgabe
ALLEEN ROND DE WERELD

ISBN 3-7688-0545-X

Übersetzung: Wulf Barow, Heinz Johnen (Anhang)
Printed in Germany 1986
Gesamtherstellung: Kunst- und Werbedruck Bad Oeynhausen

Einleitung

Fast jeder Segler träumt einmal von tropischen Stränden, einem milden Passatwind, davon, mit dem eigenen Boot in einer exotischen Lagune herumzuschippern.

Dieses Buch spiegelt in Wort und Bild die Verwirklichung eines solchen Traumes wider, läßt den Leser und Betrachter teilhaben an den Begegnungen mit Menschen unterschiedlichster Nationalität, an Erlebnissen ganz besonderer Art, aber auch an der Gefühlswelt eines Mannes, der einhand über die Weltmeere segelt.

Es ist zehn Jahre her, daß ich den Bau meines Traumschiffes in Auftrag geben konnte – dank meiner Frau Ellen, die stets bemüht war, mich bei der Realisierung meiner Pläne zu unterstützen. Ihrer Mitwirkung ist es denn auch zu verdanken, daß ich drei Jahre später zu meiner Traumreise um die Welt starten konnte.

Ellen besuchte mich auf Bali und auf den Kleinen Antillen – gleichsam Stecknadelköpfe auf der Seekarte, die nach sieben oder acht Wochen Ozeanüberquerung genau zu dem Zeitpunkt am Horizont auftauchten, als Ellens Flugzeug zur Landung ansetzte. Das waren Augenblicke tiefempfundenen Glücks und großer Genugtuung, ausreichend eigentlich für ein ganzes Menschenleben.

Durch die vorausgegangene mentale Vorbereitung auf das tägliche Leben nach der großen Reise, durch das Geschäft, das meinen ganzen Einsatz erforderte, empfand ich die Integration nach einer so langen Zeit weniger belastend, als ich es erwartet hatte. Im Grunde war es nicht anders als nach der Rückkehr von einem ganz gewöhnlichen Urlaub.

Als ich mich dem normalen Lebensrhythmus mit allen seinen Vor- und Nachteilen wieder angepaßt hatte, lernte ich den Zeichner und Illustrator Gerard van Straaten kennen. Das hatte zur Folge, daß ich meine Reise aufs neue erlebte, denn mit gekonnter Feder hielt Gerard die interessantesten Augenblicke auf 102 Seiten im Bild fest. Es war dann die logische Konsequenz, daraus dieses Buch zu machen.

Bernard Moitessier, ein berühmter Weltumsegler, schreibt in einem seiner Bücher:
„Es gibt zwei Dinge, die furchtbar sind für einen Mann:
einen Jugendtraum nicht verwirklichen zu können und . . . ihn verwirklicht zu haben.“

Sollte er recht behalten?

Eilco Kasemier

EIN TRAUMSCHIFF WIRD WIRKLICHKEIT.

HERR KASEMIER!
...UND DAS DU DANN ALL DIE ZEIT DIE GANZE ARBEIT HIER ALLEINE HAST...?
JA, WAS IST, KATRIEN?
DIE GÄSTE VON 33 HABEN DAS BIDET ALS TOILETTE BENUTZT!
OH NEIN!...
JA, EH, SAUBERMACHEN ...WARTE...ICH KOMME EBEN SELBST MIT.
ELLEN, WAS MEINST DU, SOLLTE ICH MIR DIE GANZE WELTREISE NICHT BESSER AUS DEM KOPF SCHLAGEN?
EILCO!!!
NUN HÖR MIR MAL GUT ZU! SEIT UNSERER HOCHZEIT LIEGST DU MIR IN DEN OHREN MIT DEINER WELTUMSEGLUNG. WENN DU JETZT NICHT BEI DER STANGE BLEIBST, WIRST DU DICH FÜR DEN REST DEINES LEBENS ÄRGERN, ES NICHT AUSGEFÜHRT ZU HABEN!
GIB DEIN BOOT IN AUFTRAG UND MACH DEINE WELTREISE, ICH KOMM HIER SCHON ZURECHT!
O.K!
DREI JAHRE SPÄTER: BROUWERSHAVEN 1. MÄRZ 1975
SIEH DOCH NUR, WAS FÜR EINEN SCHÖNEN SPRUNG DAS SCHIFF HAT UND ES LIEGT EXAKT AUF DER WASSERLINIE. JETZT NOCH DIE MASTEN UND WIR SIND SOWEIT.

CROSSHAVEN, IRLAND, JULI 1975... SKIPPER KASEMIER BRINGT DEN LETZTEN MANN SEINER BESATZUNG ZUM TAXI.
WILLEM, KANNST NOCH 'NEN LETZTEN BLICK AUF BYLGIA WERFEN.
DU BIST ZU BENEIDEN, EILCO. ICH MUSS NACH HAUSE UND DU HAST NOCH EINEN HERRLICHEN EINHANDTÖRN VOR DIR.
KOMM GUT NACH HAUSE, WILLEM! DU WARST EIN PRIMA MAAT!
WIEDER AN BORD...
FÜR MEINE ERSTE REISE WAR DAS EIN GUTER BEGINN. ... ZUSAMMEN MIT DEN JUNGS... NUR ... ICH VERMISSE SIE BEREITS... KOMISCH... ICH FÜHL MICH GENAUSO TRÜBSELIG, WIE VOR VIELEN JAHREN, 1947, ALS...
ICH MIT MEINEM FREUND PIETER AN DER CÔTE AZUR AUF ARBEITSSUCHE WAR...
ES IST ZWECKLOS, EILCO, WIEDER KEINE ARBEIT. VON MEINEN LETZTEN GROSCHEN WERD ICH MIR 'NE BRIEFMARKE KAUFEN UND...
AUGENBLICK MAL, DA LIEGT 'NE KIPPE!
CARLTON
...MEINEM VATER EINEN BRIEF SCHREIBEN UND IHN BITTEN, MIR DAS GELD FÜR DIE RÜCKREISE ZU SCHICKEN. TUT MIR LEID, ABER DU SIEHST ES JA SELBST, HIER KOMMEN WIR AUF KEINEN GRÜNEN ZWEIG!
DAS GELD TRAF EIN...
VIEL GLÜCK UND ADIEU!
PARIS
GUTE REISE! GRÜSS ALLE VON MIR IN HOLLAND!
UND WAS NUN, KASEMIER? ZURÜCK WILLSTE NICHT! UND OHNE FREUND IST ES AUCH NICHT MEHR LUSTIG ....
DANN KAM TANGER, KONGO, KAPSTADT, HOOG SOEREN...
19. JULI 1975 KASEMIER UNTERNIMMT SEINEN ERSTEN EINMONATIGEN EINHANDTÖRN VON IRLAND ÜBER ISLAND, DIE SHETLAND INSELN, NORWEGEN NACH TERSCHELLING.

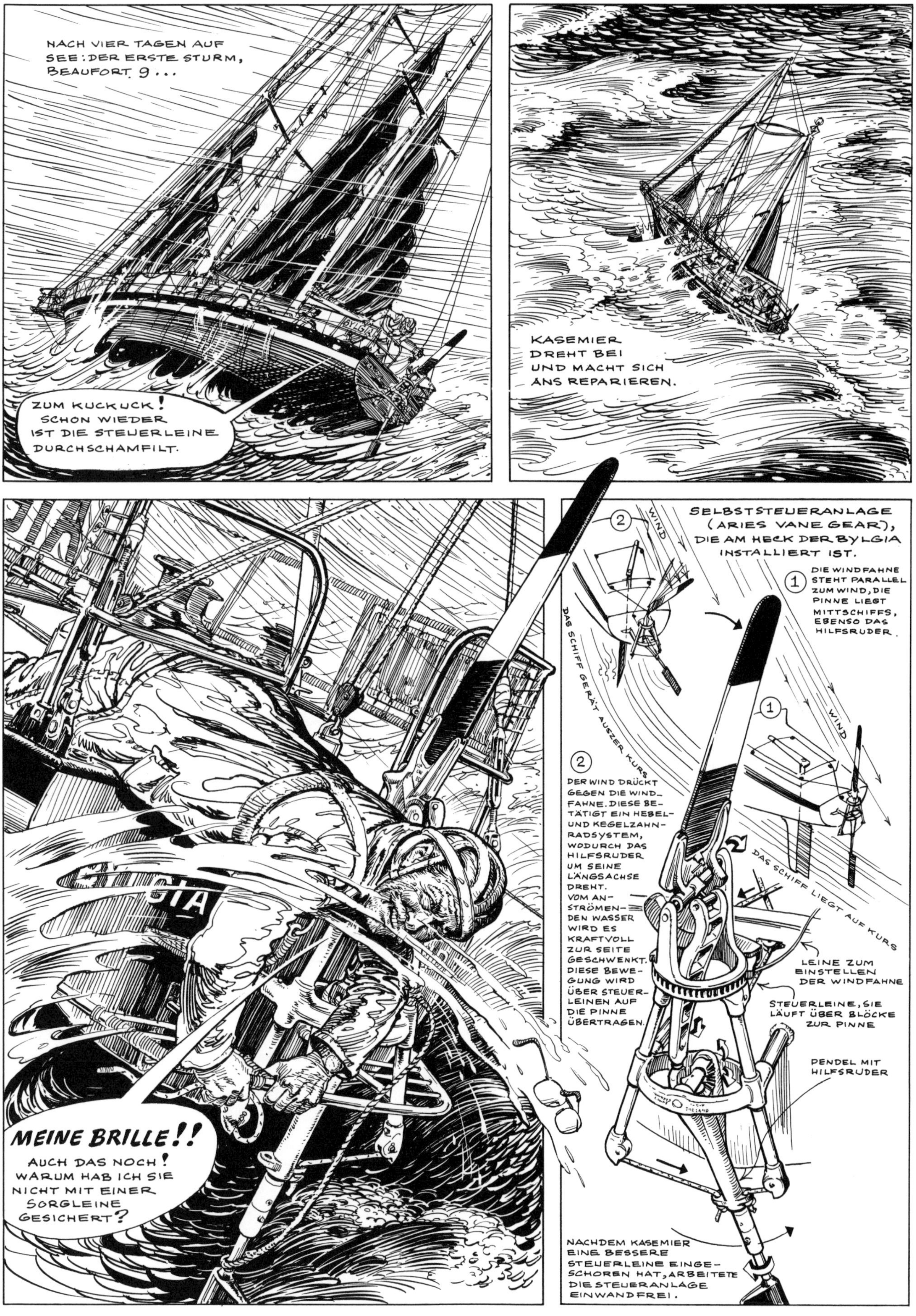
NACH VIER TAGEN AUF SEE: DER ERSTE STURM, BEAUFORT 9 ...
ZUM KUCKUCK! SCHON WIEDER IST DIE STEUERLEINE DURCHSCHAMFILT.
KASEMIER DREHT BEI UND MACHT SICH ANS REPARIEREN.
MEINE BRILLE!! AUCH DAS NOCH! WARUM HAB ICH SIE NICHT MIT EINER SORGLEINE GESICHERT?
SELBSTSTEUERANLAGE (ARIES VANE GEAR), DIE AM HECK DER BYLGIA INSTALLIERT IST.
WIND
① DIE WINDFAHNE STEHT PARALLEL ZUM WIND, DIE PINNE LIEGT MITTSCHIFFS, EBENSO DAS HILFSRUDER.
DAS SCHIFF GERÄT AUSZER KURS
② DER WIND DRÜCKT GEGEN DIE WINDFAHNE. DIESE BETÄTIGT EIN HEBEL- UND KEGELZAHNRADSYSTEM, WODURCH DAS HILFSRUDER UM SEINE LÄNGSACHSE DREHT. VOM ANSTRÖMENDEN WASSER WIRD ES KRAFTVOLL ZUR SEITE GESCHWENKT. DIESE BEWEGUNG WIRD ÜBER STEUERLEINEN AUF DIE PINNE ÜBERTRAGEN.
DAS SCHIFF LIEGT AUF KURS
LEINE ZUM EINSTELLEN DER WINDFAHNE
STEUERLEINE, SIE LÄUFT ÜBER BLÖCKE ZUR PINNE
PENDEL MIT HILFSRUDER
NACHDEM KASEMIER EINE BESSERE STEUERLEINE EINGESCHOREN HAT, ARBEITETE DIE STEUERANLAGE EINWANDFREI.

NACHDEM ER SEINE STEUERANLAGE VERNÜNFTIG REPARIERT HAT, REITET KASEMIER SEINEN ERSTEN AUSGEWACHSENEN STURM AB, MIT DEM FAST GANZ WEGGEROLLTEN KLÜVER, DER STURMFOCK, DEM EINMAL GEREFFTEN BESANSTAGSEGEL UND DEM DOPPELT GEREFFTEN BESAN.
NACH DEM STURM VOR ANKER BEI DEN SHETLAND-INSELN... ZUFRIEDEN MIT SEINER NAVIGATION UND DER SEETÜCHTIGKEIT SEINES SCHIFFES GÖNNT SICH DER SKIPPER EINEN AUSGEDEHNTEN SCHLAF.
WINDSTÄRKE 9! UND WIE SICH MEIN SCHIFF DABEI MACHT! PHANTASTISCH!
ÜBER NORWEGEN ZURÜCK NACH HOLLAND...
GENAU RICHTIG DIE HÖHE DER SEERELING. MAN GUT, DASS ICH DAMALS BEIM BAU DARAUF GEACHTET HABE...
BIN GESPANNT, WIE WEIT MEIN SCHIFF GEDIEHEN IST.
BROUWERSHAVEN 1974

DIESE RELING-STÜTZEN SIND DOCH KEINE 80 cm LANG!
70 cm! WOHER HABEN SIE DAS MASS FÜR DIE RELINGSTÜTZEN?
AUS DEM SEGELPLAN.
GUTER MANN! DIE RICHTIGEN MASSE STEHEN AUF DER BAU-ZEICHNUNG, MASS-STAB 1:10!
ICH WILL AUF ALLE FÄLLE RELING-STÜTZEN VON 80 cm LÄNGE!
DAFÜR IST ES JETZT ZU SPÄT!
EINE WOCHE VERGEHT... KASEMIER IST WIEDER AUF DER WERFT.
SIEH MAL AN! DIE HABEN 10 cm DRAUF-GESCHWEISST.
BYLGIA LÄUFT WEST-TERSCHELLING AN.
WILLEM WARTET SICHER SCHON AUF MICH, UM MIT MIR NACH HARLINGEN ZU SEGELN.
BEIM ANLEGEN SCHWENKT DAS HILFSRUDER AUS UND BRICHT.
HOPPLA! WO BIN ICH GEGENGEKOMMEN?
BYLGIA
KRAK!
HARLINGEN SEPT. 1975
ICH BIN JETZT EINEN MONAT UNTERWEGS GEWESEN, WILLEM. ICH HOFFE NUR, DASS ELLEN ALLEIN FERTIG GEWORDEN IST.
DA DRÜBEN STEHT SIE UND WINKT DIR ZU!
WIE GUT DU AUSSIEHST!
SO FÜHL ICH MICH AUCH! UND IM HOTEL LÄUFT ALLES WIE GESCHMIERT. WAS MICH ANGEHT, KANNST DU DEINE WELTUMSEGLUNG MACHEN.

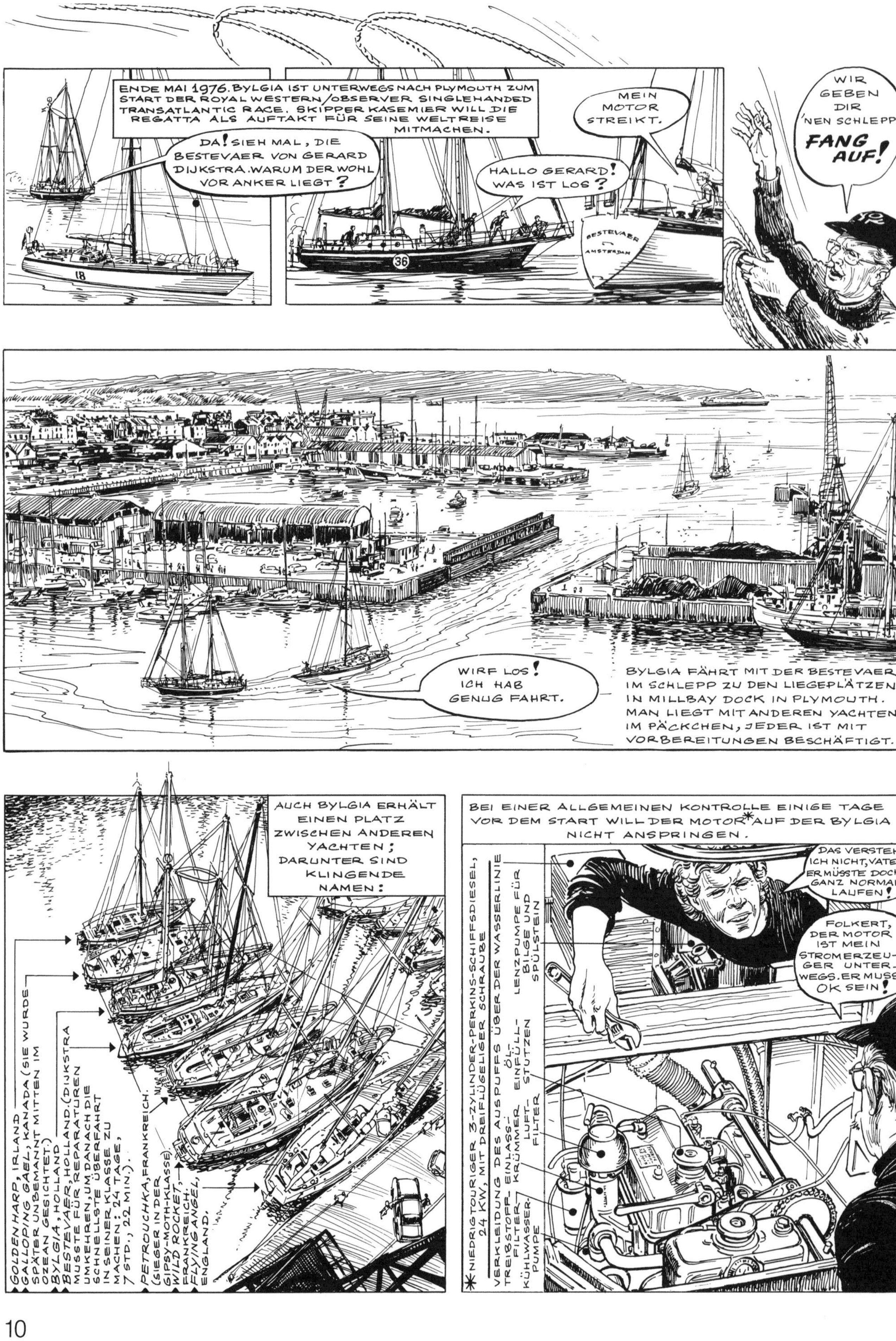

ENDE MAI 1976. BYLGIA IST UNTERWEGS NACH PLYMOUTH ZUM START DER ROYAL WESTERN/OBSERVER SINGLEHANDED TRANSATLANTIC RACE. SKIPPER KASEMIER WILL DIE REGATTA ALS AUFTAKT FÜR SEINE WELTREISE MITMACHEN.
DA! SIEH MAL, DIE BESTEVAER VON GERARD DIJKSTRA. WARUM DER WOHL VOR ANKER LIEGT?
HALLO GERARD! WAS IST LOS?
MEIN MOTOR STREIKT.
BESTEVAER AMSTERDAM
WIR GEBEN DIR 'NEN SCHLEPP. FANG AUF!
WIRF LOS! ICH HAB GENUG FAHRT.
BYLGIA FÄHRT MIT DER BESTEVAER IM SCHLEPP ZU DEN LIEGEPLÄTZEN IN MILLBAY DOCK IN PLYMOUTH. MAN LIEGT MIT ANDEREN YACHTEN IM PÄCKCHEN, JEDER IST MIT VORBEREITUNGEN BESCHÄFTIGT.
AUCH BYLGIA ERHÄLT EINEN PLATZ ZWISCHEN ANDEREN YACHTEN; DARUNTER SIND KLINGENDE NAMEN:
GOLDEN HARP, IRLAND
GALLOPING GAEL, KANADA (SIE WURDE SPÄTER UNBEMANNT MITTEN IM OZEAN GESICHTET.)
BYLGIA, HOLLAND
BESTEVAER, HOLLAND. (DIJKSTRA MUSSTE FÜR REPARATUREN UMKEHREN, UM DANACH DIE SCHNELLSTE ÜBERFAHRT IN SEINER KLASSE ZU MACHEN: 24 TAGE, 7 STD., 22 MIN.)
PETROUCHKA, FRANKREICH. (SIEGER IN DER GIPSY-MOTH-KLASSE)
WILD ROCKET, FRANKREICH.
FLYING ANGEL, ENGLAND.
BEI EINER ALLGEMEINEN KONTROLLE EINIGE TAGE VOR DEM START WILL DER MOTOR* AUF DER BYLGIA NICHT ANSPRINGEN.
DAS VERSTEH ICH NICHT, VATER. ER MÜSSTE DOCH GANZ NORMAL LAUFEN!
FOLKERT, DER MOTOR IST MEIN STROMERZEUGER UNTERWEGS. ER MUSS OK SEIN!
VERKLEIDUNG DES AUSPUFFS ÜBER DER WASSERLINIE
LENZPUMPE FÜR BILGE UND SPÜLSTEIN
TREIBSTOFF-FILTER
EINLASS-KRÜMMER
LUFT-FILTER
ÖL-EINFÜLL-STUTZEN
KÜHLWASSER-PUMPE
* NIEDRIGTOURIGER 3-ZYLINDER-PERKINS-SCHIFFSDIESEL, 24 KW, MIT DREIFLÜGELIGER SCHRAUBE

HOL GERARD MAL. DER KENNT SICH MIT DIESEM MOTORTYP AUS.
ACHTERN
AUSPUFFKRÜMMER
ABSAUGPUMPE MOTORÖL
MOTORENTLÜFTUNG
EINSPRITZPUMPE
ZYLINDERKOPFDECKEL
ÖLFILTER
TREIBSTOFFLEITUNG
DEKOMPRESSIONSHEBEL
HANDSTARTÜBERTRAGUNG
KÜHLWASSERTANK
ACHSE FÜR HANDKURBEL
EINFÜLLSTUTZEN FÜR KÜHLWASSER
SEEWASSERPUMPE
DYNAMO
TUT MIR LEID, ABER ICH KRIEG IHN AUCH NICHT ZUM LAUFEN. WÜSSTE NICHT, WORAN DAS LIEGT.
AUF JEDEN FALL VIELEN DANK FÜR DEINE MÜHE, GERARD.
DA HABEN WIR ROSIE WIEDER! SICHER AUF DER SUCHE NACH EINEM SPONSOR FÜR IHREN NEUEN KATAMARAN.
HALLO BOYS! ENGINE TROUBLES?
JA, MEIN PERKINS STREIKT.
IT'S MY PLEASURE!
BEI EINEM ANLASSVERSUCH WIRFT ROSIE EINEN BLICK AUF DEN MOTOR...
AH JA, ICH HÖR'S SCHON: DIESELLEITUNG IST VERSTOPFT!
DIE LEITUNG WIRD GESÄUBERT UND ENTLÜFTET. EIN STÜCKCHEN DICHTUNG WAR DIE URSACHE, DENN BEIM NÄCHSTEN STARTVERSUCH...
DONNERWETTER! ER LÄUFT!
WRRROEM! WRRROEM!
DIESE ROSIE, SIE HAT WIRKLICH GANZ SCHÖN WAS AUF DEM KASTEN!
BYE, BYE, ROSIE! THANK YOU VERY MUCH!

PLYMOUTH, 5. JUNI '76. ENDLICH IST DER GROSSE TAG GEKOMMEN: DER START ZUM SINGLEHANDED TRANSATLANTIC RACE. EINE MOTORYACHT SCHLEPPT BYLGIA AUS DEM MILLBAY DOCK. AUF DEM KAI STEHEN HUNDERTE VON MENSCHEN UND KLATSCHEN BEIFALL FÜR DIE TEILNEHMENDEN YACHTEN
KLAPP KLAPP KLAPP
KLAPP
KLAPP
KLAPP
BYLGIA SEGELT AUF GLEICHER HÖHE MIT DER 'INNOVATOR OF MANA' DES NEUSEELÄNDERS JOHN MANSELL.
HALLO JOHN! GUT, DASS DU SO NAHE BIST!
EILCO, JETZT WIRD'S ERNST!
HIER, FANG AUF! EINE ÜBERRASCHUNG FÜR DICH!
KIWI-FRÜCHTE!* WO HAST DU DIE HER?
GANZ EINFACH, IN AMSTERDAM GEKAUFT.
KIWI-FRUIT
BYLGIA
*KIWI-FRÜCHTE = AUS NEUSEELAND STAMMENDES OBST, EINE DELIKATESSE, JEDOCH NICHT LANGE HALTBAR. NACH DEM ERSTEN STURM WAR DER GANZE VORRAT AUF DER BYLGIA ZU EINEM SÜSS-KLEBRIGEN KIWI-MUS GEWORDEN.
RAUM!
BYLGIA
BYLGIA HOLLAND
DICHT BEI DER STARTLINIE WIRD BYLGIA VOM FRANZÖSISCHEN SEGELMONSTRUM 'CLUB MEDITERRANÉE' DAS WEGERECHT GENOMMEN.

KASEMIER MUSS HART RUDER LEGEN UND DURCH DEN WIND GEHEN, UM EINE KOLLISION ZU VERHINDERN.
DER GROSSE AUGENBLICK: BYLGIA NÄHERT SICH DER STARTLINIE, ALS SICH DER UNGEDULDIGE SKIPPER DES TRIMARANS 'THREE CHEERS' ZWISCHEN BYLGIA UND DAS STARTSCHIFF DRÄNGT...
STARTSCHIFF
THREE CHEERS
BESTEVAER
BYLGIA
BOLLEMAAT IV
EILCO, IT IS TO WIN OR TO HELL!
GOOD LUCK, MIKE!
MIKES FRAU VERUNGLÜCKTE DREI TAGE ZUVOR TÖDLICH. ALS SIE IHM BEI DEN LETZTEN VORBEREITUNGEN AN SEINEM TRIMARAN ZUR HAND GING, FIEL IHR DIE ELEKTRISCHE BOHRMASCHINE INS WASSER. SIE GRIFF DANACH UND BEKAM EINEN SCHLAG. DENNOCH ENTSCHLIESST SICH DER ERSCHÜTTERTE EHEMANN ZUM START. WEDER VON IHM NOCH VON SEINEM SCHIFF HAT MAN JEMALS ETWAS GEHÖRT ODER WIEDERGEFUNDEN.
EIN LETZTER GRUSS VON DER FAMILIE UND VON FREUNDEN, DIE DEN START AUF EINEM BEGLEITSCHIFF MITERLEBEN.
GLÜCKLICHE REISE! KOMM GUT AN!
DA SEGELN SIE DANN, EINE FLOTTE VON 125 SCHIFFEN MIT KURS AUF NEWPORT (RHODE ISLAND, USA), 3000 MEILEN VOR DEM BUG. GESTARTET WURDE IN DREI GRUPPEN. BYLGIA GEHÖRT IN DIE MITTLERE, DIE GIPSY-MOTH-CLASS, ZWISCHEN 38 UND 55 FUSS. KEIN GELDPREIS WINKT DEM SIEGER, LEDIGLICH DIE EHRE, IN DIESER SCHWERSTEN ALLER HOCHSEEREGATTEN DER ERSTE ZU SEIN. FÜR BYLGIA BEDEUTET DIESES RENNEN DEN WÜRDIGEN AUFTAKT ZU IHRER REISE VON 40000 SEEMEILEN UM DIE WELT.

DER 2. TAG AUF SEE IN DER TRANSATLANTISCHEN EINHANDREGATTA. SKIPPER KASEMIER PASSIERT LANDS END, DEN LETZTEN ZIPFEL LAND, DEN ER FÜR EINIGE ZEIT SEHEN WIRD...
4. TAG DER ERSTE STURM AUF DIESER ETAPPE KÜNDIGT SICH AN. IN DER SICH SCHNELL AUFBAUENDEN SEE GEWAHRT KASEMIER, WIE DREI RUSSISCHE FISCHTRAWLER DIREKT AUF IHN ZUDAMPFEN...
ALLMÄCHTIGER! DIE SCHLEPPEN NATÜRLICH EIN NETZ ZWISCHEN SICH. ÜBER STAG GEHEN UND NICHTS WIE WEG HIER!
5. TAG KASEMIER LIEST DEN LOGSTAND AB, SEIN BLICK FÄLLT AUF DEN ZEIGER DES SPEEDOMETERS.
NANU?! ER STEHT AUF NULL!
HMM... LOGLEINE GEBROCHEN!
SO, DAS HÄTTEN WIR WIEDER.
6. TAG KAUM HAT SICH DAS WETTER BERUHIGT, ZIEHT DAS NÄCHSTE STURMTIEF HERAN. UM DIE KLAMME KÄLTE AUS DER KAJÜTE ZU VERTREIBEN, VERSUCHT DER SKIPPER DEN HEISSLUFTOFEN IN GANG ZU SETZEN... VERGEBLICH!
NOCH EIN STURM IST NICHT SO SCHLIMM, ABER DIE KÄLTE!
SO EIN MISTDING!! ICH GEB'S AUF! WARUM MUSSTE DIESER KASTEN AUCH ERST AM TAG VORM AUSLAUFEN INSTALLIERT WERDEN?

ZU DEN FISCHEN DAMIT!
10. TAG 20,15 h
DIE LETZTEN VIER SCHLECHTWETTERTAGE ERLAUBTEN ES DEM SKIPPER NICHT, SONNENHÖHEN MIT DEM SEXTANTEN ZU NEHMEN. DAHER IST ER SICH SEINER POSITION NICHT MEHR GANZ SICHER.
SIEH DA, EIN SCHIFF! RASCH ÜBER UKW SPRECHKONTAKT SUCHEN UND MEINE POSITION ERFRAGEN.
DER SKIPPER SCHALTET SEINE UKW-SPRECHFUNKANLAGE (MAXIMALE REICHWEITE 40 SM) AUF KANAL 16 ...
CALLING GREEN CONTAINER-CARRIER WITH WHITE FUNNEL... CALLING GREEN CONTAINER-CARRIER WITH WHITE FUNNEL... CALLING GREEN CONTAINER-CARRIER WITH WHITE FUNNEL THIS IS BYLGIA ... THIS IS BYLGIA ... THIS IS BYLGIA ... ... OVER ...
THIS IS QUEEN ELIZABETH II ... THIS IS QUEEN ELIZABETH II ... THIS IS QUEEN ELIZABETH II ...
CALLING BYLGIA ... CALLING BYLGIA ... CALLING BYLGIA ... GOOD AFTERNOON BYLGIA,
HEARD YOUR CALL FOR THE CONTAINERCARRIER, WHO APPARENTLY DID NOT RECEIVE YOU ...
CAN I DO SOMETHING FOR YOU? ... OVER! ...
ANSTELLE DES CONTAINERSCHIFFS BEANTWORTET DAS KREUZFAHRTSCHIFF 'QUEEN ELIZABETH II' DEN FUNKRUF VON BYLGIA.
UND DANN ENTSPINNT SICH NACH DER DREIMAL GESPROCHENEN ANTWORT EIN ANGEREGTES UND NÜTZLICHES GESPRÄCH ...
EINER DER SECHS KOMPASSE AN BORD DER BYLGIA (DIESER GEHÖRT ZUM GONIOMETERPEILER)
SCHIFFSUHR
KLINOMETER (KRÄNGUNGSMESSER)
UKW-SPRECHFUNK
GONIOMETER-PEILER
ECHOLOT
RADIERGUMMI
RADIOEMPFÄNGER
ZEITZEICHEN-EMPFÄNGER
LAUTSPRECHER
LUPE MIT BELEUCHTUNG ZUM KARTENLESEN
... HALLO QUEEN ELIZABETH II, THANK YOU FOR CALLING ... CAN YOU GIVE ME THE LATEST WEATHER-REPORT ... OVER! ...
... WEATHER-FORECAST AT NOON WAS: STORM SLOWING DOWN, SEAS BECOMING MODERATE, GOOD VISIBILITY, WIND 5-3 W. ... OVER! ...
... THANK YOU QUEEN ELIZABETH II. WOULD IT BE POSSIBLE TO REPORT MY POSITION TO DUTCH RADIO-STATION P.C.H. AT SCHEVENINGEN? THEY THEN KNOW AT HOME EVERYTHING IS WELL ON BOARD BYLGIA ... OVER! ...
... FOR NOW, HAVE A NICE TRIP TO NEWPORT. HOPE FOR YOU IT WILL HAVE BEEN YOUR LAST GALE ... OVER AND OUT! ...
DER SKIPPER VERGLEICHT SEINEN GEGISSTEN ORT (50° N, 14° W) MIT DER SOEBEN ERHALTENEN POSITION (49° 32' N, 13° 55' W).
GAR NICHT MAL SO ÜBEL!!

IM VERLANGEN NACH FREUNDLICHEREM UND WÄRMEREM WETTER SUCHT KASEMIER MIT SEINER BYLGIA SÜDLICHERE BREITENGRADE AUF.
bylgia
DANN ABER GERÄT ER IN EINE FLAUTE DES AZORENHOCHS, UND BYLGIA ROLLT IN DER TRÄGEN DÜNUNG, DIE VON DEN STÜRMEN WEITER NÖRDLICH HERRÜHREN.
BONK!
KNALL!
PATSCH!
KLAPP
KLAPP!
ICH WERD' NOCH VERRÜCKT VON DIESER KNALLEREI! WERD' DIE PLÜNNEN MAN RUNTERHOLEN UND BEIM NÄCHSTEN WINDHAUCH AUFS SEGELN VERZICHTEN!
36
WÄHREND EINER AUSGIEBIGEN KÖRPERWÄSCHE...
DARF NICHT VERGESSEN, UM 12 UHR DIE FRANZÖSISCHEN NACHRICHTEN EINZUSCHALTEN.
ES FOLGEN DIE LETZTEN BERICHTE ÜBER DIE 'TRANSAT', DIE TRANSATLANTISCHE EINHANDREGATTA...
ERIC TABARLY LIEGT IN FÜHRUNG...
COLAS MIT SEINEM 70 METER LANGEN SEGELGIGANTEN 'CLUB MEDITERRANÉE' GLAUBT NICHT MEHR AN EINEN SIEG...
JOCK BRAZIER MIT SEINEM 'FLYING ANGEL' HAT AUFGEGEBEN... DIE HOLLÄNDER DE JONG UND ROEMERS SIND AUSGEFALLEN...
DER RIESENKATAMARAN 'KRITER III' IST AUSEINANDERGEBROCHEN...
DURCH DAUERNDE SEEKRANKHEIT MEHR TOT ALS LEBENDIG, HAT EINE FRANZÖSIN AUFGEGEBEN UND KEHRT ZURÜCK...

NACH 4 TAGEN FLAUTE...
TABARLY VORNE... GERARD DIJKSTRA MUSS WEGEN SCHWIERIGKEITEN MIT DER VERSTAGUNG UMKEHREN... COLAS' SEGEL ZERFETZT... I.T.T. MIT BRUCH... ELF AUSFÄLLE, WOBEI ZWEI YACHTEN ALS FOLGE VON KOLLISIONEN GESUNKEN SIND, DIE EINE MIT EINEM FRACHTER, DIE ANDERE MIT EINEM WAL... ETLICHE TEILNEHMER HABEN SCHWIERIGKEITEN MIT DER SELBSTSTEUERANLAGE... ABER... SIE HABEN WENIGSTENS WIND!!
WIE SOLL ICH JEMALS IN 50 TAGEN IN NEWPORT ANKOMMEN?
DIESE SPIEGELGLATTE SEE UND DIE HITZE ERINNERN MICH AN MEINE FAHRT 'PER ANHALTER' IM JAHRE 1947 VON TOULON NACH AFRIKA AUF EINEM ALGERISCHEN SOGENANNTEN FISCHERBOOT...
HE, KASEMIER, GLAUB NUR NICHT, DASS DU HIER DEN 'HERRN PASSAGIER' MARKIEREN KANNST. HIER GIBT'S JETZT SOWIESO NICHTS ZU NAVIGIEREN. GEH NACH UNTEN UND HILF DEN JUNGENS DEN JOCKEL WIEDER FLOTT ZU MACHEN!
ABER KÄPT'N, ICH HAB DIESEN ALTEN SEXTANTEN SAUBERGEMACHT, MAN KANN IHN WIEDER PRIMA BENUTZEN!
NICHTS DA! WIR BRAUCHEN IHN NICHT, DER KOMPASS GENÜGT UNS VOLLAUF. SIEH ZU, DASS DU RUNTERKOMMST. DU WEISST, WIR MÜSSEN MIT UNSERER HANDELSWARE SO SCHNELL WIE MÖGLICH AN SIZILIEN VORBEIKOMMEN.
WÄHREND DES ESSENS...
SCHNELL AUF DEN TELLER MIT DEM KUSKUS, BEVOR SICH DIE KAKERLAKEN WIEDER BREITMACHEN.
SCHLIESSLICH LIEF DER MOTOR WIEDER UND DIE KONTERBANDE (CHAMPAGNER UND ZIGARETTEN) WURDE AUF MALTA ABGELIEFERT. ANSCHLIESSEND GING ES WEITER NACH KORFU UND KRETA, UM HANF FÜR ALEXANDRIEN ZU LADEN.
MINOS
bylgia
BYLGIA DRIFTET IN SECHSEINHALB TAGEN 155 SM (VON 3500) WESTWÄRTS...

GLÜCKLICHERWEISE BRIST ES AB UND ZU ETWAS AUF. SKIPPER KASEMIER GIBT DIE HOFFNUNG NICHT AUF, INNERHALB DES ZEITLIMITS IN NEWPORT ANZUKOMMEN.
NANU! MOTOREN-GEBRUMM!
ROYAL NAVY
SCHADE, DASS DIE DA OBEN NICHT AUF MEINEN UKW-ANRUF REAGIERT HABEN.
AM 17. JULI 1976, EINEM WINDSTILLEN TAG, WÄHREND KASEMIER AN DER PANTRY STEHT, MELDET SICH KANAL 16 ...
... SMALL SHIP ... SMALL SHIP ... SMALL SHIP ... THIS IS MOTORVESSEL 'NAWORTH' ... THIS IS 'NAWORTH ... THIS IS 'NAWORTH' ... DO YOU RECEIVE ME? ... DO YOU RECEIVE ME?
NA, ENDLICH EIN SCHIFF!
DER LICHTFLECK AUF DEM RADARSCHIRM DES BULKCARRIERS 'NAWORTH' KOMMT IMMER NÄHER. SCHLIESSLICH IST DIE SEGELYACHT IN SICHTWEITE, UND ALS KASEMIER SICH MELDET, ENTWICKELT SICH EIN SEHR INFORMATIVES GESPRÄCH MIT DEM KAPITÄN DER 'NAWORTH'. ER VERABSCHIEDET SICH MIT ...
JA, JA! ICH KOMM JA SCHON!
... OVER! ...
WELL CAPTAIN KASEMIER, IT WAS NICE TO TALK TO YOU. I CAN'T GIVE YOU WIND, BUT AS A GOOD CHRISTIAN I WILL PRAY FOR YOU FOR A GOOD BREEZE. WISH YOU A VERY GOOD VOYAGE! OVER AND OUT! STAND BY ON 16.
DREI STUNDEN SPÄTER KAM WIND AUF!
24. JULI 1976 17.00 G.M.T.*
SECHS STUNDEN VOR SEINER ANKUNFT HAT KASEMIER EINE BEGEGNUNG MIT EINEM ANDEREN TEILNEHMER★ DER EINHANDREGATTA ...
HI, COMPETITOR! YOU ARE ON THE RIGHT WAY TO NEWPORT. THEY ARE EXPECTING YOU! I'M ON MY WAY BACK HOME. SO LONG!
BYLGIA
★ GUY HORNETT IN SEINEM 42-FUSS-KATAMARAN
* G.M.T. = GREENWICH MEAN TIME. (ORTSZEIT: SECHS STUNDEN FRÜHER)

21.00 G.M.T.
DA, DIE HEULTONNE VOR DER INSEL NO MAN'S LAND. JETZT WEISS ICH GENAU WO ICH BIN!!
22.04 G.M.T.
UND DAS WIRD DER BRENTON-REEF-TOWER SEIN! DAS BEDEUTET, DASS ICH ÜBER DIE ZIELLINIE GEHE!
22.10 G.M.T.
UND SIEH MAL AN ... DIE SONNE KOMMT DURCH ... UND DA ... DAS IST DIE KÜSTE VON
AMERIKA!
22.40 G.M.T.
WILLKOMMEN IN THE STATES!
BYLGIA, AHOY!
HALLO BYLGIA!
TUUT TUUT
WIESO DIESER TOSENDE EMPFANG? ICH BIN DOCH WOHL EINER DER LETZTEN!
DOES N'T MATTER! YOU HAVE DONE IT!! HAVE A BEER!
BYLGIA
THE OBSERVER 1976 SINGLEHANDED

GRÖNLAND
BYLGIA'S KURS IM ROYAL WESTERN/OBSERVER SINGLEHANDED TRANSATLANTIC RACE 1976.
(VON DEN 125 TEILNEHMERN HABEN NUR 75 DAS ZIEL ERREICHT.)
1 START IN PLYMOUTH, 5-6-'76.
2 KURSWECHSEL IN RICHTUNG SÜDEN!
3 DELPHINE VORM BUG, UKW-KONTAKT MIT DER 'QUEEN ELIZABETH II'
4 DER GOLFSTROM SETZT BYLGIA IN DER FLAUTE ZURÜCK.
5 ETMAL 12 SM!
6 BEGEGNUNG HUBSCHRAUBER.
7 BYLGIA DRIFTET DREIMAL ÜBER DEN 60. MERIDIAN WESTL. LÄNGE.
8 GESPRÄCH MIT DER 'NAWORTH'.
9 ÜBERQUERUNG DER DAMPFERROUTE MIT KURS NW ZUM LABRADORSTROM.
10 BEGEGNUNG MIT TRIMARAN.
11 HEULTONNE NO MAN'S LAND.
12 BRENTON-REEF-TOWER.
13 BYLGIA WIRD WILLKOMMEN GEHEISSEN VON EINER FLOTTE VON YACHTEN, ES GIBT BIER UND TORTE!
14 NEWPORT, RHODE ISLAND, USA.
GESEGELTE DISTANZ: 4346 SM IN 49 TAGEN.
FLAUTENTAGE: 12 1/2.
ÜBER STAG GEGANGEN: 30 MAL.
SEGEL GEWECHSELT: 181 MAL.
MITTLERES ETMAL: 88,5 SM.
DURCHSCHNITTSGESCHWINDIGKEIT: 3,6 KN.
= WIND
= STRÖMUNG
= ETMAL
N
W
O
S
CANADA
QUEBEC
MONTREAL
U.S.
BOSTON
NEBEL
NEW YORK
LABRADORSTROM
SABLE BANK
NEWFOUNDLAND BANK
GOLFSTROM
CHAUCER BANK
STURM
ENGLAND
SPANIEN
AFRIKA
AZOREN
MADEIRA
BERMUDA'S
60°
50°
40°
30°
70°
60°
50°
40°
30°
20°

NEWPORT, U.S.A., JULI 1976
NACH DER EINHANDREGATTA IST SKIPPER KASEMIER MIT DEN VORBEREITUNGEN FÜR DIE NÄCHSTE LANGE PASSAGE NACH RIO DE JANEIRO BESCHÄFTIGT...
HALLO EILCO! KANN ICH DIR WAS HELFEN?
HA, NANCY, DU KOMMST WIE GERUFEN!! ICH BRAUCHE NOCH DRINGEND ETWAS AUS DEM SUPERMARKT.
BYLGIA
LEINE ZUM STEUERN AUS DER KAJÜTE
LEINE ZUM EINSTELLEN DER WINDFAHNE
YANKEESCHOT
ELEKTRISCHE PINNEN-STEUERUNG 'SHARP TILLERDRIVE'
BEDIENUNGSLEINE VON DER ROLLKLÜVER-TROMMEL
STEUERLEINEN VOM STEUERAUTOMATEN 'ARIES' (HIER NOCH NICHT EINGESTELLT)
RESERVELEINEN
BACKSKISTE MIT RESERVETAUWERK
BACKSKISTE MIT RETTUNGSFLOSS
STEUERBORD-LÜFTUNG FÜR ACHTERPIEK
KLÜVERSCHOT
SONNENSEGEL
GENUASCHOTBLOCK
BAUMSTÜTZE
HECKLAMPE
SCHOTKLEMME UND KLAMPE FÜR BESANSCHOT
STECKKONTAKT FÜR HANDSCHEINWERFER
ACHTERLUK, STAURAUM FÜR FESTMACHER, HECKANKER, FENDER, RESERVEWINSCH
RING FÜR SCHWIMMENDE TRIPLEINE
GRUNDPLATTE FÜR 'KNOTMASTER' LOG
ACHTERHOLER FÜR PASSATBAUM
TRIPLEINE MIT DEM PENDELRUDER DER SELBSTSTEUERANLAGE VERBUNDEN
SOLLBRUCHBÄNDSEL
WINDFAHNE

DIESES STRECKTAU GEFÄLLT MIR NICHT...
WIESO NICHT?
WENN ICH MEINEN SICHERHEITSGURT EINGEPICKT HABE, FÜHLE ICH MICH ZU SEHR BEHINDERT. AUCH MUSS ICH IHN BEI ALLEN KREUZENDEN SCHOTEN UND LEINEN AUSPICKEN. ZU UNZICHER!
DARUM HAB'ICH MIR FOLGENDES AUSGEDACHT: ANGENOMMEN, ICH FALL ÜBER BORD; DANN KANN ICH ZU DIESER 50 M LANGEN TRIPLEINE SCHWIMMEN. GEGEN DEN WASSERDRUCK WÜRDE ICH MICH JEDOCH NICHT ZUM SCHIFF ZURÜCKZIEHEN KÖNNEN. DIE TRIPLEINE LÄUFT ÜBER EIN SCHWACHES BRUCHBÄNDSEL UND LÖST DIE ARRETIERUNG DES HILFSRUDERS; ES WIRD DADURCH UNWIRKSAM
NANCY UND EILCO SEGELN EIN STÜCK AUF DIE OFFENE SEE...
O.K. NANCY, DIE TRIPLEINE IST AUSGEFIERT. JUMP MAN ÜBER BORD.
BYLGIA
UH, GEHT DAS SCHNELL! DA IST SCHON DER LETZTE RING!
WAS FÜR EIN RUCK! HUI, ICH VERLIER WAS... DA WIRD EILCO AUGEN MACHEN, WENN ICH OBEN OHNE AN BORD KOMM!
JA, SO GEHT ES GUT!
ZZZINGG
ES FUNKTIONIERT PRIMA!
BYLGIA
36
DIE SELBSTSTEUERANLAGE WIRD WIRKUNGSLOS UND BYLGIA SCHIESST IN DEN WIND UND VERLIERT FAHRT. NANCY KANN SICH NUN OHNE SCHWIERIGKEITEN ANS SCHIFF ZIEHEN UND ÜBER DAS HILFSRUDER AN BORD KLETTERN.
DER KLAPPMECHANISMUS DES PENDELS DER 'ARIES' WINDFAHNEN-SELBSTSTEUERANLAGE SOLL GRÖSSEREN SCHADEN VERHINDERN, WENN DAS HILFSRUDERBLATT AUF TREIBENDE GEGENSTÄNDE STÖSST (BALKEN, NIXEN)

NEWPORT, RHODE ISLAND, U.S.A., 23. OKTOBER 1976. SKIPPER KASEMIER IST ENDLICH SOWEIT, DASS ER ZUR FORTSETZUNG SEINER WELTUMSEGLUNG AUSLAUFEN KANN. MIT EIN PAAR FREUNDEN FEIERT ER ABSCHIED IN SEINER KAJÜTE . . .
WEISST DU NOCH, WIE DU HIER IM JULI ANKAMST? MIT DEINEN 2M TIEFGANG SASST DU GLEICH AUF SCHIET.
JA, DEN DUKDALBEN HÄTTE ICH NATÜRLICH AN BACKBORD HALTEN MÜSSEN, ABER DIE ANDEREN GINGEN GERADEAUS UND ICH SCHAFSKOPF HINTERHER!
GLÜCKLICHERWEISE KONNTEN WIR DICH TROTZ ABLAUFENDEN WASSERS FREISCHLEPPEN, BEVOR DU GANZ FESTSASST.
UND ALS ICH DANN ENDLICH FESTGEMACHT HATTE, DAS WIEDERSEHEN . . .
MÄDEL, NICHT SO STÜRMISCH! DIR SPRINGEN JA DIE KNÖPFE VON DER BLUSE!
HURRA! DER LIEBE JUNG IST WIEDER DA!
NUR GUT, GERARD, DASS DU RECHTZEITIG DIE ORKANWARNUNG EMPFANGEN HATTEST, SONST HÄTTET IHR DA MITTEN DRINGESESSEN!*
UND DANN DIE SPANNUNG WÄHREND DES HURRIKANS. ICH HAB DIE FESTMACHER GEZÄHLT: DAS PÄCKCHEN VON 18 YACHTEN AN UNSEREM STEG LAG MIT 169 LEINEN FEST!
OBWOHL WIR NUR EINEN AUSLÄUFER DES ORKANS 'BELLE' MITBEKOMMEN HATTEN, BLIES ES DOCH ZEITWEISE MIT BEAUFORT 11!
* GERARD DIJKSTRA WAR MIT SEINER FAMILIE UNTERWEGS VON NEWPORT ZU DEN BERMUDAS. ER KEHRTE UM NACH NEWPORT.

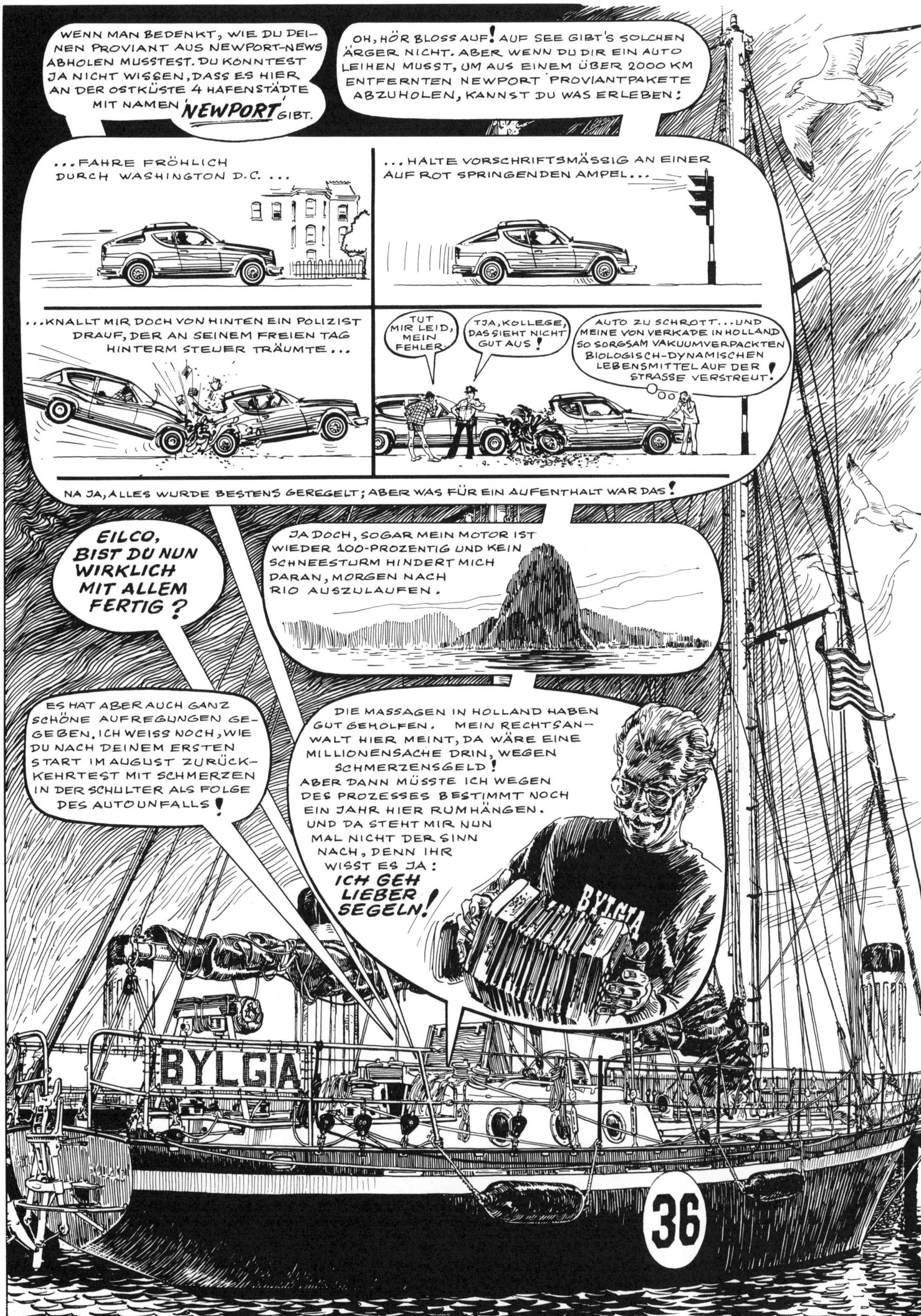
WENN MAN BEDENKT, WIE DU DEINEN PROVIANT AUS NEWPORT-NEWS ABHOLEN MUSSTEST. DU KONNTEST JA NICHT WISSEN, DASS ES HIER AN DER OSTKÜSTE 4 HAFENSTÄDTE MIT NAMEN 'NEWPORT' GIBT.
OH, HÖR BLOSS AUF! AUF SEE GIBT'S SOLCHEN ÄRGER NICHT. ABER WENN DU DIR EIN AUTO LEIHEN MUSST, UM AUS EINEM ÜBER 2000 KM ENTFERNTEN 'NEWPORT' PROVIANTPAKETE ABZUHOLEN, KANNST DU WAS ERLEBEN:
...FAHRE FRÖHLICH DURCH WASHINGTON D.C. ...
...HALTE VORSCHRIFTSMÄSSIG AN EINER AUF ROT SPRINGENDEN AMPEL...
...KNALLT MIR DOCH VON HINTEN EIN POLIZIST DRAUF, DER AN SEINEM FREIEN TAG HINTERM STEUER TRÄUMTE...
TUT MIR LEID, MEIN FEHLER.
TJA, KOLLEGE, DAS SIEHT NICHT GUT AUS!
AUTO ZU SCHROTT...UND MEINE VON VERKADE IN HOLLAND SO SORGSAM VAKUUMVERPACKTEN BIOLOGISCH-DYNAMISCHEN LEBENSMITTEL AUF DER STRASSE VERSTREUT!
NA JA, ALLES WURDE BESTENS GEREGELT; ABER WAS FÜR EIN AUFENTHALT WAR DAS!
EILCO, BIST DU NUN WIRKLICH MIT ALLEM FERTIG?
JA DOCH, SOGAR MEIN MOTOR IST WIEDER 100-PROZENTIG UND KEIN SCHNEESTURM HINDERT MICH DARAN, MORGEN NACH RIO AUSZULAUFEN.
ES HAT ABER AUCH GANZ SCHÖNE AUFREGUNGEN GEGEBEN. ICH WEISS NOCH, WIE DU NACH DEINEM ERSTEN START IM AUGUST ZURÜCKKEHRTEST MIT SCHMERZEN IN DER SCHULTER ALS FOLGE DES AUTOUNFALLS!
DIE MASSAGEN IN HOLLAND HABEN GUT GEHOLFEN. MEIN RECHTSANWALT HIER MEINT, DA WÄRE EINE MILLIONENSACHE DRIN, WEGEN SCHMERZENSGELD! ABER DANN MÜSSTE ICH WEGEN DES PROZESSES BESTIMMT NOCH EIN JAHR HIER RUMHÄNGEN. UND DA STEHT MIR NUN MAL NICHT DER SINN NACH, DENN IHR WISST ES JA: ICH GEH LIEBER SEGELN!
BYLGIA
BYLGIA
36

ENDE OKTOBER 1976. NACH MONATELANGEN SCHWIERIGKEITEN MIT DEM PROVIANT, DEM MOTOR UND SEINER GESUNDHEIT IST SKIPPER KASEMIER ENDLICH VON NEWPORT, USA, NACH RIO DE JANEIRO AUSGELAUFEN.

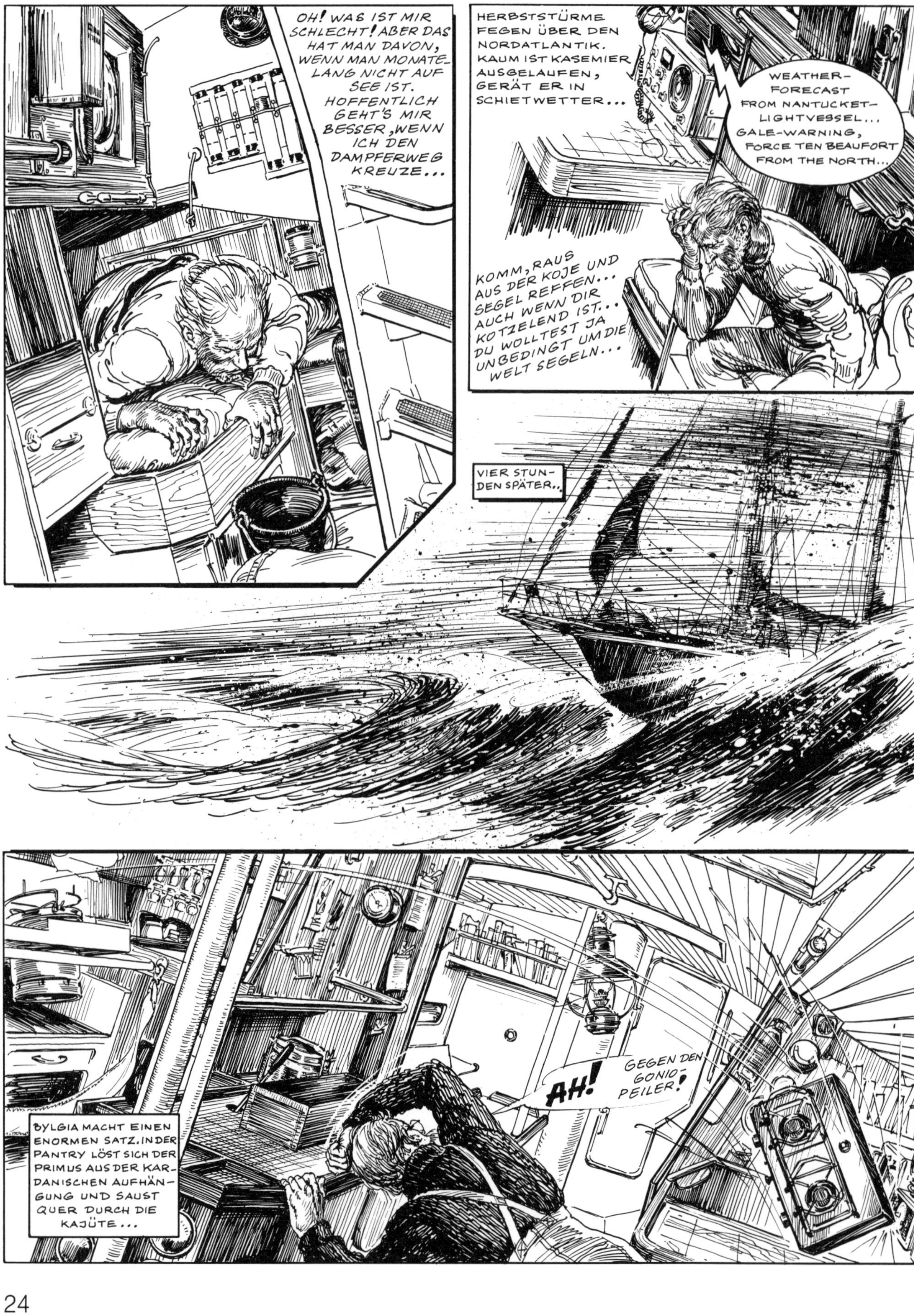

SO EINE SCHWEINEREI, ÜBERALL PETROLEUM! UND WIE DAS STINKT! KANN ÜBRIGENS VON GLÜCK REDEN, DASS DER GONIOMETER* NOCH FUNKTIONIERT. NUR DAS GLAS HAT EINEN SPRUNG...
*GONIOMETER = FUNKPEILGERÄT, WIRD IN KÜSTENNÄHE ZUR STANDORTBESTIMMUNG BENÖTIGT.
IN DER NACHT VOM 26. ZUM 27. OKTOBER KREUZT BYLGIA MIT KURS SE ÜBER EINE DER BELEBTESTEN SCHIFFAHRTSROUTEN DER WELT (NEW YORK–WESTEUROPA). ZITTERND VOR KÄLTE, MIT LEEREM MAGEN UND MIT VOM SALZ UND VOM SCHLAFMANGEL BRENNENDEN AUGEN STARRT KASEMIER IN DIE DUNKLE NACHT...
SEHEN TU ICH NICHTS, ABER DA VON ACHTERN... DAS IST DOCH DAS STAMPFEN EINES SCHIFFSMOTORS!
BEDOENK BEDOENK BEDOENK BEDOENK BEDOENK
UND SCHON WIEDER EIN BRECHER IN DER PLICHT... DAS IST DER DRITTE. ICH SOLLTE BESSER DIE STURMFOCK BERGEN.
BYLGIA
UNGLAUBLICH, WAS SICH DA VORNE ABSPIELT! ICH GEH' LIEBER ZURÜCK INS COCKPIT, IST MIR DOCH ZU GEFÄHRLICH. AUSSERDEM WÄR ICH JA BLÖD, WENN ICH DIE STURMFOCK BERGEN WÜRDE; SO WIE SICH DAS SCHIFF IN DIESER TOBENDEN SEE VERHÄLT!. KESTELOO HAT MEINE BYLGIA UND DAS RIGG SO STABIL GEBAUT, DASS ICH DIE STURMFOCK RUHIG STEHENLASSEN KANN.

PASSAGE NEWPORT–RIO DE JANEIRO
24/10/'76 – 17/12/'76
54 TAGE
DISTANZ 5964 SM
DURCHSCHNITTSETMAL 110 SM
NEW YORK
ATLANTISCHER OZEAN
STURM 26-27/10
27/10, AMERIKANISCHER KABELLEGER 38°37'N 67°52'W
2/11, POLNISCHES M.S. 'POMOMORSKI' 36°06'N 54°21'W
4/11 SCHWEDISCHES M.S. 'BJÖRN RAGNE' 33°40'N 51°17'W
AMERIKANISCHES M.S. 'JAMES' 32°40'N 45°35'W
9/11 SCHWEDISCHES M.S. 'SABINATA' 31°43'N 42°20'W
31/10
7/11
24/10/'76 AUSLAUFEN NEWPORT
8/11, 20 DELPHINE 33°20N 48°W
14/11
17/11 WEISSSCHWANZ TROPIKVOGEL
N.O. PASSAT
MEINE ALTE SCHLAGPÜTZ ÜBER BORD (4 KM IN DIE TIEFE)
21/11
25/11, FLIEGENDE FISCHE VORM BUG, WERDEN VON SEESCHWALBEN IM FLUG GEFANGEN.
N.O. PASSAT
26/11, 40 DELPHINE 11°10'N 26°50'W
28/11
DOLDRUMS
DAMPFER-ROUTEN
2/12 ÄQUATOR ÜBERQUERT 26°30'W
S.O. PASSAT
5/12
11/12 NORWEGISCHES M.S. 'HOEGH RIDER' AUF KOLLISIONSKURS! 15°18'S 35°30'W
SEIT DEM START IN IJMUIDEN 10000 SM ZURÜCKGELEGT.
12/12
13/12 MOTOR LÄUFT WIEDER
SEGELFÜHRUNG BEI ÜBERQUERUNG DES ÄQUATORS.
RIO DE JANEIRO
15/12 LETZTES BROT AUS NEWPORT GEGESSEN. 52. TAG NACH DER AUSREISE.
17/12/'76 ANKUNFT IN RIO.
16/12 LAND IN SICHT! LEUCHTTURM CABO DE SAO TOMÉ
STURM. NUR UNTER STURMFOCK EIN ETMAL VON 157 MEILEN!
CABO DE HORNOS
ELLEN, AUF UNSEREN 25. HOCHZEITSTAG!
MITTEN AUF DEM ATLANTIK, 28°16'N – 38°20'W.
SKIPPER KASEMIER FEIERT SEINE SILBERHOCHZEIT MIT EINEM STILVOLLEN MENÜ. AUF DER KARTE STEHEN EINE GROSSE PORTION MÜSLI MIT EINER GANZEN PAMPELMUSE UND DAZU EIN FLÄSCHCHEN MOSEL. TEMPERATUR IN DER KAJÜTE: 24°C.

BYLGIA VERLÄSST DIE DOLDRUMS MIT WECHSELNDEN WINDEN, HEFTIGEN SCHAUERN UND GEWITTERBÖEN UND ERREICHT BESSERES WETTER.
BYLGIA
36
AH! ENDLICH STETIGER WIND AUS DER RICHTIGEN ECKE. IST DAS DER SÜDOST-PASSAT? ICH ZIEH ALLE PLÜNNEN HOCH!
BEIM HEISSEN DES LETZTEN SEGELS, DES TOPPSEGELS...
VERDAMMT, DIE TRIMMSCHOT HAT SICH IRGENDWO VERKLEMMT!
ICH SEH'S SCHON: EIN LOSGEWEHTES VERKLICKERBÄNDSEL HAT SICH IM TRIMMSCHOTBLOCK VERFANGEN.
GAFFELGEITAUE TOPPSEGELTRIMMSCHOT SPREIZGAFFELSCHOT GENICKSTAG (GLEICHZEITIG ANTENNE)
TOPPSEGEL SPREIZGAFFEL (WISHBONE) BLOCK TRIMMSCHOT GAFFELDIRK
WIE KOMMT DAS AUSGERECHNET HIERHER?
WAS FÜR EIN HERRLICHER WIND... IST DAS 'NE WUCHT!!
FÜR SOLCHES SEGELN LOHNT SICH DOCH JEDE MÜHSAL UND STRAPAZE.
WEISSSCHWANZ-TROPIKVOGEL (PHAËTHON LEPTURUS)

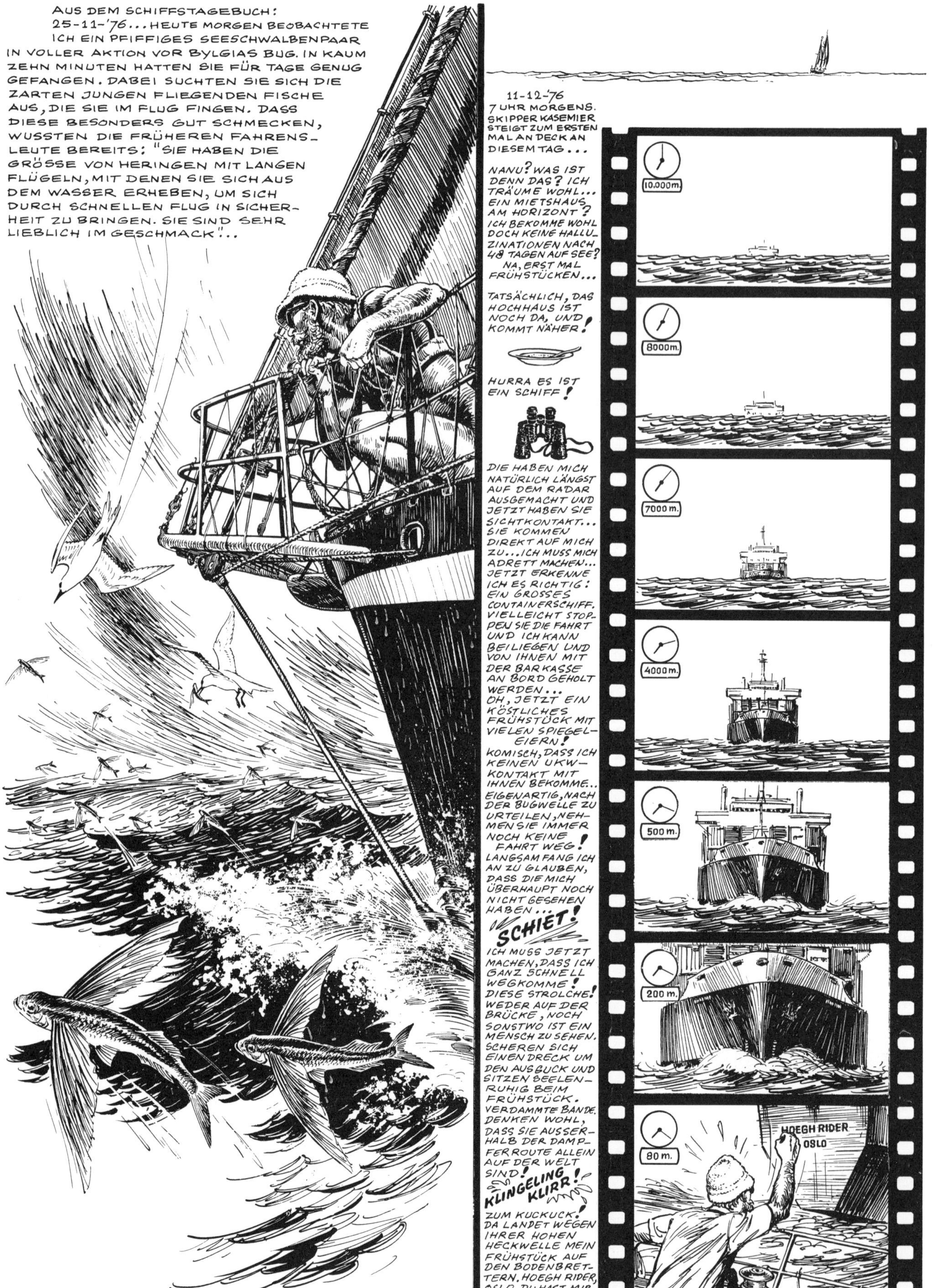

AUS DEM SCHIFFSTAGEBUCH: 25-11-'76... HEUTE MORGEN BEOBACHTETE ICH EIN PFIFFIGES SEESCHWALBENPAAR IN VOLLER AKTION VOR BYLGIAS BUG. IN KAUM ZEHN MINUTEN HATTEN SIE FÜR TAGE GENUG GEFANGEN. DABEI SUCHTEN SIE SICH DIE ZARTEN JUNGEN FLIEGENDEN FISCHE AUS, DIE SIE IM FLUG FINGEN. DASS DIESE BESONDERS GUT SCHMECKEN, WUSSTEN DIE FRÜHEREN FAHRENSLEUTE BEREITS: "SIE HABEN DIE GRÖSSE VON HERINGEN MIT LANGEN FLÜGELN, MIT DENEN SIE SICH AUS DEM WASSER ERHEBEN, UM SICH DURCH SCHNELLEN FLUG IN SICHERHEIT ZU BRINGEN. SIE SIND SEHR LIEBLICH IM GESCHMACK"...
11-12-'76 7 UHR MORGENS. SKIPPER KASEMIER STEIGT ZUM ERSTEN MAL AN DECK AN DIESEM TAG...
NANU? WAS IST DENN DAS? ICH TRÄUME WOHL... EIN MIETSHAUS AM HORIZONT? ICH BEKOMME WOHL DOCH KEINE HALLUZINATIONEN NACH 48 TAGEN AUF SEE? NA, ERST MAL FRÜHSTÜCKEN...
10.000 m.
TATSÄCHLICH, DAS HOCHHAUS IST NOCH DA, UND KOMMT NÄHER!
8000 m.
HURRA ES IST EIN SCHIFF!
DIE HABEN MICH NATÜRLICH LÄNGST AUF DEM RADAR AUSGEMACHT UND JETZT HABEN SIE SICHTKONTAKT... SIE KOMMEN DIREKT AUF MICH ZU... ICH MUSS MICH ADRETT MACHEN... JETZT ERKENNE ICH ES RICHTIG: EIN GROSSES CONTAINERSCHIFF.
7000 m.
VIELLEICHT STOPPEN SIE DIE FAHRT UND ICH KANN BEILIEGEN UND VON IHNEN MIT DER BARKASSE AN BORD GEHOLT WERDEN... OH, JETZT EIN KÖSTLICHES FRÜHSTÜCK MIT VIELEN SPIEGELEIERN!
4000 m.
KOMISCH, DASS ICH KEINEN UKW-KONTAKT MIT IHNEN BEKOMME... EIGENARTIG, NACH DER BUGWELLE ZU URTEILEN, NEHMEN SIE IMMER NOCH KEINE FAHRT WEG!
500 m.
LANGSAM FANG ICH AN ZU GLAUBEN, DASS DIE MICH ÜBERHAUPT NOCH NICHT GESEHEN HABEN...
SCHIET!
ICH MUSS JETZT MACHEN, DASS ICH GANZ SCHNELL WEGKOMME! DIESE STROLCHE! WEDER AUF DER BRÜCKE, NOCH SONSTWO IST EIN MENSCH ZU SEHEN. SCHEREN SICH EINEN DRECK UM DEN AUSGUCK UND SITZEN SEELENRUHIG BEIM FRÜHSTÜCK.
200 m.
VERDAMMTE BANDE. DENKEN WOHL, DASS SIE AUSSERHALB DER DAMPFERROUTE ALLEIN AUF DER WELT SIND!
KLINGELING KLIRR!
ZUM KUCKUCK! DA LANDET WEGEN IHRER HOHEN HECKWELLE MEIN FRÜHSTÜCK AUF DEN BODENBRETTERN. HOEGH RIDER, OSLO, DU HAST MIR DEN VORMITTAG VERSAUT...
80 m.
HOEGH RIDER
OSLO

RIO DE JANEIRO, 31 DEZEMBER 1976
... ABENDS UM HALB ELF AUF DEM LEBLON-STRAND BEI DER 'MAKUMBA', (BRASILIANISCHER SYLVESTERABEND). UNGLAUBLICHES GEDRÄNGE, KAUM TOURISTEN, DIE BLEIBEN AUF DEM COPACABANA-STRAND. ÜBERALL BRENNENDE KERZEN IM SAND UND EINDRINGLICHE TAM-TAM-MUSIK, ZU DER DIE MENSCHEN TANZEN ODER SICH NUR LEICHT WIEGEN UND IN TRANCE FALLEN. EIN JEDER IST ERNST UND KONZENTRIERT, AUCH WIR STEHEN BIS ZU DEN KNIEN IM OZEAN UND WERFEN BLUMEN INS WASSER FÜR YEMANJÁ, DIE GÖTTIN DER MEERE. UND UM MITTERNACHT ENTLÄDT SICH DAS FEUERWERK ÜBER DEN KÖPFEN DER TANZENDEN MENGE...
URCA HILL
ARBEITEN IN RIO (ALS VORBEREITUNG AUF DIE 'BRÜLLENDEN VIERZIGER')
ROLLKLÜVER REPARIEREN UND SCHRAUBE NACHSEHEN. ROLLE ABSCHMIEREN.
PERSENNING FÜR VORSCHIFFSLUK.
DREIFARBENLAMPE REPARIEREN.
GASFLASCHE NACHFÜLLEN (100 CRUZEIROS)
STURMFOCK ANSCHLAGEN, SCHOTEN EINSCHEREN.
STURMSEGEL " " "
TRYSEGEL " " "
ALLE WINSCHEN SCHMIEREN.
PANTRYSCHAPPS SICHERN.
PRIMUSKOCHER FESTZURREN.
BODENBRETTER FESTSCHRAUBEN.
NEUES DECKSAUGE BACKBORD UND SCHMEERREEP FÜR 2. REFF BESAN.
NEUE STEUERLEINE EINSCHEREN.
AUGE AUF DEM KAJÜTDACH FÜR HALSTALJEBLOCK 2. REFF BESAN. STOPFBUCHSE NACHSTELLEN. ÖLWECHSEL
AKKUS KONTROLLIEREN. MOTOR ABSCHMIEREN. NEUES LOG INSTALLIEREN.
NEUE SEEKARTEN UND ÜBERSEGLER.
BATTERIEN FILMKAMERA AUFLADEN.
FÜHRUNG DES STURMFOCKFALLS VERBESSERN. SICHERUNGSLEINE SPREIZGAFFELSCHOT.

AM 6. JANUAR 1977 LÄUFT SKIPPER KASEMIER MIT MOTORKRAFT AUS RIO AUS. DRAUSSEN SETZT ER SEGEL, DER WIND IST SCHWACH. MIT GEMISCHTEN GEFÜHLEN SIEHT ER DIE BERÜHMTE STRANDKULISSE VON COPACABANA, IPANEMA UND LEBLON AN SICH VORÜBERGLEITEN.
PLÖTZLICH TAUCHT EIN GROSSER FRACHTER AUF UND PASSIERT KNAPP HINTER BYLGIA...
NANU! WO KOMMT DER POTT AUF EINMAL HER?... OH JA, NATÜRLICH, ER BEFAND SICH HINTER EINER INSEL, UND SO KONNTE ICH IHN NICHT SEHEN.
6-1-77
WIND S.E. 2-3
TEMP. 31°

WÄR' ICH DOCH IN HOOG SOEREN GEBLIEBEN...
BYLGIA
7-1-77
WIND N.E. 0-3
TEMP. 28°
KASEMIER HAT SCHWIERIGKEITEN, SICH NACH DEM AUFENTHALT IN RIO WIEDER AN DEN RHYTHMUS DER SEE ZU GEWÖHNEN. ER LEIDET UNTER ALPTRÄUMEN UND KOPFSCHMERZEN UND HAT PRAKTISCH ZU NICHTS LUST.
8-1-77
WIND N.E. 3
TEMP. 26°
"...DAS FRÜHSTÜCK SCHMECKT MIR WIEDER! BIN WIEDER EINGEPENDELT... DER GEDANKE AN KAP HOORN BESTIMMT ALLES HANDELN...
9-1-77
WIND N.E. 2
TEMP. 26°
...DIESE NACHT DIE SHIPPING-LANE PASSIERT (ALLE HALBE STUNDE RAUS). NACH 8 UHR MORGENS KEIN SCHIFF MEHR GESEHEN... FÜHL' MICH BEDEUTEND BESSER... KOMMT VOM TRAUBENZUCKER... SEGEL GETRIMMT.
10-1-77
WIND N. 5-6
TEMP. 27°
...HABE ENTDECKT, WOHER DER GESTANK AN BORD KAM: FAULE EIER UND VERDORBENES OBST... PETROLEUMLAMPE REPARIERT... DUSCHE AN DECK, VERMUTLICH DIE LETZTE FÜR EINIGE ZEIT... UNTERLAGEN AUSGEARBEITET FÜR DIE RUNDUNG DES HOORNS..."

EINGEHÜLLT IN MYRIADEN VON MOTTEN IN EINER SÜSSLICHEN FESTLANDSLUFT, BEOBACHTET SKIPPER KASEMIER DIE WALZENFÖRMIGE UNWETTERWOLKE EINES PAMPEROS*. ER BLEIBT DIE GANZE NACHT AUF, UM RECHTZEITIG EINGREIFEN ZU KÖNNEN.
ZUM GLÜCK ZIEHT DER PAMPERO HINTER MIR VORBEI. DA WÄR' ICH NICHT GERNE REINGERATEN!
12-1-77
WIND W. 4-2
TEMP. 27°
04.00 UHR
* PAMPERO = ÜBER DER HEISSEN PAMPA ENTSTANDENER STURM.

ALS DER PAMPERO VORÜBERGEZOGEN IST, KOMMT EINE FRISCHE BRISE AUF. NACH DER DRÜCKENDEN SCHWÜLE DER LETZTEN TAGE FÜHLT SICH DER SKIPPER JETZT WIE NEUGEBOREN. ER SETZT MEHR SEGEL, UND BYLGIA STÜRMT VORWÄRTS.
"...GENAU WIE BEIM REGATTASEGELN BINNEN: MAN BEREITET SICH GRÜNDLICH VOR UND LEGT EINE VIERTELSTUNDE VORM START AB (RIO). MAN SEGELT ZUR ORIENTIERUNG EIN WENIG HIN UND HER, ES KOMMT DER 5-MINUTEN-SCHUSS, DEM DIE NERVENAUFREIBENDSTEN MINUTEN DER GANZEN REGATTA FOLGEN (DIE ERSTEN TAGE NACH RIO). DANN FÄLLT DER STARTSCHUSS, AUFREGEND UND DOCH ERLÖSEND (HEUTE MORGEN), UND MAN IST AUF DER BAHN, BEREIT, DIE EINZELNEN BOJEN UND MARKIERUNGSPUNKTE ZU RUNDEN. FÜR BYLGIA SIND DAS: 40°S ATLANTIK, 50°S ATLANTIK, LE-MAIRE-STRASSE, KAP HOORN, 50°S PAZIFIK UND 40°S PAZIFIK. WENN WIR DIESEN BREITENGRAD ERREICHT HABEN, WERDEN WIR GUT EINEINHALB MONATE WEITER SEIN..."
12-1-77
WIND W. 3-5
TEMP. 22°
07.00 UHR

DER ERSTE ALBATROS!
EIN SCHIFF! SCHADE, DASS MEIN SPRECHFUNKGERÄT AUSGEFALLEN IST.
(KURZ VOR RIO TRAT EIN DEFEKT IM UKW-SPRECHFUNKGERÄT AUF. EIN TELEGRAMM GENÜGTE, UND DIE FIRMA 'SAILTRON' ERKLÄRTE SICH BEREIT, EIN NEUES GERÄT GRATIS NACH PAPEETE AUF TAHITI ZU SCHICKEN.)
12-1-77
WIND W. 4
TEMP. 22°
13.00 UHR

AUS DEM SCHIFFSTAGEBUCH: ...11-1-77. FAHRE DURCH EINEN ÖLTEPPICH VON SICHER 5 MEILEN BREITE ...13-1-77. DIE SEE HAT EINE TIEF BLAUGRÜNE FARBE ANGENOMMEN, WAHRSCHEINLICH RÜHRT DIES VOM RIO DE LA PLATA HER ... DER 'SUDESTADA' (S-O-WIND) LEGT ZU, ICH MUSS DEN BESAN EINHOLEN. UNTER KLÜVER, FOCK I UND STAGSEGEL DOCH NOCH 5½ KNOTEN ... SEIT RIO EINE WOCHE AUF SEE. GESEGELT: 924 SM.

15-1-77. NEHME NOCHMAL DIE BÜCHER DURCH ÜBER DIE UMSEGLUNG VON KAP HOORN. NAMEN WIE SCHOUTEN, OLIVIER VAN NOORT UND JACOB ROGGEVEEN SIND UNLÖSBAR VERBUNDEN MIT PATAGONIEN UND KAP HOORN ... AUS DEM BUCH 'OCEAN PASSAGES': "...ESTRECHO DE MAGELLANES IS NOT ADVISED AS A SAILING ROUTE. THE PASSAGES OF THE OLD NAVIGATORS, SOME OF WHOM WERE MORE THAN 80 DAYS BETWEEN PUERTO DE HAMBRE AND CABO PILAR, THE VIOLENCE OF THE SQUALLS, AND THE LACK OF SEA ROOM, SUFFICIENTLY ATTEST THIS ..."

16-1-77. DIESE NACHT ZUM ERSTEN MAL IM SCHLAFSACK GESCHLAFEN, NOCH ZU WARM ... EIN HAI HINTERM SCHIFF ... ESSE IMMER NOCH APFELSINEN UND EIER AUS NEWPORT! ... FALKLAND-STROM GEGENAN (1 KNOTEN) ...

17-1-77. NEBEL ... ALLES KLATSCHNASS ... FLAUTE, DER NEBEL LICHTET SICH ... FRACHTER AM HORIZONT ... PASSIERE 40° SÜDLICHE BREITE!

21-1-77. MOTOR VERWEIGERT DEN DIENST ... WAHRSCHEINLICH WASSER IM KURBELGEHÄUSE. BIS TAHITI IST NICHT AN EINE REPARATUR ZU DENKEN ...

MIT KURS AUF KAP HOORN: DIE GROSSE HERAUSFORDERUNG

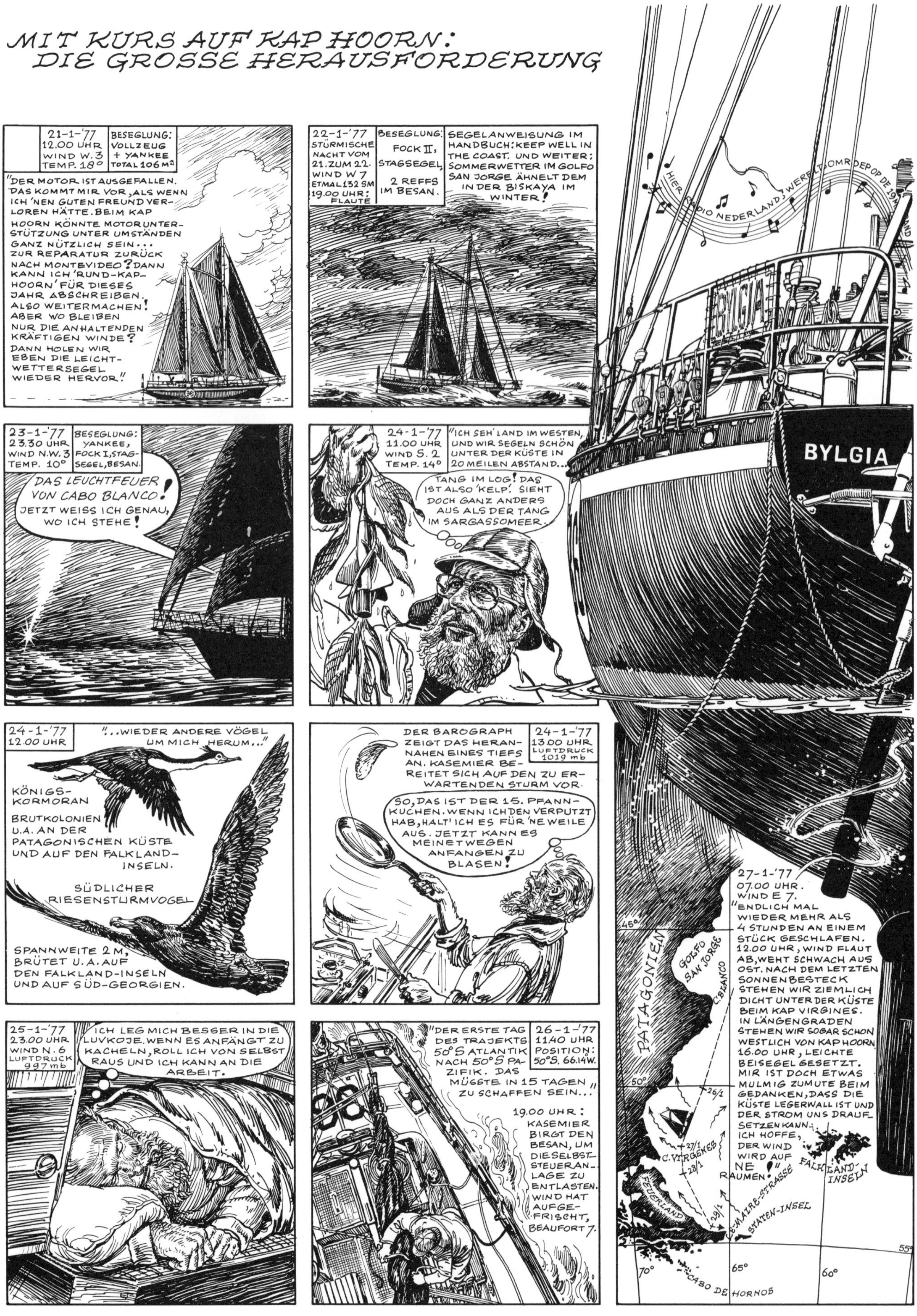

ZUSTÄNDE SIND DAS HIER AUF DER BREITE DER 'ROARING FORTIES'! BYLGIA UND ICH SIND VOLL UND GANZ GERÜSTET FÜR WINDSTÄRKE 7 UND MEHR ... UND DANN SEHE SICH EINER DAS HIER MAL AN: BYLGIA IN EINER LEICHTEN BRISE MIT ALLEN LEICHTWETTERSEGELN VORGEHEISST UND ICH HIER IM COCKPIT, DIE ÄRMEL HOCHGEKREMPELT, EIN GLAS WEIN UND KNABBEREIEN NEBEN MIR ... UND ZUM ZEITVERTREIB EIN SCHAUSPIEL, DAS BISHER NUR WENIGE VOR MIR ERLEBT HABEN DÜRFTEN.
BYLGIA
LLAND
EIN SCHWARM ALBATROSSE (DIOMEDEA MELANOPHRIS) SCHWIMMT UM BYLGIA HERUM. EINIGE VON IHNEN SPIELEN MIT DEN RINGEN AN DER TRIPLEINE. AUF EINMAL TAUCHT EINE SCHULE GRINDWALE AUF (GLOBICEPHALA MACRORHYNCHUS), EINE DELPHINART, DIE BIS ZU 8½ M LANG WERDEN KANN.
DIE VERSPIELTEN GRINDWALE WERFEN DIE ALBATROSSE IN DIE LUFT. DIESE KÖNNEN NICHT AUFFLIEGEN, DA IHNEN DIE NOTWENDIGE FRISCHE BRISE FEHLT. SO VERSUCHEN SIE, DIE STÖRENFRIEDE MIT SCHNABELHIEBEN LOSZUWERDEN.
V.STRAATEN '80

29-1-'77 14.45 UHR WIND WNW 4 TEMP. 11° BARO. 1020
BESEGLUNG: REACHER + FOCK I
PLATT VORM LAKEN MIT AUSGEBAUMTEN VORSEGELN STÜRMT BYLGIA AUF DIE LE-MAIRE-STRASSE ZU. ZUM VORGESEHENEN ZEITPUNKT ERREICHT DER SKIPPER DEN EINGANG DER MEERENGE, SO DASS ER MIT DEM EBBSTROM UND EINER SCHWACHEN BRISE VON ACHTERN 12 KN ÜBER GRUND MACHT! (7 KN DURCHS WASSER UND 5 KN STROM). KASEMIER KANN SICH WIEDER ENTSPANNEN UND DIE ERFOLGREICHE DURCHFAHRT GENIESSEN.
IM JAHRE 1968 BRAUCHTE DIE SEGELYACHT 'TZU HANG' (BESATZUNG: 2 MÄNNER, EINE FRAU) VIER VOLLE TAGE, UM DURCH DIE LE-MAIRE-STRASSE ZU KOMMEN UND KAP HOORN ZU RUNDEN.
FEUERLAND
LE-MAIRE-STRASSE
STATEN-INSEL
KAP HOORN
12/12
13/12
14/12
15/12
16/12
KURS DER YACHT 'TZU HANG' DURCH DIE LE-MAIRE-STRASSE UND UM DAS KAP.
STATEN-INSEL
CABO SAN BARTOLOMÉ
CABO SAN DIEGO
FEUERLAND
BYLGIA
36
DORT, DICHT UNTER DER KÜSTE VON FEUERLAND GIBT ES GEFÄHRLICHE STROMKABBELUNGEN, VOR DENEN DER 'PILOT' WARNT.

31-1-'77 04.00 UHR WIND N 2 TEMP. 5° BARO 1019→1002
BESEGLUNG: ROLLKLÜVER FOCK I STAGSEGEL BESAN
FLAUTE(!) UND SCHLECHTE SICHT ZWINGEN DEN SKIPPER ZUR BESTECKSGISSUNG. ER NIMMT AN, DASS IHN DER STARKE SW-STROM ZURÜCK AUF DIE SÜDKÜSTE VON FEUERLAND GESETZT HAT.
NANU! HINTER MIR DIE POSITIONSLICHTER EINES GROSSEN SCHIFFES, EIN TANKER?
ZWEIMAL KURZ GEBLINKT MIT DEM SCHEINWERFER, DAS HEISST DOCH: 'NACH BACKBORD'. WARUM?
WAHRHAFTIG! BRANDUNG AN BACKBORD! EINE DER BARNEVELT-INSELN?
DIE INSELN MUSS ICH AN STEUERBORD HALTEN! NICHTS WIE DURCH DEN WIND!
1 20 MAL AN DER BACKBORD-TRIMMLEINE DER WINDFAHNE ZIEHEN.
2 STEUERBORD-BULLENTALJEN VOM BESAN UND VOM STAGSEGEL FIEREN.
3 SCHOTEN VON ROLLKLÜVER UND FOCK LOSWERFEN.
4 DER BUG LIEGT IM WIND, JETZT 20 MAL AN DER STEUERBORD-TRIMMLEINE DER WINDFAHNE ZIEHEN.
5 ZU DUMM, DER WIND IST SO SCHWACH, DASS DIE FOCKSCHOT IRGENDWO HINTERHAKT, MUSS ICH DOCH NACH VORNE.
6 SCHOTEN VON FOCK UND ROLLKLÜVER AN BACKBORD DICHTHOLEN.
7 BACKBORD-BULLENTALJEN VOM STAGSEGEL UND BESAN STEIFHOLEN.

V.STRAATEN '80
05.00 UHR. SKIPPER KASEMIER HAT GERADE SEIN WENDEMANÖVER BEENDET, ALS IM MORGENDUNST EINE VIERMAST-SCHONERBARK VON ACHTERN NÄHERKOMMT. DER KAPITÄN PREIT BYLGIA ÜBER LAUTSPRECHER.
HIER IST DIE BARKENTINE 'ESMERALDA' VON DER CHILENISCHEN MARINE. WER SIND SIE?
HIER SPRICHT KASEMIER, SKIPPER DER HOLLÄNDISCHEN SEGELYACHT 'BYLGIA', UNTERWEGS VON RIO NACH PAPEETE.
IST AN BORD ALLES WOHLAUF?
MOTOR UND UKW-SPRECHFUNK SIND AUSGEFALLEN. ANSONSTEN IST ALLES IN ORDNUNG. SIND DAS HIER DIE BARNEVELT-INSELN?
JA, AN STEUERBORD LIEGEN DIE BARNEVELT-INSELN. HALTEN SIE REICHLICH ABSTAND WEGEN DER VORGELAGERTEN FELSENRIFFE. WIR SIND UNTERWEGS NACH KAPSTADT, NUTZEN JEDOCH DAS RUHIGE WETTER AUS, UM ZUM KAP HOORN ZU FAHREN UND DORT FOTOS ZU MACHEN. MÖCHTEN SIE, DASS WIR SIE ZUM KAP HOORN SCHLEPPEN?
NEIN! VIELEN DANK FÜR DAS ANGEBOT, ABER IN KÜRZE WIRD DER WIND DOCH AUFFRISCHEN.
BRAUCHEN SIE BROT, MILCH ODER SONST ETWAS?
DANKE, NEIN, BIN VERSORGT. WOLLEN SIE MICH BITTE AN DIE RADIOSTATION P.C.H.* IN HOLLAND MELDEN?
WIRD GEMACHT. ES DÜRFTE WICHTIG FÜR SIE SEIN ZU WISSEN, DASS DER WETTERBERICHT EINE STURMWARNUNG, WINDSTÄRKE 9 AUS W, ENTHÄLT. WIR WÜNSCHEN IHNEN EINE GLÜCKLICHE REISE UND GUTE FAHRT. DURCHAUS MÖGLICH, DASS WIR UNS HEUTE ABEND NOCHMAL BEGEGNEN!
* SCHEVENINGEN-RADIO.
DANKE FÜR DIE INFORMATIONEN; AUCH ICH WÜNSCHE IHNEN EINE GLÜCKLICHE REISE NACH KAPSTADT!

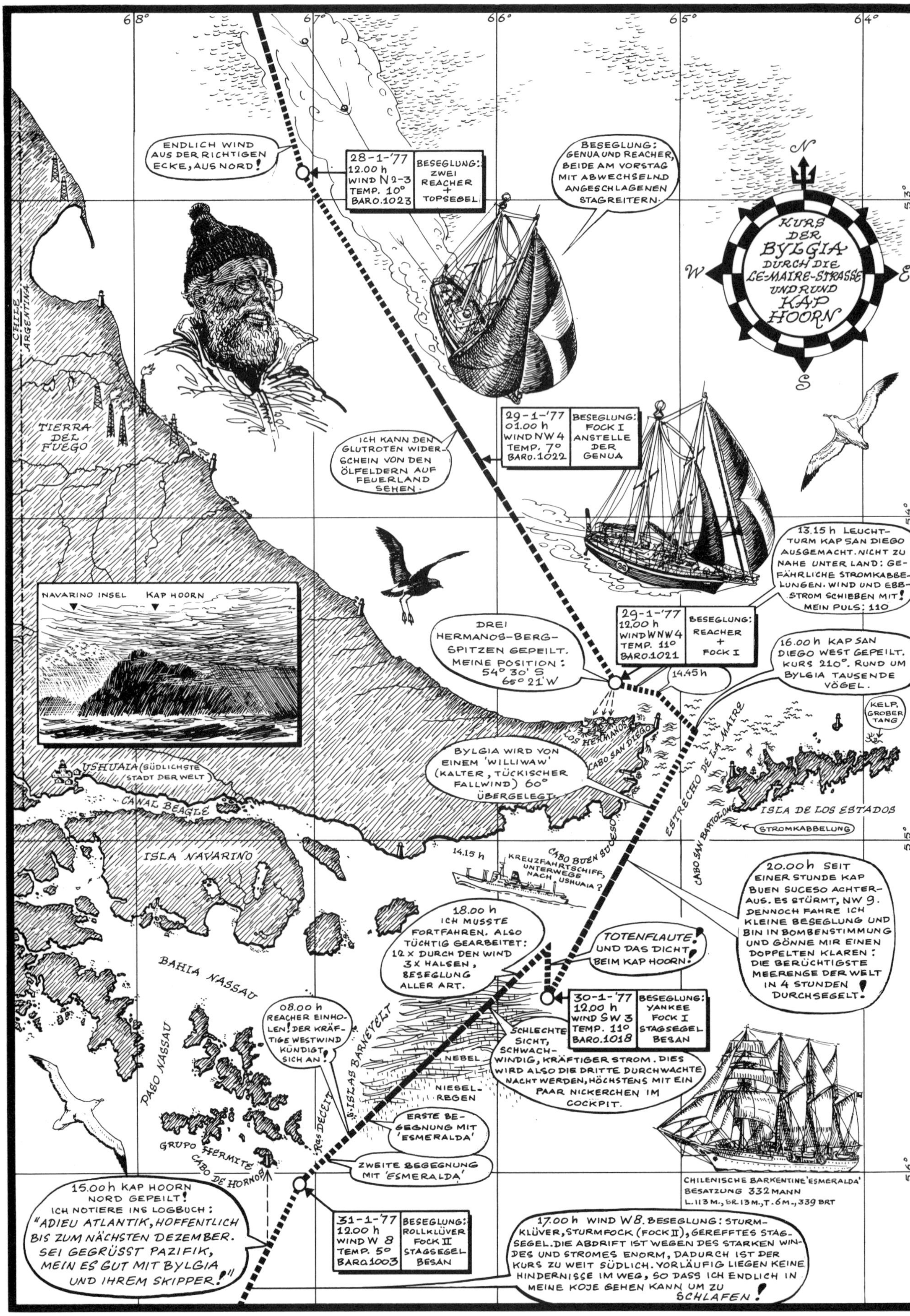
KURS DER BYLGIA DURCH DIE LE-MAIRE-STRASSE UND RUND KAP HOORN
N
S
W
E
ENDLICH WIND AUS DER RICHTIGEN ECKE, AUS NORD!
28-1-'77 12.00 h WIND N 2-3 TEMP. 10° BARO.1023
BESEGLUNG: ZWEI REACHER + TOPSEGEL
BESEGLUNG: GENUA UND REACHER, BEIDE AM VORSTAG MIT ABWECHSELND ANGESCHLAGENEN STAGREITERN.
CHILE ARGENTINA
TIERRA DEL FUEGO
29-1-'77 01.00 h WIND NW 4 TEMP. 7° BARO.1022
BESEGLUNG: FOCK I ANSTELLE DER GENUA
ICH KANN DEN GLUTROTEN WIDERSCHEIN VON DEN ÖLFELDERN AUF FEUERLAND SEHEN.
13.15 h LEUCHTTURM KAP SAN DIEGO AUSGEMACHT. NICHT ZU NAHE UNTER LAND: GEFÄHRLICHE STROMKABBELUNGEN. WIND UND EBBSTROM SCHIEBEN MIT! MEIN PULS: 110
NAVARINO INSEL
KAP HOORN
DREI HERMANOS-BERG-SPITZEN GEPEILT. MEINE POSITION: 54° 30' S 65° 21' W
29-1-'77 12.00 h WIND WNW 4 TEMP. 11° BARO.1021
BESEGLUNG: REACHER + FOCK I
14.45 h
16.00 h KAP SAN DIEGO WEST GEPEILT. KURS 210°. RUND UM BYLGIA TAUSENDE VÖGEL.
KELP, GROBER TANG
LOS HERMANOS
CABO SAN DIEGO
ESTRECHO DE LA MAIRE
ISLA DE LOS ESTADOS
STROMKABBELUNG
CABO SAN BARTOLOMÉ
BYLGIA WIRD VON EINEM 'WILLIWAW' (KALTER, TÜCKISCHER FALLWIND) 60° ÜBERGELEGT.
USHUAIA (SÜDLICHSTE STADT DER WELT)
CANAL BEAGLE
ISLA NAVARINO
CABO BUEN SUCESO
14.15 h
KREUZFAHRTSCHIFF, UNTERWEGS NACH USHUAIA?
20.00 h SEIT EINER STUNDE KAP BUEN SUCESO ACHTERAUS. ES STÜRMT, NW 9. DENNOCH FAHRE ICH KLEINE BESEGLUNG UND BIN IN BOMBENSTIMMUNG UND GÖNNE MIR EINEN DOPPELTEN KLAREN: DIE BERÜCHTIGSTE MEERENGE DER WELT IN 4 STUNDEN DURCHSEGELT!
18.00 h ICH MUSSTE FORTFAHREN. ALSO TÜCHTIG GEARBEITET: 12 X DURCH DEN WIND 3 X HALSEN, BESEGLUNG ALLER ART.
TOTENFLAUTE! UND DAS DICHT BEIM KAP HOORN!
BAHIA NASSAU
30-1-'77 12.00 h WIND SW 3 TEMP. 11° BARO.1018
BESEGLUNG: YANKEE FOCK I STAGSEGEL BESAN
08.00 h REACHER EINHOLEN! DER KRÄFTIGE WESTWIND KÜNDIGT SICH AN!
SCHLECHTE SICHT, SCHWACHWINDIG, KRÄFTIGER STROM. DIES WIRD ALSO DIE DRITTE DURCHWACHTE NACHT WERDEN, HÖCHSTENS MIT EIN PAAR NICKERCHEN IM COCKPIT.
PASO NASSAU
ISLAS BARNEVELT
NEBEL
NIESELREGEN
ERSTE BEGEGNUNG MIT 'ESMERALDA'
RAS DECEIT
GRUPO HERMITE
CABO DE HORNOS
ZWEITE BEGEGNUNG MIT 'ESMERALDA'
CHILENISCHE BARKENTINE 'ESMERALDA' BESATZUNG 332 MANN L. 113 M., BR. 13 M., T. 6 M., 339 BRT
15.00 h KAP HOORN NORD GEPEILT! ICH NOTIERE INS LOGBUCH: "ADIEU ATLANTIK, HOFFENTLICH BIS ZUM NÄCHSTEN DEZEMBER. SEI GEGRÜSST PAZIFIK, MEIN ES GUT MIT BYLGIA UND IHREM SKIPPER!"
31-1-'77 12.00 h WIND W 8 TEMP. 5° BARO.1003
BESEGLUNG: ROLLKLÜVER FOCK II STAGSEGEL BESAN
17.00 h WIND W 8. BESEGLUNG: STURMKLÜVER, STURMFOCK (FOCK II), GEREFFTES STAGSEGEL. DIE ABDRIFT IST WEGEN DES STARKEN WINDES UND STROMES ENORM, DADURCH IST DER KURS ZU WEIT SÜDLICH. VORLÄUFIG LIEGEN KEINE HINDERNISSE IM WEG, SO DASS ICH ENDLICH IN MEINE KOJE GEHEN KANN UM ZU SCHLAFEN!

31-1-'77
09.00 h
WIND W 6-7
TEMP: 5°
BARO: 1003

BESEGLUNG:
ROLLKLÜVER
FOCK II
STAGSEGEL
BESAN

"...DER WIND LEGT ZU, UND ALS ICH AN DECK GEHE, UM DAS STAGSEGEL EINZUHOLEN, BEGEGNET MIR ERNEUT 'ESMERALDA' UNTER VOLLZEUG VOR DEM WIND. SIE PASSIERT ZWISCHEN MIR UND DEN DECEIT-FELSEN (DICHT BEIM KAP HOORN). DIESER HISTORISCHE HINTERGRUND BILDET EINE PRACHTVOLLE KULISSE FÜR DIESES UNVERGESSLICHE EREIGNIS. BYLGIA UND IHR SKIPPER BEKOMMEN ZUM GRUSS DREI STÖSSE MIT DEM SCHIFFSHORN UND UNTER DEM WINKEN ZAHLREICHER MATROSEN UND KADETTEN SCHALLT DER RUF ÜBERS WASSER:

'BYLGIA AHOI! BYLGIA BON VOYAGE!'

EIN LETZTER FLAGGENGRUSS UND INNERHALB ZEHN MINUTEN IST 'ESMERALDA' IN EINEM REGENSCHAUER VERSCHWUNDEN...

DASS ICH DIESEM SCHIFF AUF DIESEM FLECKEN DER ERDE BEGEGNEN DURFTE, ERFÜLLT MICH MIT TIEFEM GLÜCK. DAS HAT MIR EINEN ENORMEN ANSPORN ZUM DURCHHALTEN GEGEBEN. ICH ENTBLÖSSE MEIN HAUPT UND DANKE GOTT FÜR DIESEN GLÜCKLICHEN TAG."

4. FEBRUAR 1977
GEGISSTES BESTECK:
56°21'S, 73°42'W.
DER 10. TAG IM TRAJEKT 50° SÜDLICHE BREITE ATLANTIK NACH 50° SÜDLICHE BREITE PAZIFIK. NACH DER RUNDUNG VON KAP HOORN KÄMPFT BYLGIA GEGEN ENORME SEEN AN.

AUS DEM SCHIFFSTAGEBUCH:

"... DER WIND KRIMPT VON SW NACH NW, BAROMETER FÄLLT, GROBE SEE DEN GANZEN TAG, AN VORWÄRTS-KOMMEN IST KAUM ZU DENKEN.
5.2.77
GEGISSTES BESTECK: 65°09'S, 75°20'W.
AB 23.00 h BIS 05.00 h FLAUTE BEI SCHNELL FALLENDEM BAROMETER. WARTE UNTER STURM-BESEGLUNG AUF DEN STURM.

07.00 h WINDSTILLE NACHT MIT STRÖMENDEM REGEN UND UNRUHIGER SEE.
BIN UNTER STURMSEGELN IN 5 STUNDEN 8 SM VORANGEKOMMEN, WAHRLICH NICHT VIEL.
UM 08.00 h FRISCHT DER WIND AUF, SOFORT WIRD DER ROLLKLÜVER BEIGEHEISST. JEDOCH NACH EINER STUNDE HAT DER WIND DERMASSEN ZUGELEGT, DASS DER KLÜVER WIEDER EINGEHOLT WERDEN MUSS. **ZU SPÄT!**
DAS KLÜVERFALL BRICHT, WOMIT DAS ROLLREFF AUSGEFALLEN IST.
ZU DUMM, DENN JETZT MUSS ICH DEN KLÜVER JEWEILS AM REACHERFALL VORHEISSEN UND NACH DEM BERGEN AUCH AN DER RELING FESTLASCHEN.
DAS IST MIT DEN BRECHERN, DIE DA VORNE ÜBERKOMMEN, WAHRHAFTIG KEIN VERGNÜGEN. OBENDREIN KÖNNEN SICH SCHAMFILPROBLEME ERGEBEN.
12.00 h TROTZ STEIGENDEN LUFTDRUCKS NOCH IMMER SW9. VORLICH EINKOMMENDE SCHWERE SEE.
BEI 5 KNOTEN FAHRT HABEN WIR ALLES UNTER KONTROLLE.

13.00 h ICH HAB MICH IN DER KOJE ANGELEINT UND VERSUCHE BEI DIESER TOBENDEN SEE ETWAS ZU RUHEN.
UND DANN AUF EINMAL PASSIERT ES DOCH: BYLGIA MACHT EINEN GEWALTIGEN SATZ UND

KENTERT!

WAS EINEN BANGE MACHT, IST DIE UNGEWISSHEIT, ABER ALS BYLGIA SICH NACH EINIGEN MINUTEN WIEDER AUFRICHTET UND WEITERSEGELT, ERWACHT IN MIR EIN GRENZENLOSES VERTRAUEN IN MEIN SCHIFF, DAS DIES ALLES VERKRAFTEN KANN.

15.00 h WIND KRIMPT AUF WEST, DAS HEISST, WIEDER AM WIND. KURS 345° IST NICHT MEHR DRIN.

6.2.77. GEGISSTES BESTECK:
54°52'S, 74°47'W.
06.00 h WIND UND SEE ETWAS RUHIGER.
07.00 h KLÜVER BEIGESETZT UND BESAN AUSGEREFFT.
09.30 h STAGSEGEL AUSGEREFFT.
11.00 h FLAUTE BEI RAUHER SEE NACH DER SCHLIMMSTEN NACHT, DIE WIR BISHER MITGEMACHT HABEN.

14.00 h WIR SCHAUKELN NOCH STETS OHNE WIND AUF EINER STEILEN, UNRUHIGEN SEE, ALLES SCHLÄGT UND KLAPPERT. DAS ERSTE MAL AUF DIESER REISE, DASS ICH FLAUTE NICHT ALS UNANGENEHM EMPFINDE, GEIST UND SEELE HATTEN DAS OFFENBAR NÖTIG. JETZT KANN ICH AUCH KLEINERE ARBEITEN AUF UND UNTER DECK AUSFÜHREN: WINDFAHNE IN ORDNUNG BRINGEN, BUGANKER, HALB AUS DER HALTERUNG GELÖST, WIEDER FESTZURREN, USW, USW.

16.00 h WIND RAUMT VON NO NACH NW, DICHTER REGEN, SCHLECHTE SICHT, LUFTFEUCHTIGKEIT IN DER KAJÜTE 92%, TEMPERATUR IN DER KAJÜTE 5°C.

ICH HAB DEN NIEDERGANG VÖLLIG GESCHLOSSEN, SO DASS SO GUT WIE KEIN WASSER HEREINKOMMT. NUR EINS DER KLEINEN BULLAUGEN ÜBER DEM KARTENTISCH LECKT; DAS IST ABER AUCH ALLES.

BYLGIA SEGELT JETZT MIT STURMFOCK (10 M²), GEREFFTEM STAGSEGEL (8 M²) UND DEM DICHT GEREFFTEN BESAN (7 M²).
TROTZ DER HOHEN SEE LÄUFT DAS SCHIFF 4 KN HOCH AM WIND..."

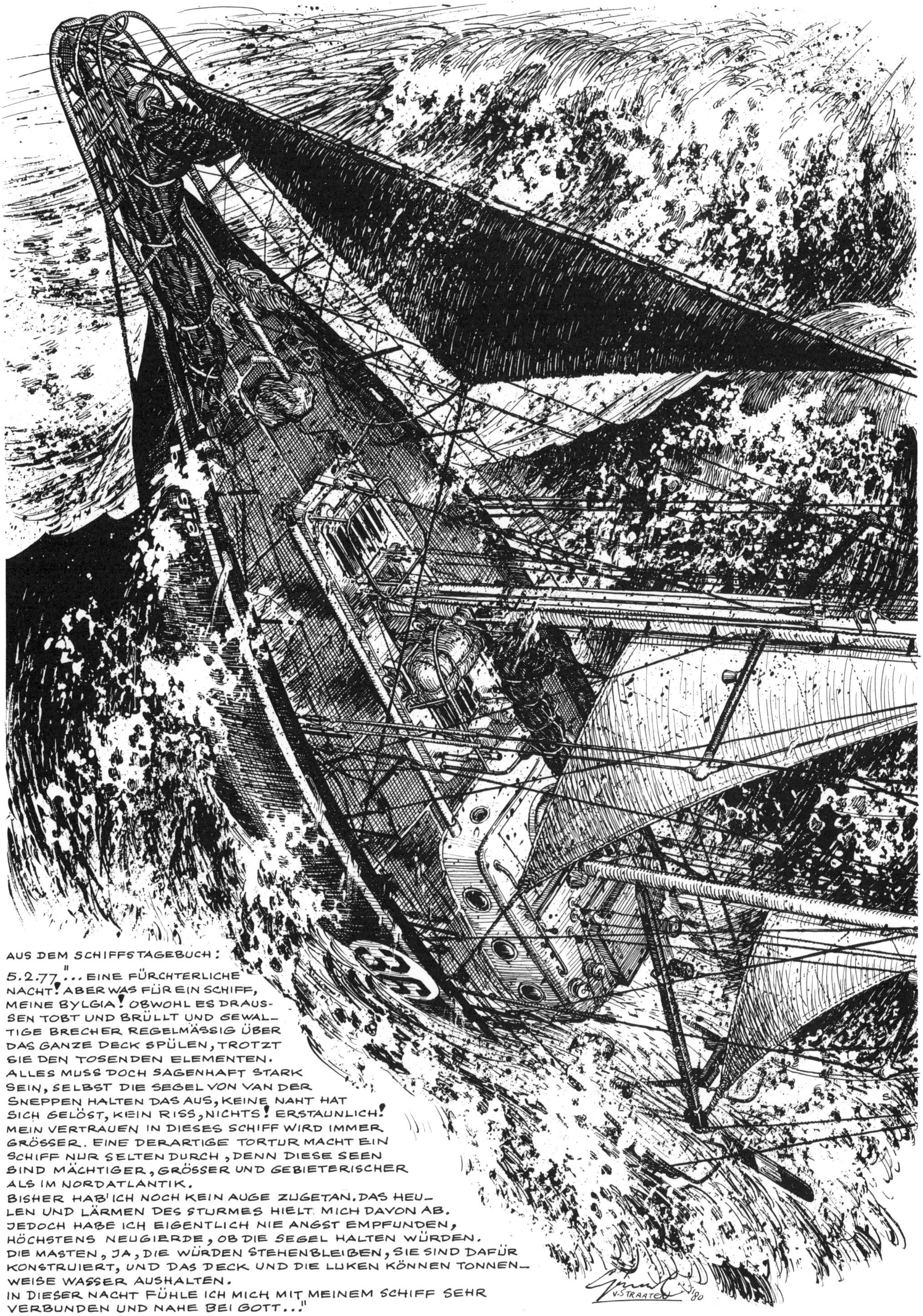
AUS DEM SCHIFFSTAGEBUCH:
5.2.77 "... EINE FÜRCHTERLICHE NACHT! ABER WAS FÜR EIN SCHIFF, MEINE BYLGIA! OBWOHL ES DRAUSSEN TOBT UND BRÜLLT UND GEWALTIGE BRECHER REGELMÄSSIG ÜBER DAS GANZE DECK SPÜLEN, TROTZT SIE DEN TOSENDEN ELEMENTEN.
ALLES MUSS DOCH SAGENHAFT STARK SEIN, SELBST DIE SEGEL VON VAN DER SNEPPEN HALTEN DAS AUS, KEINE NAHT HAT SICH GELÖST, KEIN RISS, NICHTS! ERSTAUNLICH! MEIN VERTRAUEN IN DIESES SCHIFF WIRD IMMER GRÖSSER. EINE DERARTIGE TORTUR MACHT EIN SCHIFF NUR SELTEN DURCH, DENN DIESE SEEN SIND MÄCHTIGER, GRÖSSER UND GEBIETERISCHER ALS IM NORDATLANTIK.
BISHER HAB' ICH NOCH KEIN AUGE ZUGETAN. DAS HEULEN UND LÄRMEN DES STURMES HIELT MICH DAVON AB. JEDOCH HABE ICH EIGENTLICH NIE ANGST EMPFUNDEN, HÖCHSTENS NEUGIERDE, OB DIE SEGEL HALTEN WÜRDEN. DIE MASTEN, JA, DIE WÜRDEN STEHENBLEIBEN, SIE SIND DAFÜR KONSTRUIERT, UND DAS DECK UND DIE LUKEN KÖNNEN TONNENWEISE WASSER AUSHALTEN.
IN DIESER NACHT FÜHLE ICH MICH MIT MEINEM SCHIFF SEHR VERBUNDEN UND NAHE BEI GOTT..."
V. STRAATEN '80

BYLGIAS KURS, MITTAGSPOSITIONEN UND SEGELKOMBINATIONEN AUF DEM SCHWIERIGSTEN ABSCHNITT DER WELTREISE

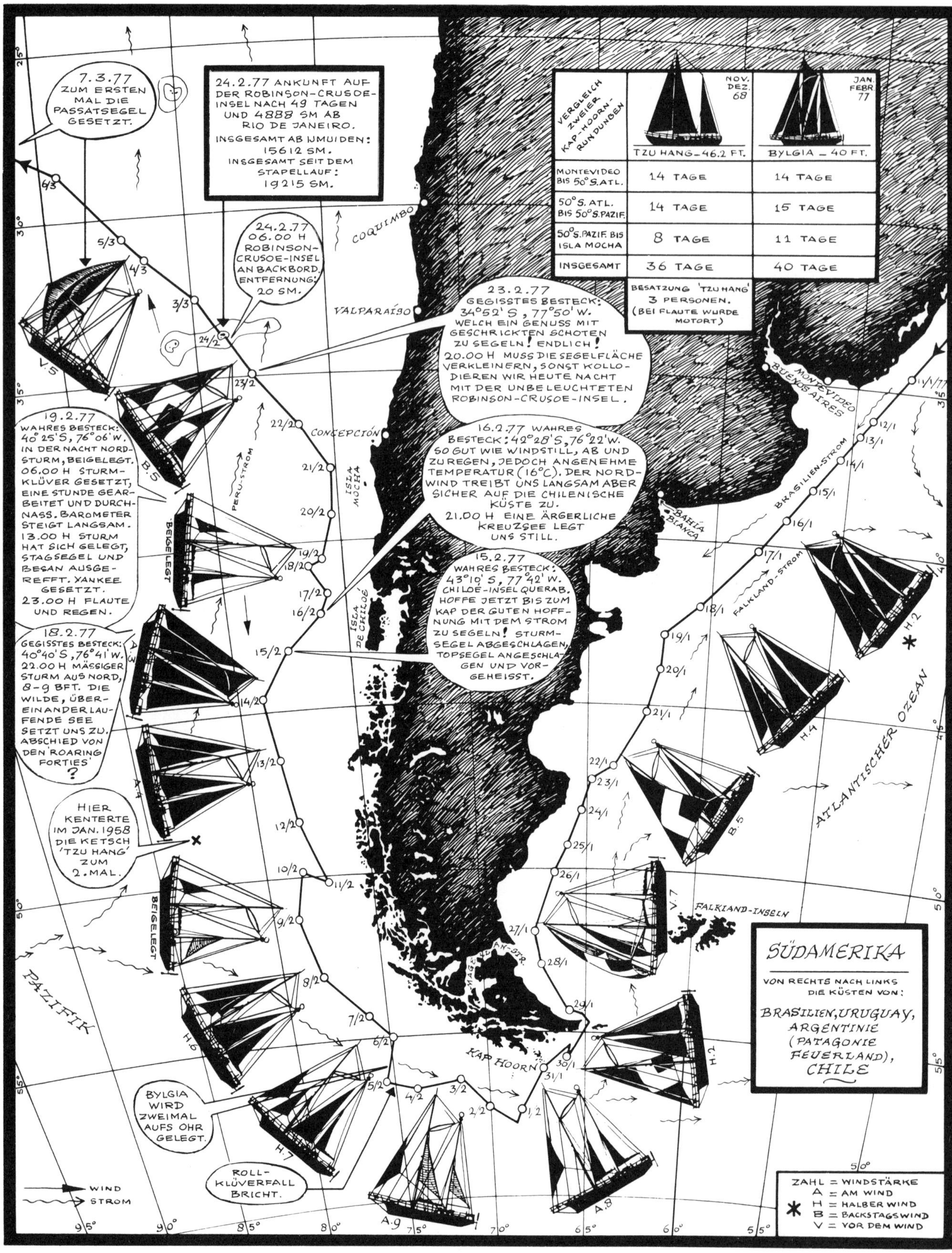

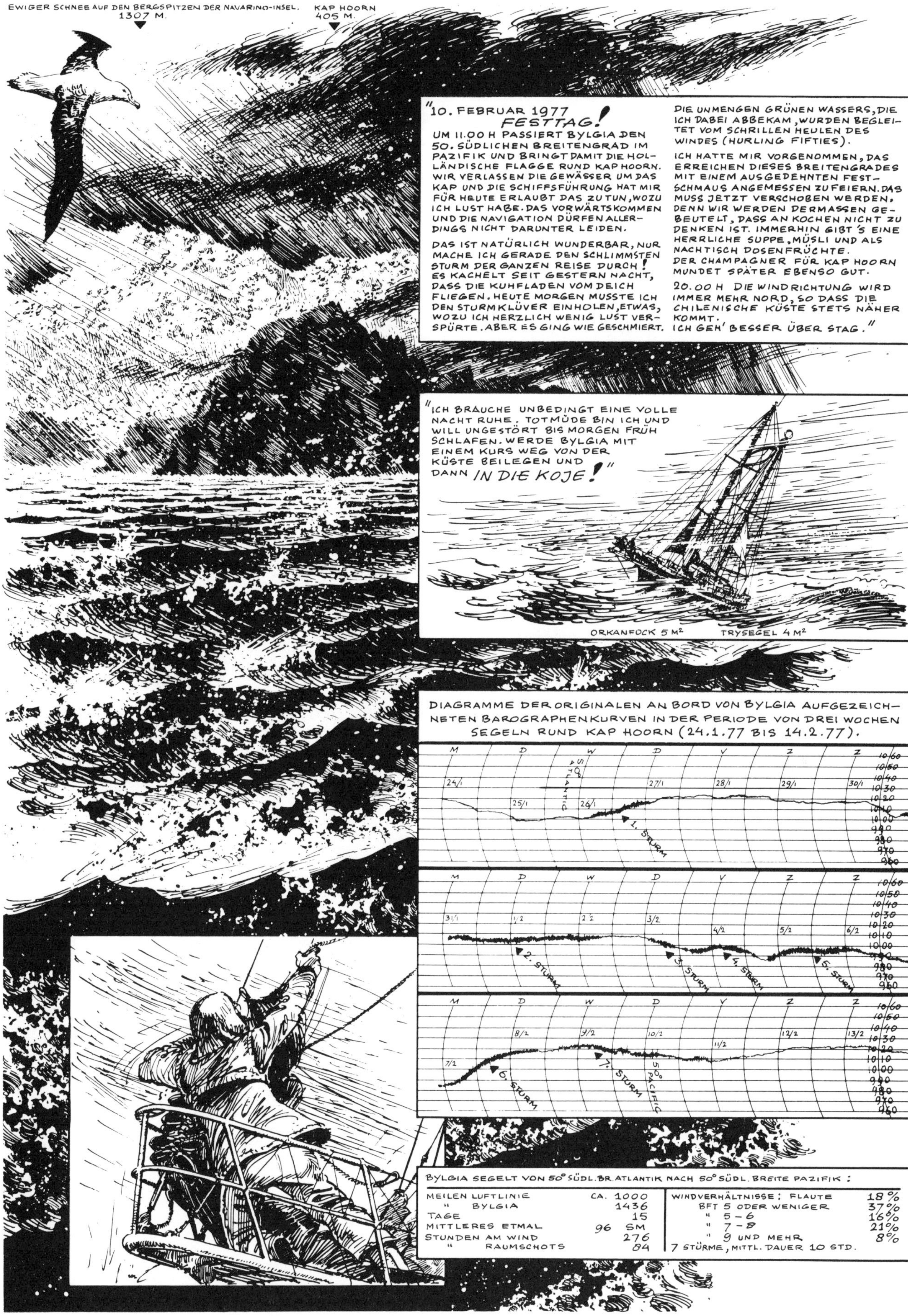
EWIGER SCHNEE AUF DEN BERGSPITZEN DER NAVARINO-INSEL. 1307 M.
KAP HOORN 405 M.
"10. FEBRUAR 1977 FESTTAG! UM 11.00 H PASSIERT BYLGIA DEN 50. SÜDLICHEN BREITENGRAD IM PAZIFIK UND BRINGT DAMIT DIE HOLLÄNDISCHE FLAGGE RUND KAP HOORN. WIR VERLASSEN DIE GEWÄSSER UM DAS KAP UND DIE SCHIFFSFÜHRUNG HAT MIR FÜR HEUTE ERLAUBT DAS ZU TUN, WOZU ICH LUST HABE. DAS VORWÄRTSKOMMEN UND DIE NAVIGATION DÜRFEN ALLERDINGS NICHT DARUNTER LEIDEN.
DAS IST NATÜRLICH WUNDERBAR, NUR MACHE ICH GERADE DEN SCHLIMMSTEN STURM DER GANZEN REISE DURCH! ES KACHELT SEIT GESTERN NACHT, DASS DIE KUHFLADEN VOM DEICH FLIEGEN. HEUTE MORGEN MUSSTE ICH DEN STURMKLÜVER EINHOLEN, ETWAS, WOZU ICH HERZLICH WENIG LUST VERSPÜRTE. ABER ES GING WIE GESCHMIERT. DIE UNMENGEN GRÜNEN WASSERS, DIE ICH DABEI ABBEKAM, WURDEN BEGLEITET VOM SCHRILLEN HEULEN DES WINDES (HURLING FIFTIES).
ICH HATTE MIR VORGENOMMEN, DAS ERREICHEN DIESES BREITENGRADES MIT EINEM AUSGEDEHNTEN FESTSCHMAUS ANGEMESSEN ZU FEIERN. DAS MUSS JETZT VERSCHOBEN WERDEN, DENN WIR WERDEN DERMASSEN GEBEUTELT, DASS AN KOCHEN NICHT ZU DENKEN IST. IMMERHIN GIBT'S EINE HERRLICHE SUPPE, MÜSLI UND ALS NACHTISCH DOSENFRÜCHTE. DER CHAMPAGNER FÜR KAP HOORN MUNDET SPÄTER EBENSO GUT.
20.00 H DIE WINDRICHTUNG WIRD IMMER MEHR NORD, SO DASS DIE CHILENISCHE KÜSTE STETS NÄHER KOMMT. ICH GEH' BESSER ÜBER STAG."
"ICH BRAUCHE UNBEDINGT EINE VOLLE NACHT RUHE. TOTMÜDE BIN ICH UND WILL UNGESTÖRT BIS MORGEN FRÜH SCHLAFEN. WERDE BYLGIA MIT EINEM KURS WEG VON DER KÜSTE BEILEGEN UND DANN IN DIE KOJE!"
ORKANFOCK 5 M²
TRYSEGEL 4 M²
DIAGRAMME DER ORIGINALEN AN BORD VON BYLGIA AUFGEZEICHNETEN BAROGRAPHENKURVEN IN DER PERIODE VON DREI WOCHEN SEGELN RUND KAP HOORN (24.1.77 BIS 14.2.77).
50° ATLANTIC
1. STURM
2. STURM
3. STURM
4. STURM
5. STURM
6. STURM
7. STURM
50° PACIFIC
BYLGIA SEGELT VON 50° SÜDL. BR. ATLANTIK NACH 50° SÜDL. BREITE PAZIFIK:
MEILEN LUFTLINIE CA. 1000
" BYLGIA 1436
TAGE 15
MITTLERES ETMAL 96 SM
STUNDEN AM WIND 276
" RAUMSCHOTS 84
WINDVERHÄLTNISSE: FLAUTE 18%
BFT 5 ODER WENIGER 37%
" 5–6 16%
" 7–8 21%
" 9 UND MEHR 8%
7 STÜRME, MITTL. DAUER 10 STD.

* EINE DER CHILENISCHEN JUAN-FERNANDEZ-INSELN. OBERFLÄCHE: ETWA WIE FEHMARN. EINWOHNERZAHL: 500, WOVON 350 KINDER (DAS LICHT GEHT ABENDS UM 9 UHR AUS). EINKÜNFTE: FISCHFANG WÄHREND 3 MONATEN IM JAHR (KREBSE). DIE INSEL HAT KEINE GUTEN STRASSEN, DAHER AUCH KEINE AUTOS UND FAHRRÄDER. DER FLUGPLATZ IST NUR BEI SCHWACHWINDEN (BIS 4 BFT) ZU BENUTZEN. BEI HÖHEREN WINDSTÄRKEN ENTSTEHEN GEFÄHRLICHE FALLWINDE.

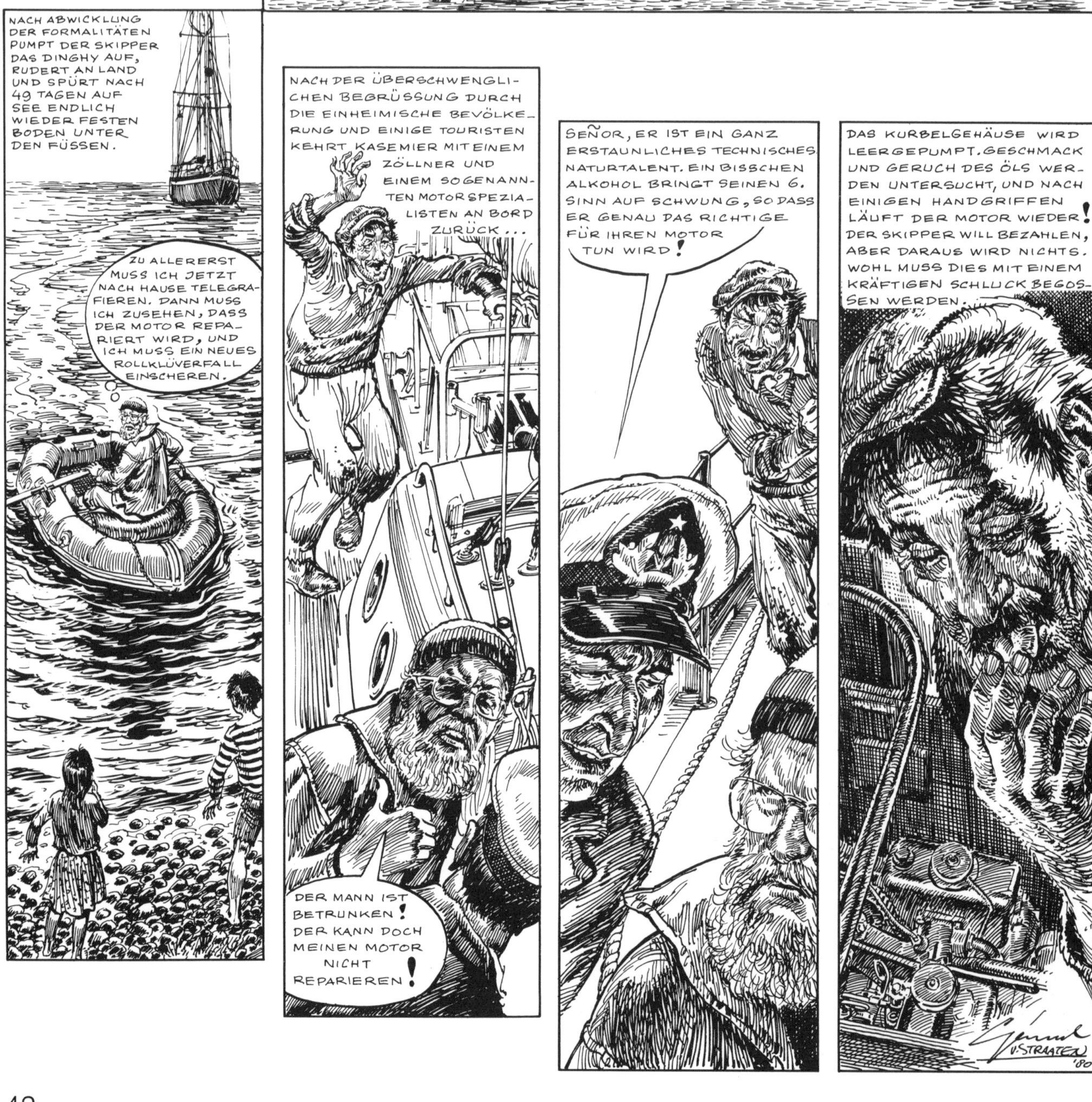

WIEDER ZURÜCK IM GASTHAUS, WIRD DEM SKIPPER EIN FESTMAHL KREDENZT. UMRINGT VON ZAHLREICHEN EINHEIMISCHEN, LÄSST SICH KASEMIER DEN HUMMER WOHL SCHMECKEN.
MAMA, IST DAS EIGENTLICH ROBINSON CRUSOE?
AUF EINMAL FLIEGT DIE TÜR AUF...
SEÑOR KASEMIER! DER ANKER SCHLEPPT!
DER WIND HAT GEDREHT, DIES IST JETZT LEGERWALL!
ICH KOMM GRAD NOCH RECHTZEITIG.
DINGHY FEST... RIEMEN INS GANGBORD... UND SCHNELL AN BORD...
NANU! DAS IST JA DER SLAMPAMPER. (1) DAS HEISST, DER ANKER SCHLEPPT GAR NICHT! DIE SICHERUNG (2) IST GEBROCHEN, UND DAHER IST DIE GESAMTE ANKERKETTE (3) AUSGERAUSCHT. (4)
(1) SLAMPAMPER = STROPP, MIT DEM DAS ENDE DER ANKERKETTE IM KETTENKASTEN BEFESTIGT WIRD. IM NOTFALL KANN DURCH KAPPEN DES SLAMPAMPERS DER ANKER GESLIPPT WERDEN.
(2) BEIM PFEIL WURDE EIN SCHRAUBENZIEHER ALS STOPPERBOLZEN DURCH EIN LOCH IM FÜHRUNGSROHR UND EIN KETTENGLIED GESTECKT. SPÄTER WURDE DIE ANKERKETTE MIT EINEM 15 mm DICKEN NIRO-BOLZEN GESICHERT.
(3) KETTENGLIEDSTÄRKE: 12,5 mm
(4) LÄNGE DER ANKERKETTE: 60 M

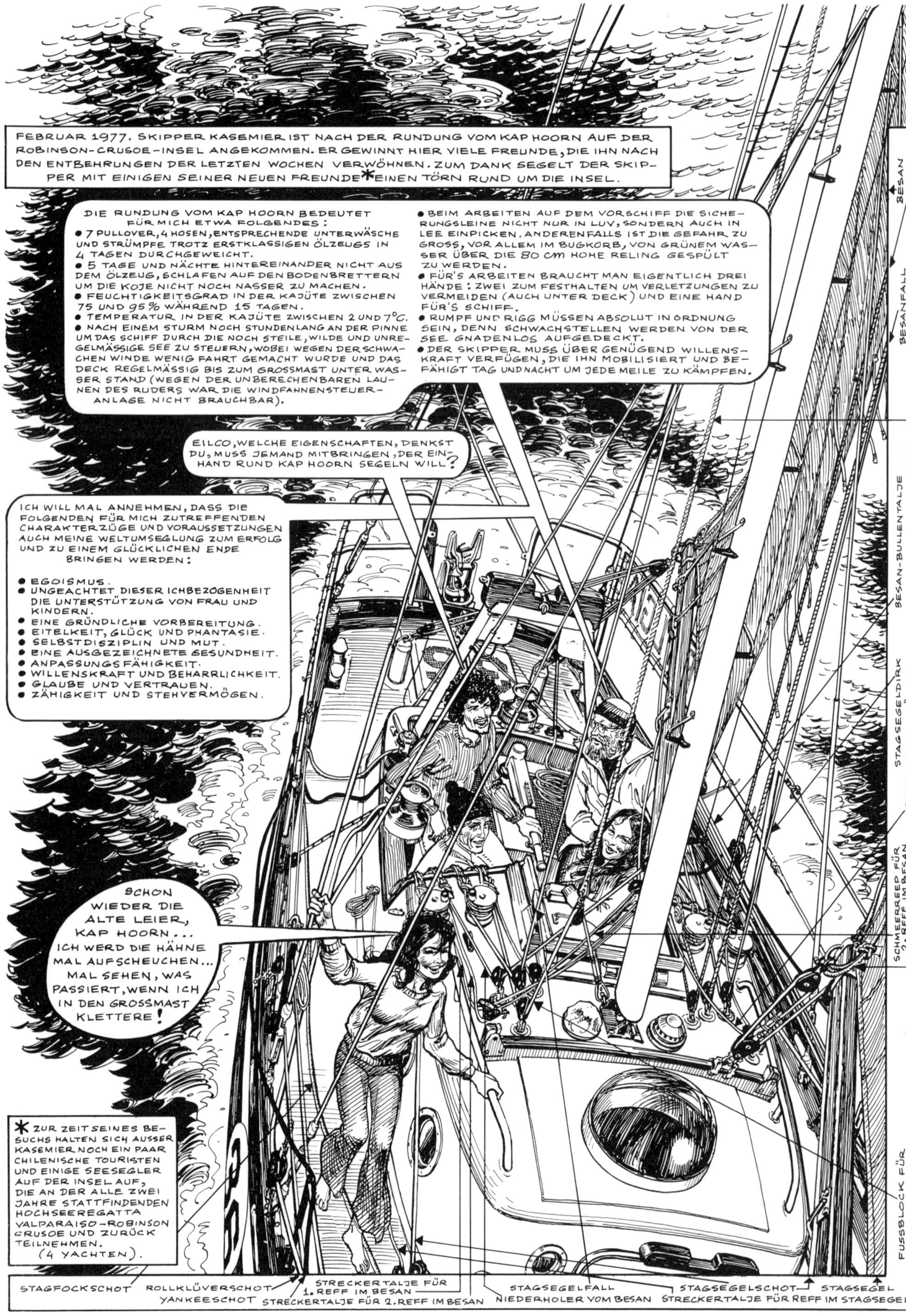
FEBRUAR 1977. SKIPPER KASEMIER IST NACH DER RUNDUNG VOM KAP HOORN AUF DER ROBINSON-CRUSOE-INSEL ANGEKOMMEN. ER GEWINNT HIER VIELE FREUNDE, DIE IHN NACH DEN ENTBEHRUNGEN DER LETZTEN WOCHEN VERWÖHNEN. ZUM DANK SEGELT DER SKIPPER MIT EINIGEN SEINER NEUEN FREUNDE* EINEN TÖRN RUND UM DIE INSEL.
DIE RUNDUNG VOM KAP HOORN BEDEUTET FÜR MICH ETWA FOLGENDES: • 7 PULLOVER, 4 HOSEN, ENTSPRECHENDE UNTERWÄSCHE UND STRÜMPFE TROTZ ERSTKLASSIGEN ÖLZEUGS IN 4 TAGEN DURCHGEWEICHT. • 5 TAGE UND NÄCHTE HINTEREINANDER NICHT AUS DEM ÖLZEUG, SCHLAFEN AUF DEN BODENBRETTERN UM DIE KOJE NICHT NOCH NASSER ZU MACHEN. • FEUCHTIGKEITSGRAD IN DER KAJÜTE ZWISCHEN 75 UND 95% WÄHREND 15 TAGEN. • TEMPERATUR IN DER KAJÜTE ZWISCHEN 2 UND 7°C. • NACH EINEM STURM NOCH STUNDENLANG AN DER PINNE UM DAS SCHIFF DURCH DIE NOCH STEILE, WILDE UND UNREGELMÄSSIGE SEE ZU STEUERN, WOBEI WEGEN DER SCHWACHEN WINDE WENIG FAHRT GEMACHT WURDE UND DAS DECK REGELMÄSSIG BIS ZUM GROSSMAST UNTER WASSER STAND (WEGEN DER UNBERECHENBAREN LAUNEN DES RUDERS WAR DIE WINDFAHNENSTEUERANLAGE NICHT BRAUCHBAR). • BEIM ARBEITEN AUF DEM VORSCHIFF DIE SICHERUNGSLEINE NICHT NUR IN LUV, SONDERN AUCH IN LEE EINPICKEN. ANDERENFALLS IST DIE GEFAHR ZU GROSS, VOR ALLEM IM BUGKORB, VON GRÜNEM WASSER ÜBER DIE 80 cm HOHE RELING GESPÜLT ZU WERDEN. • FÜR'S ARBEITEN BRAUCHT MAN EIGENTLICH DREI HÄNDE: ZWEI ZUM FESTHALTEN UM VERLETZUNGEN ZU VERMEIDEN (AUCH UNTER DECK) UND EINE HAND FÜR'S SCHIFF. • RUMPF UND RIGG MÜSSEN ABSOLUT IN ORDNUNG SEIN, DENN SCHWACHSTELLEN WERDEN VON DER SEE GNADENLOS AUFGEDECKT. • DER SKIPPER MUSS ÜBER GENÜGEND WILLENSKRAFT VERFÜGEN, DIE IHN MOBILISIERT UND BEFÄHIGT TAG UND NACHT UM JEDE MEILE ZU KÄMPFEN.
EILCO, WELCHE EIGENSCHAFTEN, DENKST DU, MUSS JEMAND MITBRINGEN, DER EINHAND RUND KAP HOORN SEGELN WILL?
ICH WILL MAL ANNEHMEN, DASS DIE FOLGENDEN FÜR MICH ZUTREFFENDEN CHARAKTERZÜGE UND VORAUSSETZUNGEN AUCH MEINE WELTUMSEGLUNG ZUM ERFOLG UND ZU EINEM GLÜCKLICHEN ENDE BRINGEN WERDEN: • EGOISMUS. • UNGEACHTET DIESER ICHBEZOGENHEIT DIE UNTERSTÜTZUNG VON FRAU UND KINDERN. • EINE GRÜNDLICHE VORBEREITUNG. • EITELKEIT, GLÜCK UND PHANTASIE. • SELBSTDISZIPLIN UND MUT. • EINE AUSGEZEICHNETE GESUNDHEIT. • ANPASSUNGSFÄHIGKEIT. • WILLENSKRAFT UND BEHARRLICHKEIT. • GLAUBE UND VERTRAUEN. • ZÄHIGKEIT UND STEHVERMÖGEN.
SCHON WIEDER DIE ALTE LEIER, KAP HOORN... ICH WERD DIE HÄHNE MAL AUFSCHEUCHEN... MAL SEHEN, WAS PASSIERT, WENN ICH IN DEN GROSSMAST KLETTERE!
* ZUR ZEIT SEINES BESUCHS HALTEN SICH AUSSER KASEMIER NOCH EIN PAAR CHILENISCHE TOURISTEN UND EINIGE SEESEGLER AUF DER INSEL AUF, DIE AN DER ALLE ZWEI JAHRE STATTFINDENDEN HOCHSEEREGATTA VALPARAISO-ROBINSON CRUSOE UND ZURÜCK TEILNEHMEN. (4 YACHTEN).
BESAN
BESANDIRK
BESANFALL
WISHBONE-SCHOT
BESAN-BULLENTALJE
SCHMEERREEP FÜR 1. REFF IM BESAN
STAGSEGELDIRK
SCHMEERREEP FÜR 2. REFF IM BESAN
HALTESTIFT FÜR REFF IM STAGSEGEL
FUSSBLOCK FÜR WISHBONE-SCHOT
STAGFOCKSCHOT
ROLLKLÜVERSCHOT
YANKEESCHOT
STRECKERTALJE FÜR 1. REFF IM BESAN
STRECKERTALJE FÜR 2. REFF IM BESAN
STAGSEGELFALL
NIEDERHOLER VOM BESAN
STAGSEGELSCHOT
STRECKERTALJE FÜR REFF IM STAGSEGEL
STAGSEGEL

HEY! HIER OBEN IST ES TOLL!
ANDREA, KOMM RUNTER. WIR WOLLEN EILCO BEIM AUSPROBIEREN SEINER PASSATSEGELBÄUME HELFEN!
DER SKIPPER ÜBT DAS SETZEN DER PASSATSEGELBÄUME ALS TEIL SEINER VORBEREITUNGEN AUF DEN GROSSEN SPRUNG NACH TAHITI. BEI DEM ZU ERWARTENDEN BACKSTAGSWIND WILL ER MIT AUSGEBAUMTER DOPPELFOCK SEGELN.
PASSATSEGEL-SCHOT
SO, TOPPNANT, BRASSE UND VORHOLER SIND AM PASSATSEGELBAUM ANGESCHLAGEN. JETZT BELEGE ICH DEN VORHOLER AUF UNGEFÄHR DER NÖTIGEN LÄNGE, DAMIT DER BAUM BEIM HEISSEN NICHT GEGEN DAS WANT SCHLAGEN KANN.
BRASSE
TOPPNANT
VORHOLER
BRASSE UND VORHOLER DIE AM HECK UND AM BUG ANGREIFEN, FIXIEREN DIE BAUMNOCK NACH ACHTERN UND NACH VORN UND GEMEINSAM NACH UNTEN. DAS TOPPNANT DIENT ZUM HEISSEN DER BAUMNOCK UND ANSCHLIESSENDEN FIXIEREN NACH OBEN, MIT DEM ERFOLG, DASS DER PASSATSEGELBAUM WAAGERECHT UND ETWAS VORLICHER ALS DWARS STEHT.
SO, JETZT DIE BAUMNOCK NACH VORNE SCHWENKEN UND ÜBER DIE RELING HEBEN, DAMIT SIE SEITWÄRTS GEHEISST WERDEN KANN. JA, GUT SO, VORHOLER UND BRASSE FALLEN AUCH ÜBER DIE RELING.
UND HEISSEN! WENN'S ZU SCHWER GEHT, NIMM' 'NE WINSCH ZU HILFE.
WINSCH IST NICHT NÖTIG, GEHT KINDERLEICHT.
BLOCK VOM STEUERBORDPASSATSEGEL
BLOCK VOM BACKBORDPASSATSEGEL
FÜHRUNGSSTAGE
FESTE DREHPUNKTE DER PASSATSEGELBÄUME
TOPPNANT (AUFHOLER)
PASSATSEGELSCHOT
TOPPNANT
BRASSE
SCHOT
BRASSE
VORHOLER
VORHOLER
LÄNGS DIESER FÜHRUNGSSTAGE KANN ICH DIE PASSATSEGEL VORHEISSEN.
DER SKIPPER STELLT FEST, DASS DAS HEISSEN DER PASSATSEGELBÄUME AUCH ALLEIN KEINE SCHWIERIGKEITEN BEREITEN WIRD. BEIM EINHOLEN DER BÄUME HAT ANDREA EINEN EINFALL...
EILCO, WARUM LÄSST DU DIE BÄUME NICHT EINFACH AM WANT ENTLANG HÄNGEN? DU BRAUCHST SIE DANN NICHT JEDESMAL ÜBER DIE RELING ZU HEBEN.
JA MÄDCHEN, EINE PRIMA IDEE! ABER ICH LASCH' SIE DANN GUT FEST.
IST JA GROSSE KLASSE, UND AUCH SEEFEST. DANKE DIR, ANDREA, FÜR DIE TOLLE IDEE!

1.3.77 BYLGIA LIEGT VOR ANKER IN DER CUMBERLAND-BAY BEI DER ROBINSON-CRUSOE-INSEL. DIE BUCHT BIETET NICHT VIEL SCHUTZ, DENN ES BLÄST EIN KRÄFTIGER ABLANDIGER WIND UND DER ANKER SCHLEPPT. OBENDREIN WIRD DAS SCHIFF VON EINER ROTEN STAUBSCHICHT ÜBERZOGEN.
...NUN HAB ICH BEI JORGE, DEM GASTWIRT, SCHON DREIMAL MEINE RECHNUNG ZU BEZAHLEN VERSUCHT. HEUTE MUSS ES MIR GELINGEN. ER HOLT IRGENDWOHER EIN HEFT, SETZT SICH HIN UND RECHNET UMSTÄNDLICH RAUF UND RUNTER. NACH FÜNF MINUTEN LAUTET DIE ANTWORT: "ALCOOL (EILCO), DAS MACHT GENAU 100 PESOS" (= 11 DM!).
...WÄHREND DER NACHT IST EIN BÜNDEL HUMMERNKÖRBE AUS BAMBUS GEGEN BYLGIAS RUMPF GETRIEBEN. UNTER DER MITHILFE EINES FISCHERS HEUTE MORGEN ALLES WIEDER ENTWIRRT. ANKERAUF GEGANGEN, EINEN NEUEN ANKERPLATZ AUFGESUCHT MIT 6 METER WASSERTIEFE. 25 METER KETTE GESTECKT...
...100 PESOS! DAFÜR HAB ICH DANN MIT MEINEN GÄSTEN EINIGE MALE AUSGIEBEIG GESPEIST UND GETRUNKEN MIT HUMMER UND HERRLICHEM WEIN...
...DIE GEMÜTLICHEN STUNDEN ZU SECHST BEI JORGE UND ABENDS DANN MUSIK, TANZ UND GESANG BEI MARIA EUGENIA...
BYLGIAS BESEGLUNG BEI BACKSTAGSWIND:
ENTLANG BESONDERER STAGE WERDEN DIE ZWILLINGS-YANKEES* VORGEHEISST (2 x 37 M²), UND MIT DEN PASSATSEGELBÄUMEN AUSGEBAUMT.
DES ÖFTEREN WIRD DAS TOPSEGEL BEIGEHEISST UND ALS STÜTZSEGEL MITTSCHIFFS GESCHOTEN. (VERHINDERT 'GEIGEN', RHYTHMIC ROLLING).
* BEI VORLICHER ALS DWARS EINKOMMENDEN WINDEN WIRD EIN YANKEE ALS KLÜVER AM VORSTAG GEFAHREN.
TOPPNANT
TOPPNANT
BRASSE
PASSATSEGELFALL
PASSATSEGELSCHOT
TOPPNANT FÜR PASSATSEGELBAUM
VORHOLER FÜR PASSATSEGELBAUM
BRASSE FÜR PASSATSEGELBAUM
36
...EINKÄUFE GEMACHT, PROVIANT AUFGEFÜLLLT. 1 LITER WEIN KOSTET 17 PESOS (= 2 MARK!). BEI MARIA EUGENIA BROT ABGEHOLT, DAS SIE EXTRA FÜR MICH GEBACKEN HATTE...

2.3.77 EIGENTLICH HATTE DER SKIPPER DIE GASTFREUNDSCHAFT DER INSELBEWOHNER UND SEINER CHILENISCHEN FREUNDE NOCH LÄNGER GENIESSEN WOLLEN. DENNOCH ENTSCHLIESST ER SICH ZUM AUFBRUCH.
...WOHL SEGEL' ICH HIER VORM WIND IN DIESER PRÄCHTIGEN MONDNACHT...UND DOCH KANN ICH ES NOCH NICHT UNBESCHWERT GENIESSEN...
...ZUGEGEBEN, ICH BIN EIN NÜCHTERNER FRIESE, ABER MEINE GEDANKEN HÄNGEN NOCH BEI ALL DEN GUTEN FREUNDEN, DIE ICH GESTERN AUF DER ROBINSON-CRUSOE-INSEL ZURÜCKGELASSEN HABE...
...NACHDEM ICH DEN WINDSCHATTEN DER INSEL VERLASSEN HABE, SETZE ICH SEGEL UND TREFFE ZUM ABEND EINEN SANFTEN SÜDOSTWIND UND EINE LANGE SÜDWESTLICHE DÜNUNG AN...
GROSSER GOTT! WAS IST DAS? INSELN... UNMÖGLICH! SCHLAFENDE WALE! HAB ICH EIN MASSEL, DASS ICH DA MITTEN ZWISCHENDURCHSEGLE!
V. STRAATEN '80

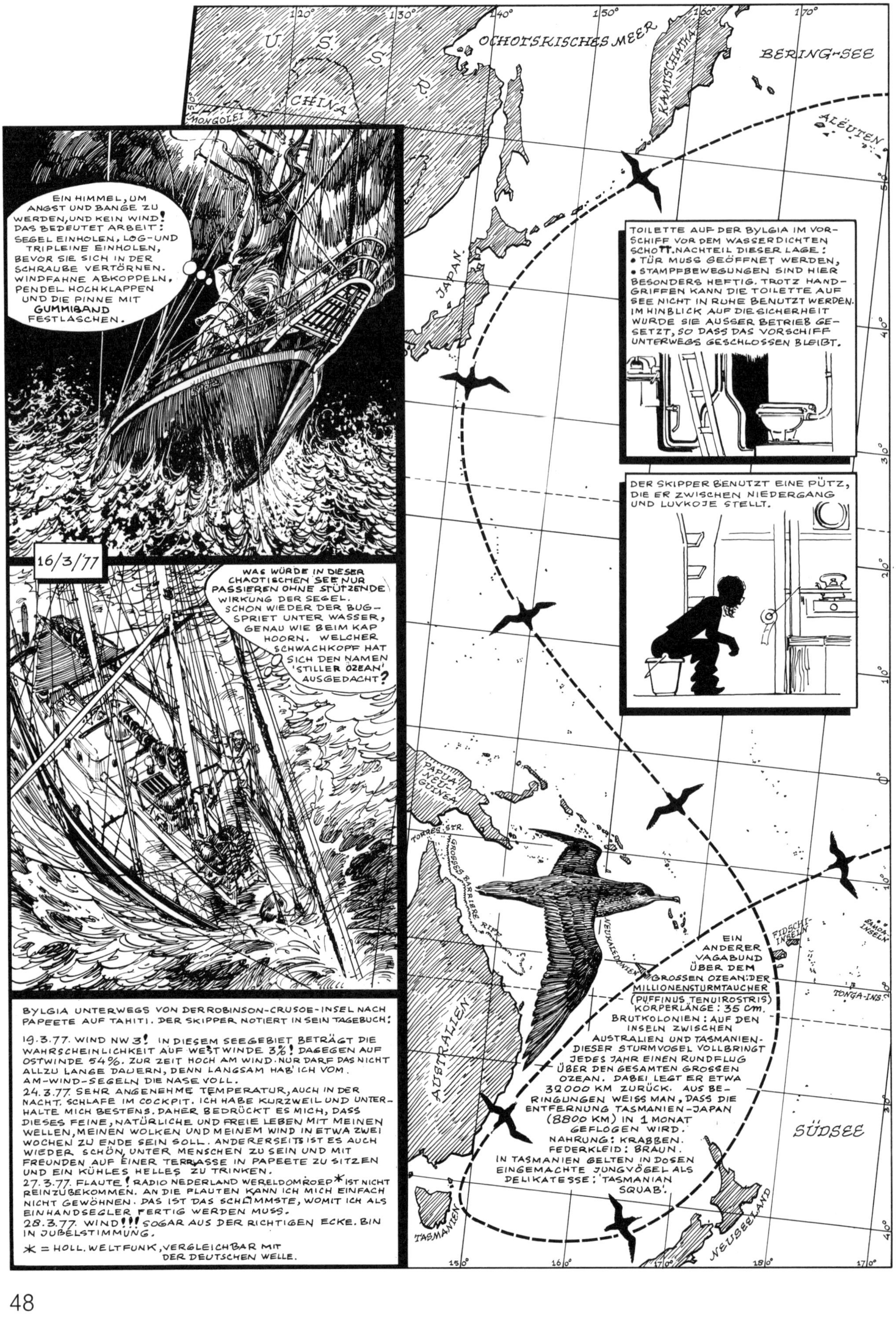
EIN HIMMEL, UM ANGST UND BANGE ZU WERDEN, UND KEIN WIND! DAS BEDEUTET ARBEIT: SEGEL EINHOLEN, LOG- UND TRIPLEINE EINHOLEN, BEVOR SIE SICH IN DER SCHRAUBE VERTÖRNEN. WINDFAHNE ABKOPPELN, PENDEL HOCHKLAPPEN UND DIE PINNE MIT GUMMIBAND FESTLASCHEN.
16/3/77
WAS WÜRDE IN DIESER CHAOTISCHEN SEE NUR PASSIEREN OHNE STÜTZENDE WIRKUNG DER SEGEL. SCHON WIEDER DER BUGSPRIET UNTER WASSER, GENAU WIE BEIM KAP HOORN. WELCHER SCHWACHKOPF HAT SICH DEN NAMEN 'STILLER OZEAN' AUSGEDACHT?
BYLGIA UNTERWEGS VON DER ROBINSON-CRUSOE-INSEL NACH PAPEETE AUF TAHITI. DER SKIPPER NOTIERT IN SEIN TAGEBUCH:
19.3.77. WIND NW 3! IN DIESEM SEEGEBIET BETRÄGT DIE WAHRSCHEINLICHKEIT AUF WESTWINDE 3%! DAGEGEN AUF OSTWINDE 54%. ZUR ZEIT HOCH AM WIND. NUR DARF DAS NICHT ALLZU LANGE DAUERN, DENN LANGSAM HAB' ICH VOM AM-WIND-SEGELN DIE NASE VOLL.
24.3.77. SEHR ANGENEHME TEMPERATUR, AUCH IN DER NACHT. SCHLAFE IM COCKPIT. ICH HABE KURZWEIL UND UNTERHALTE MICH BESTENS. DAHER BEDRÜCKT ES MICH, DASS DIESES FEINE, NATÜRLICHE UND FREIE LEBEN MIT MEINEN WELLEN, MEINEN WOLKEN UND MEINEM WIND IN ETWA ZWEI WOCHEN ZU ENDE SEIN SOLL. ANDERERSEITS IST ES AUCH WIEDER SCHÖN, UNTER MENSCHEN ZU SEIN UND MIT FREUNDEN AUF EINER TERRASSE IN PAPEETE ZU SITZEN UND EIN KÜHLES HELLES ZU TRINKEN.
27.3.77. FLAUTE! RADIO NEDERLAND WERELDOMROEP* IST NICHT REINZUBEKOMMEN. AN DIE FLAUTEN KANN ICH MICH EINFACH NICHT GEWÖHNEN. DAS IST DAS SCHLIMMSTE, WOMIT ICH ALS EINHANDSEGLER FERTIG WERDEN MUSS.
28.3.77. WIND!!! SOGAR AUS DER RICHTIGEN ECKE. BIN IN JUBELSTIMMUNG.
* = HOLL. WELTFUNK, VERGLEICHBAR MIT DER DEUTSCHEN WELLE.
U.S.S.R.
CHINA
MONGOLEI
OCHOTSKISCHES MEER
KAMTSCHATKA
BERING-SEE
ALEUTEN
JAPAN
TOILETTE AUF DER BYLGIA IM VORSCHIFF VOR DEM WASSERDICHTEN SCHOTT. NACHTEIL DIESER LAGE: • TÜR MUSS GEÖFFNET WERDEN, • STAMPFBEWEGUNGEN SIND HIER BESONDERS HEFTIG. TROTZ HANDGRIFFEN KANN DIE TOILETTE AUF SEE NICHT IN RUHE BENUTZT WERDEN. IM HINBLICK AUF DIE SICHERHEIT WURDE SIE AUSSER BETRIEB GESETZT, SO DASS DAS VORSCHIFF UNTERWEGS GESCHLOSSEN BLEIBT.
DER SKIPPER BENUTZT EINE PÜTZ, DIE ER ZWISCHEN NIEDERGANG UND LUVKOJE STELLT.
PAPUA-NEU-GUINEA
TORRES-STR.
GROSSES BARRIERE RIFF
NEUKALEDONIEN
FIDSCHI-INSELN
SAMOA-INSELN
TONGA-INS.
AUSTRALIEN
TASMANIEN
NEUSEELAND
SÜDSEE
EIN ANDERER VAGABUND ÜBER DEM GROSSEN OZEAN: DER MILLIONENSTURMTAUCHER (PUFFINUS TENUIROSTRIS) KÖRPERLÄNGE: 35 cm. BRUTKOLONIEN: AUF DEN INSELN ZWISCHEN AUSTRALIEN UND TASMANIEN. DIESER STURMVOGEL VOLLBRINGT JEDES JAHR EINEN RUNDFLUG ÜBER DEN GESAMTEN GROSSEN OZEAN. DABEI LEGT ER ETWA 32000 KM ZURÜCK. AUS BERINGUNGEN WEISS MAN, DASS DIE ENTFERNUNG TASMANIEN-JAPAN (8800 KM) IN 1 MONAT GEFLOGEN WIRD. NAHRUNG: KRABBEN. FEDERKLEID: BRAUN. IN TASMANIEN GELTEN IN DOSEN EINGEMACHTE JUNGVÖGEL ALS DELIKATESSE: 'TASMANIAN SQUAB'.

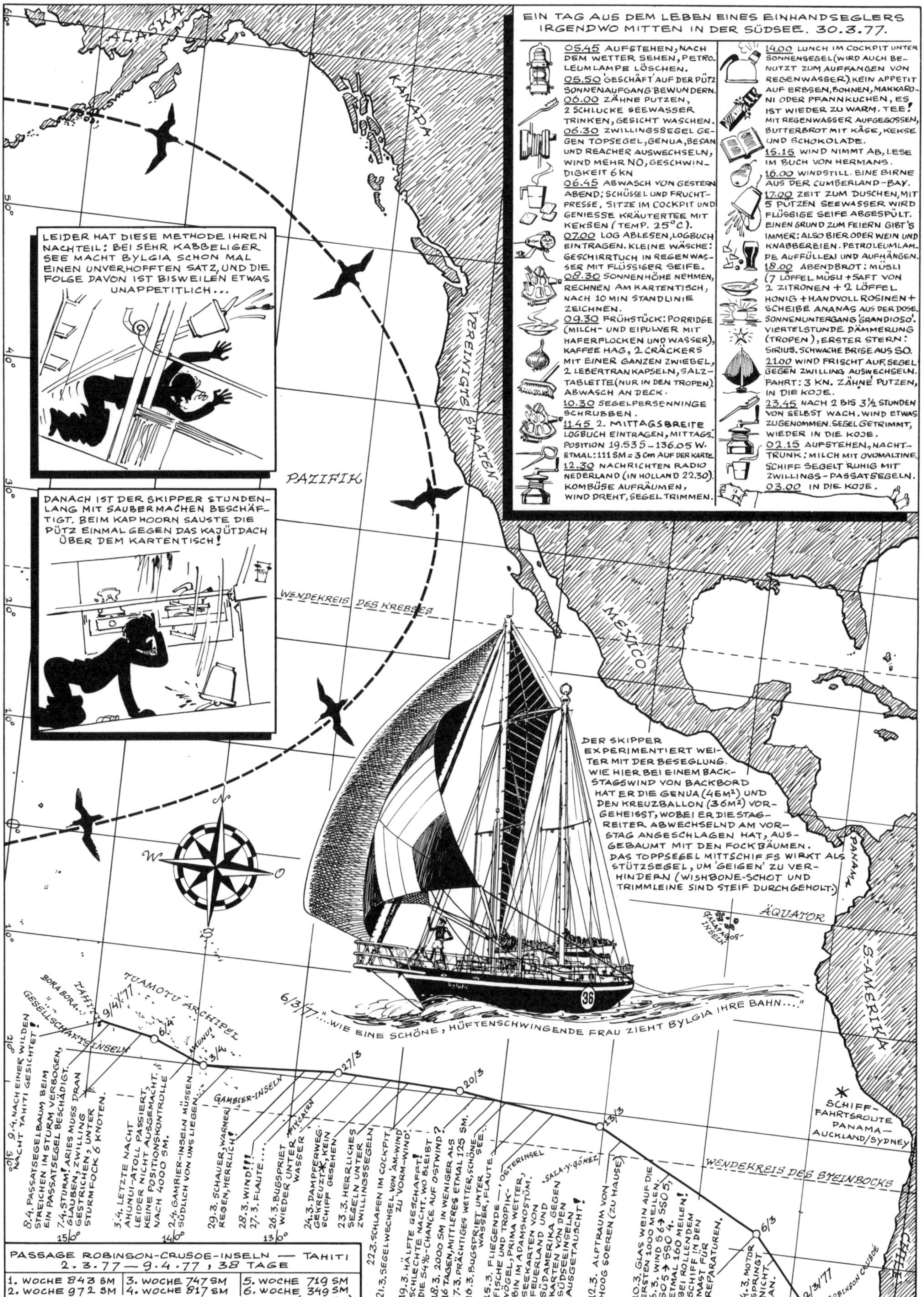

PASSAGE ROBINSON-CRUSOE-INSELN — TAHITI 2.3.77 — 9.4.77, 38 TAGE		
1. WOCHE 843 SM	3. WOCHE 747 SM	5. WOCHE 719 SM
2. WOCHE 972 SM	4. WOCHE 817 SM	6. WOCHE 349 SM (3 TAGE)
INSGESAMT 4447 SM, MITTL. ETMAL 117 SM.		

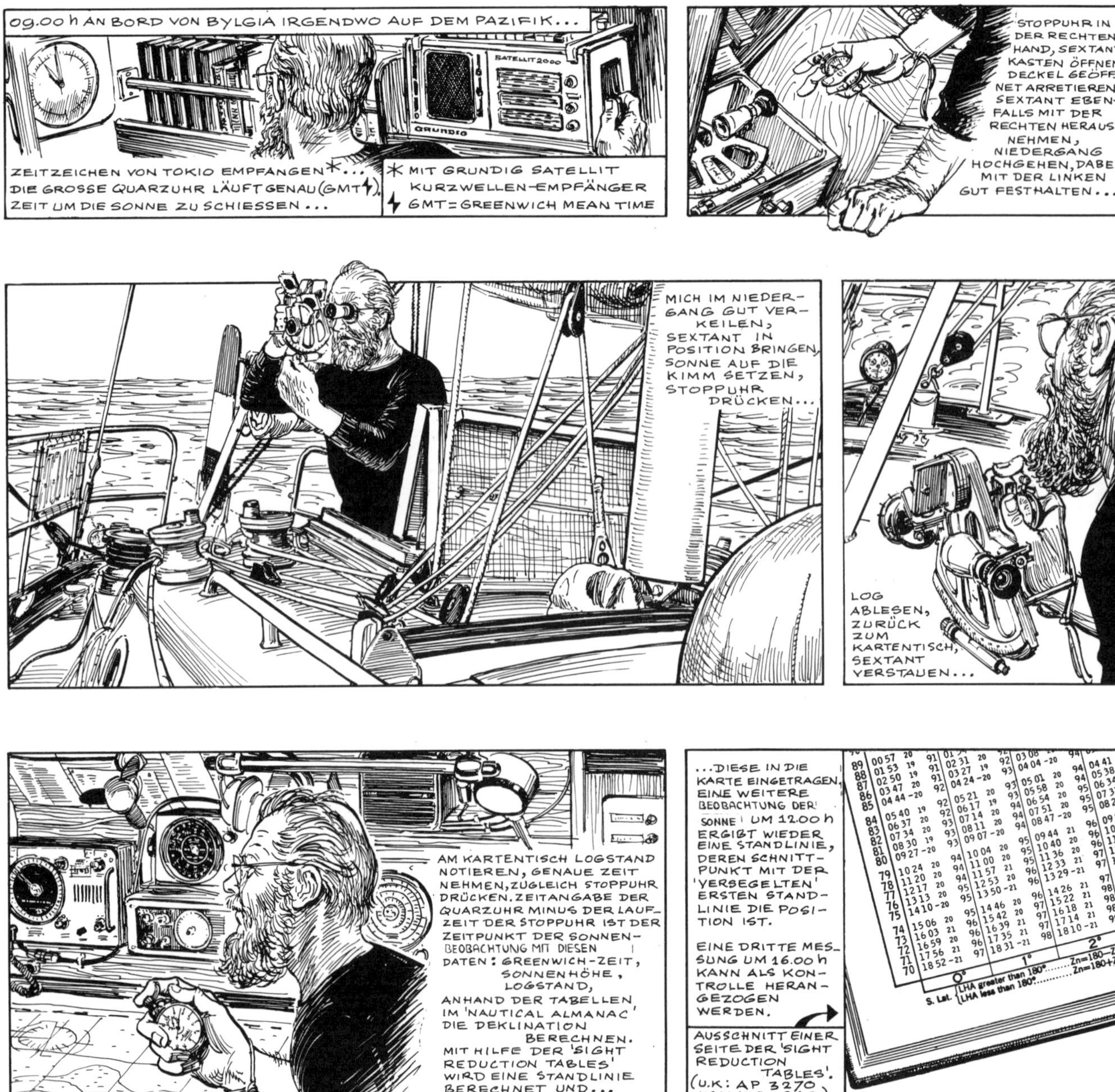

2/4/77. NACH 4000 SM SEGELN ÜBER DEN GROSSEN OZEAN HAT DER SKIPPER WEDER EINE SICHT- NOCH EINE RADIOPEILUNG NEHMEN KÖNNEN. DARUM HOFFT ER, DASS SEINE NAVIGATION BEI DER ANNÄHERUNG AN DAS TUAMOTU-ARCHIPEL SO AKURAT IST, DASS ER DEN ERSEHNTEN LANDFALL HAT.

JEDOCH WEGEN DES SCHLECHTEN ETMALS VOM 30. ZUM 31.3. GELINGT ES IHM NICHT, DIE ETWAS HÖHER GELEGENE INSEL PINAKI TAGSÜBER AUSZUMACHEN.

UM IN DER FOLGENDEN NACHT IN SICHEREM ABSTAND AN DER INSEL VORBEIZUSEGELN, VERLEGT ER SEINEN KURS AUF WSW. IN DER NACHT VOM 3. ZUM 4. APRIL PASSIERT ER IN GERINGER ENTFERNUNG DIE INSEL AHUNUI, DIE ER EBENFALLS WEGEN DER DUNKELHEIT NICHT AUSMACHEN KANN.

DER SKIPPER HAT NOCH IMMER KEINE GEWISSHEIT ÜBER SEINEN STANDORT. AUSSER DEN SONNENWAHRNEHMUNGEN SCHIESST ER MIT DER DAMMERUNG SICHER ZEHNMAL EINEN STERN, UM NUR SICHER AN ALLEN INSELN UND RIFFEN VORBEIZUSTEUERN.

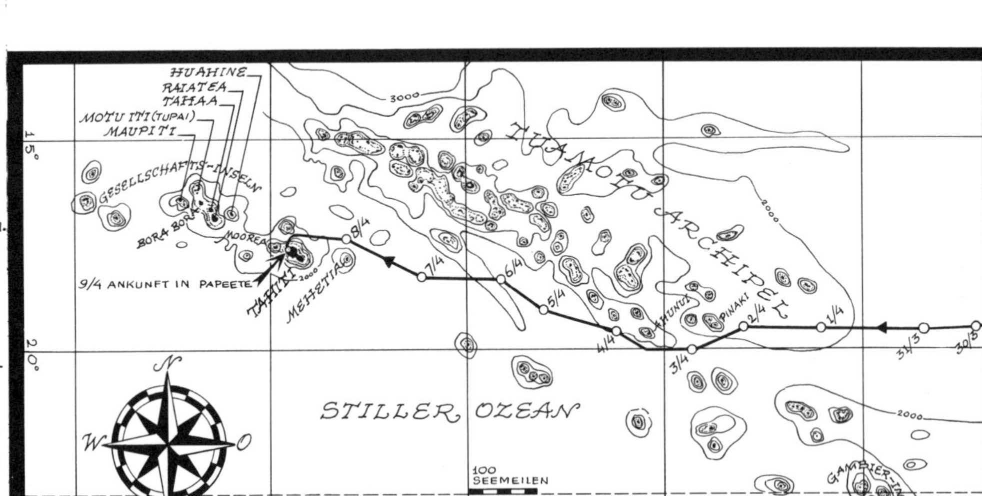

IN DER NACHT VOM 7. ZUM 8. APRIL SEGELT BYLGIA VOR DEM WIND MIT AUSGEBAUMTEN ZWILLINGSSEGELN.
DER WIND IST OST UND HAT ETWA STÄRKE 6.
ANGESICHTS DES GEGISSTEN STANDORTS, DER ABNAHME DES LUFTDRUCKS UND DER NÄHE DER INSEL MEHETIA HÄLT DER SKIPPER AUSGUCK IM COCKPIT.
PLÖTZLICH LEGT DER WIND AUF STURMSTÄRKE ZU UND WÄHREND EINER BÖ DREHT DER WIND UND WEHT MIT BFT. 10 AUS NORD! DAS STEUERBORD-PASSATSEGEL KOMMT BACK, WÄHREND DAS ANDERE SEGEL ANFÄNGT FÜRCHTERLICH ZU KILLEN UND ZU SCHLAGEN...
DER SKIPPER LÄUFT AUFS VORSCHIFF, UM DAS BACKSTEHENDE SEGEL ZU STREICHEN. UNTERDESSEN BRINGT DIE SELBSTSTEUERANLAGE DAS SCHIFF AUF DEN NEUEN KURS, WIEDER VOR DEN WIND, SO DASS DIESER MIT OHRENBETÄUBENDEM KNALL IN DAS HALBGESTRICHENE SEGEL FÄLLT.
DIE LOSE IN DER SCHOT BRINGT ES MIT SICH, DASS DIE SCHOT EIN PAAR MAL UM DIE BAUMNOCK GEWICKELT WIRD. MIT GROSSER KRAFT WIRD DER BAUM 'GESTAUCHT' UND DER LÜMMELBESCHLAG AM MAST VERBOGEN.
DIE SCHOT SITZT JETZT BOMBENFEST VERKLEMMT, SO DASS DER SKIPPER BESCHLIESST DEN BAUM ZU STREICHEN. DANN KANN ER DIE NOCK ERREICHEN, UM DIE SACHE ZU KLARIEREN ER FIERT DEN TOPPNANT, STELLT JEDOCH EINEN GROSSEN WIDERSTAND FEST. IM DUNKELN ERKENNT ER NICHT, WORAN DAS LIEGT.
SO ZIEHT ER DIE BAUMNOCK MIT GEWALT AN DECK UND HOLT DANN DAS SEGEL EIN. DAS BACKBORDSEGEL LÄSST SICH OHNE SCHWIERIGKEITEN STREICHEN. ALLERDINGS IST BEIM DAUERNDEN HEFTIGEN KILLEN DER HALS DES SEGELS AUSGERISSEN. DER SKIPPER HEISST DIE STURMFOCK VOR UND BRINGT DAS SCHIFF WIEDER AUF DEN RICHTIGEN KURS.
AM NÄCHSTEN MORGEN...
DAS LÄSST SICH ALLES REPARIEREN... IST NUR SCHADE, DASS ES EINEN TAG VOR DER ANKUNFT IN PAPEETE PASSIEREN MUSSTE. NEVERMIND! ES HÄTTE SCHLIMMER KOMMEN KÖNNEN: ARIES GEBROCHEN ODER DIE SEGEL ZERFETZT. IMMERHIN BLIES ES JA AUS ALLEN LÖCHERN!
RICHTIGE FORM UND LAGE DER DREHPUNKTE DER PASSATSEGELBÄUME
V. STRAATEN '80

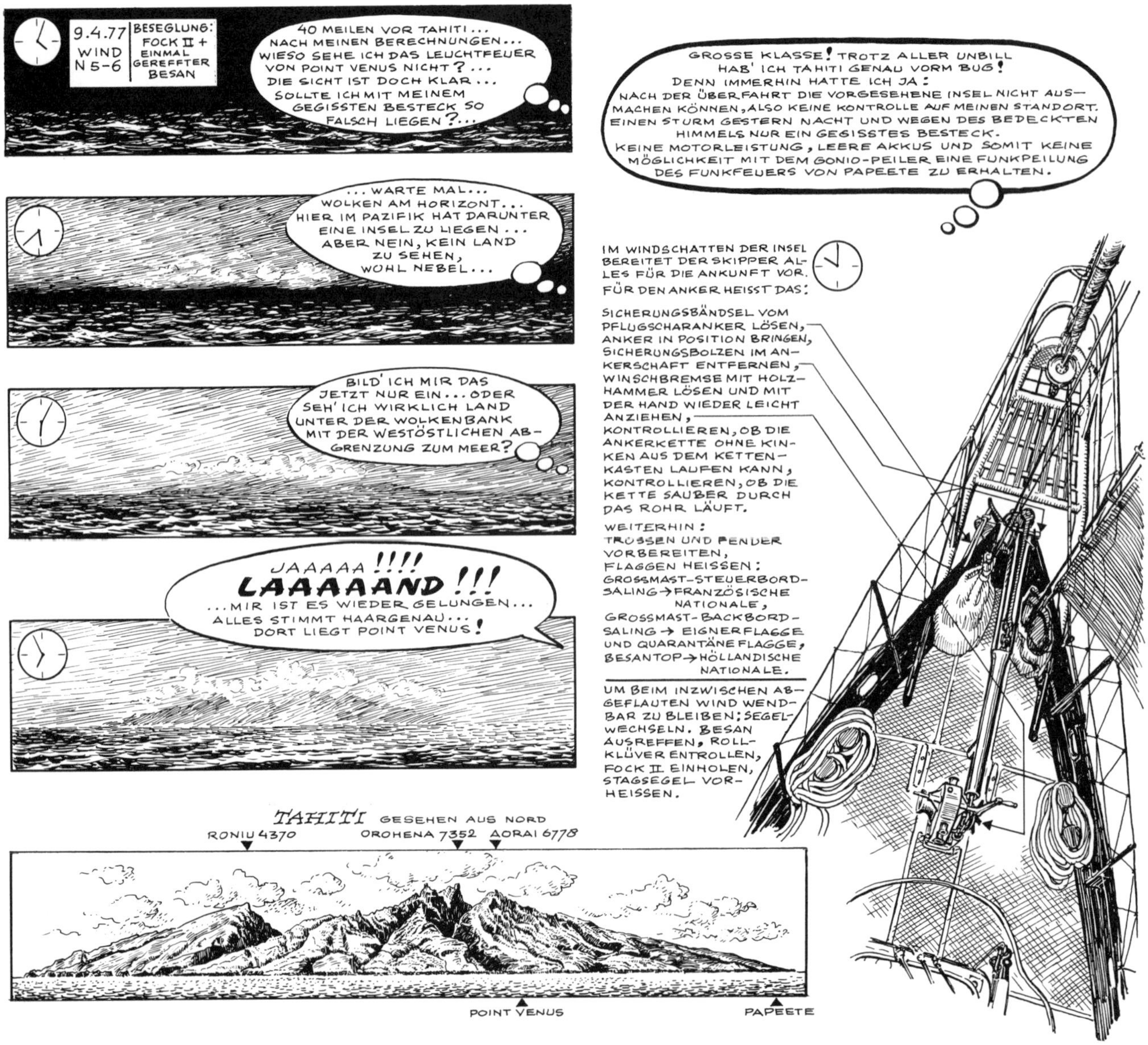

DIE FAHRRINNE DURCH DAS RIFF IN DIE LAGUNE VON PAPEETE IST ZWAR BETONNT, ABER NACH STARKEM REGEN UND UNTER BESTIMMTEN WINDVERHÄLTNISSEN KANN IN DER DURCHFAHRT EIN STARKER STROM STEHEN. JETZT IST DIES GLÜCKLICHERWEISE NICHT DER FALL, WAS DEM SKIPPER BEI DEM SCHWACHEN WIND UND OHNE MOTORUNTERSTÜTZUNG NUR RECHT SEIN KANN.
DER HAFENMEISTER ZEIGT SICH BEHILFLICH UND WEIST EINEN LIEGEPLATZ AN. KASEMIER MACHT AUF DIE HIER ÜBLICHE WEISE FEST MIT DEM BUGANKER IM HAFENBECKEN UND DEM HECK ZUM KAI, WOBEI DER HAFENMEISTER UND SEIN GEHILFE DIE ACHTERLICHEN FESTMACHER ÜBERNEHMEN.

ES IST OSTERSAMSTAG, ALS SKIPPER KASEMIER NACH DREI MONATEN AUF SEE WIEDER AUTOVERKEHR UND VIEL LÄRM UND TRUBEL UM SICH HERUM ERLEBT ... FÜR IHN GLEICHERMASSEN BEKLEMMEND UND HERRLICH. ER MUSS SICH EBEN NOCH DRAN GEWÖHNEN.
NUR IST ES LEIDER BEREITS ZU SPÄT ZUM ABHOLEN SEINER POST AUF DEM KONSULAT UND ZUM NACH-HAUSE-TELEGRAFIEREN. WOHL KANN ER AUF EINER BANK NOCH GELD UMTAUSCHEN UND EINKÄUFE MACHEN: FRISCHES BROT, GEMÜSE, OBST UND DANN ...
EIN GROSSES BIER AUF EINER TERRASSE VOLLER LEUTE!

PAPEETE, DIENSTAG, DEN 12.4.77. SKIPPER KASEMIER BEFREUNDET SICH MIT EINEM AMERIKANISCHEN EINHANDSEGLER. GEMEINSAM SUCHEN SIE EIN RESTAURANT AUF, UM ZU ESSEN UND DIE BRIEFE ZU LESEN.
Voor Oom Elko
EILCO, WAS HAST DU FÜR EINEN HAUFEN POST!... UND ALL DIE VIELEN ZEICHNUNGEN... DEINE 'FANS'?
JA, TOLL WAS... EIN HOLLÄNDISCHER JOURNALIST* VERWENDET MEINE REISEBERICHTE IN ZEITUNGSARTIKELN. DARAUFHIN SCHICKEN MIR DREI KLASSEN VON VOLKSSCHULEN AUS MEINER HEIMATGEGEND DIESE SCHÖNEN ZEICHNUNGEN, BRIEFE UND GEDICHTE. FÜR MICH WAR ES AUCH EINE GROSSE ÜBERRASCHUNG, ALS ICH IN RIO DIE ERSTE SENDUNG ERHIELT. DIE LEHRER SCHRIEBEN MIR, DASS DIE KINDER, INDEM SIE MEINE REISE VERFOLGEN, EINE MENGE ERDKUNDE LERNEN. WOFÜR SOLCH EINE REISE NICHT ALLES GUT IST!

*H.J. IDEMA

APRIL 1977.
BYLGIA LIEGT IN DER COOK'S BAY AN DER INSEL MOOREA VOR ANKER.
SKIPPER KASEMIER HAT EIN SCHWEDISCHES EHEPAAR ZU FREUNDEN GEWONNEN. BEI DER TEESTUNDE IM COCKPIT WERDEN ERFAHRUNGEN AUSGETAUSCHT.
DIESE 40 cm HOHE STATUE SCHNITZTE DER POLYNESIER MARA, VON DER INSEL TAHAA, AUS EINEM BAUMSTRUNK.
EILCO, DAS KNARRENDE GERÄUSCH DAS ICH DA IMMER HÖRE, IST DAS DIE ANKERKETTE?
JA, STIMMT. WENN DAS SCHIFF NACH STEUERBORD SCHWOIT, SCHAMFILT DIE KETTE GEGEN DAS WASSERSTAG. DURCH EINEN BLOCK MIT EINER LEINE LÄSST SICH DAS ABSTELLEN. DIE GESELLIGKEIT HIER HAT MICH JEDOCH BISHER DAVON ABGEHALTEN DA WAS DRAN ZU TUN.
bylgia
AUGE FÜR EINEN BLOCK

HAIFISCHZAHNFELSEN AUF MOOREA

MAI 1977. BYLGIA LIEGT IN DER LAGUNE DER INSEL RAIATEA BEIM DORF RUOTOA, DER ZWEITGRÖSSTEN 'STADT' IN FRANZ. POLYNESIEN.
SKIPPER KASEMIER IST FROH, DASS ER DIE LUSTLOSIGKEIT, EIN ERSCHEINUNGSBILD DER 'LA DENGUE'_KRANKHEIT, VÖLLIG ÜBERWUNDEN HAT.
WÄHREND ER IN TAHITI NICHTS AUF DIE BEINE BRACHTE, BIRST ER HIER VOR ENERGIE, ARBEITET AN SEINEM SCHIFF UND GENIESST DIE FESTE MIT DEN ANDEREN SEGLERN IN VOLLEN ZÜGEN.
EINES ABENDS FINDET ALS ABSCHLUSS DER KANU-REGATTA DES DORFES EINE 'MISS-PIROGUE (KANU)-WAHL' STATT. DIE ZUSCHAUER, UNTER IHNEN DIE BLAUWASSERSEGLER, SIND HINGERISSEN VOM TANZ DER 'VAHINI' (JUNGFRAUEN).
DAS KORALLENRIFF VON RAIATEA UMSCHLIESST AUCH DIE INSEL TAHAA. KASEMIER DURCHQUERT IN EINEM TAG DIE LAGUNE VON RUOTOA ZUM DORF TAPUAMU AUF TAHAA.
DORT MACHT ER AN EINEM KLAPPRIGEN STEG FEST UND GENIESST DIE WOHLTUENDE RUHE. NACH ALL DER FEIEREI KANN ER ENDLICH ETWAS SCHLAF NACHHOLEN.
ABER DANN UM 3 UHR NACHTS...
BONK
BONK
HE, DAS KANN DOCH NICHT ANGEHEN! 'DA LAUFEN LEUTE ÜBERS DECK!
WAS SOLL DAS? WOLLEN DIE MEIN SCHIFF KAPERN?
DEM SKIPPER WIRD SCHNELL KLAR, DASS ER ES HIER MIT DORFBEWOHNERN AUS TAPUAMU ZU TUN HAT, DIE MIT IHRER HANDELSWARE ZUM MARKT VON RUOTOA UNTERWEGS SIND. OFFENBAR LIEGT BYLGIA AM ANLEGESTEG DES FÄHRBOOTES, DAS JETZT GANZ EINFACH NEBEN BYLGIA ANLEGT.
CHIIIIUUUU !!!
MERDE! MEINE HÜHNER!
TOK! TOK!
BYLGIA HOLLAND
ALLEZ! VITE, VITE!
DAS DARF DOCH NICHT WAHR SEIN! UND DAS MITTEN IN DER NACHT... UND DEM FLIEGEN DIE HÜHNER WEG!

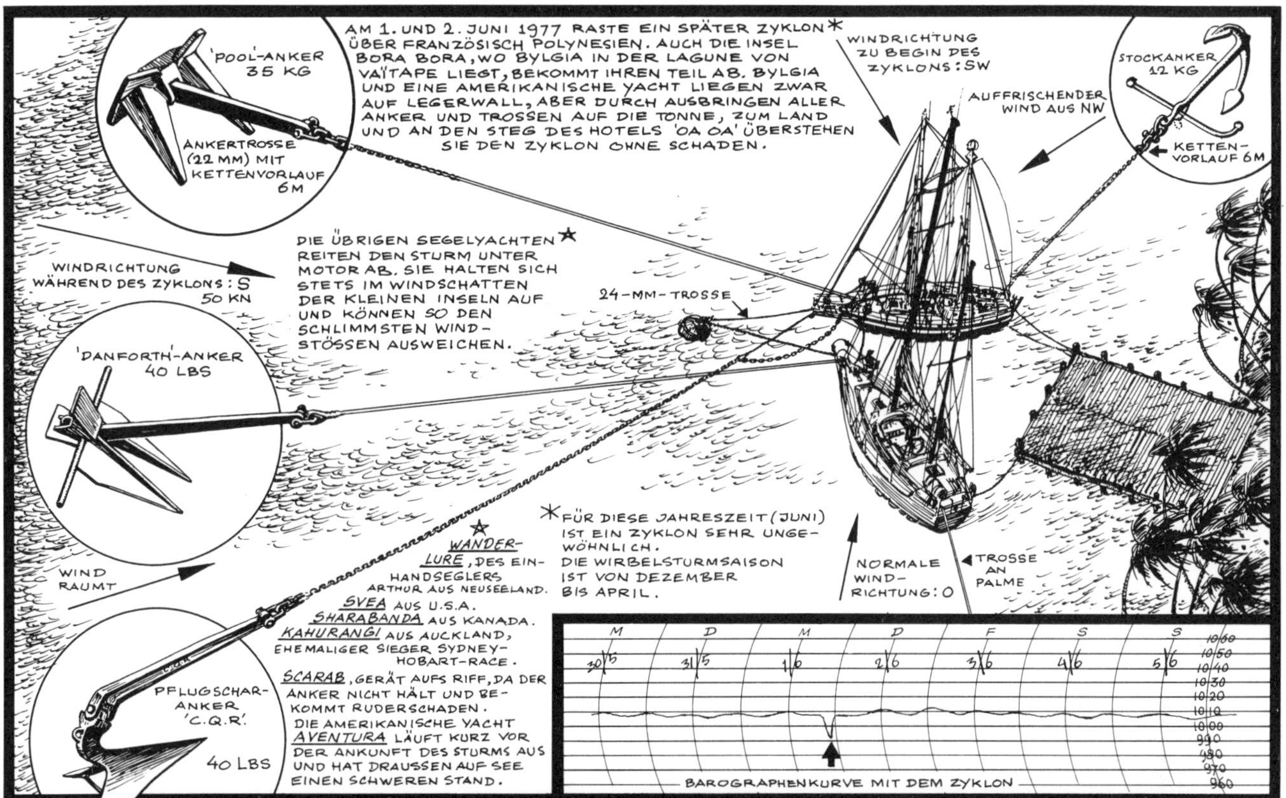
AM 1. UND 2. JUNI 1977 RASTE EIN SPÄTER ZYKLON* ÜBER FRANZÖSISCH POLYNESIEN. AUCH DIE INSEL BORA BORA, WO BYLGIA IN DER LAGUNE VON VAÏTAPE LIEGT, BEKOMMT IHREN TEIL AB. BYLGIA UND EINE AMERIKANISCHE YACHT LIEGEN ZWAR AUF LEGERWALL, ABER DURCH AUSBRINGEN ALLER ANKER UND TROSSEN AUF DIE TONNE, ZUM LAND UND AN DEN STEG DES HOTELS 'OA OA' ÜBERSTEHEN SIE DEN ZYKLON OHNE SCHADEN.
'POOL'-ANKER 35 KG
ANKERTROSSE (22 MM) MIT KETTENVORLAUF 6 M
WINDRICHTUNG ZU BEGIN DES ZYKLONS: SW
AUFFRISCHENDER WIND AUS NW
STOCKANKER 12 KG
KETTEN-VORLAUF 6 M
WINDRICHTUNG WÄHREND DES ZYKLONS: S 50 KN
DIE ÜBRIGEN SEGELYACHTEN★ REITEN DEN STURM UNTER MOTOR AB. SIE HALTEN SICH STETS IM WINDSCHATTEN DER KLEINEN INSELN AUF UND KÖNNEN SO DEN SCHLIMMSTEN WINDSTÖSSEN AUSWEICHEN.
24-MM-TROSSE
'DANFORTH'-ANKER 40 LBS
WIND RAUMT
★ WANDERLURE, DES EINHANDSEGLERS ARTHUR AUS NEUSEELAND. SVEA AUS U.S.A. SHARABANDA AUS KANADA. KAHURANGI AUS AUCKLAND, EHEMALIGER SIEGER SYDNEY-HOBART-RACE. SCARAB, GERÄT AUFS RIFF, DA DER ANKER NICHT HÄLT UND BEKOMMT RUDERSCHADEN. DIE AMERIKANISCHE YACHT AVENTURA LÄUFT KURZ VOR DER ANKUNFT DES STURMS AUS UND HAT DRAUSSEN AUF SEE EINEN SCHWEREN STAND.
*FÜR DIESE JAHRESZEIT (JUNI) IST EIN ZYKLON SEHR UNGEWÖHNLICH. DIE WIRBELSTURMSAISON IST VON DEZEMBER BIS APRIL.
NORMALE WIND-RICHTUNG: O
TROSSE AN PALME
PFLUGSCHAR-ANKER 'C.Q.R.' 40 LBS
M D M D F S S
30/5 31/5 1/6 2/6 3/6 4/6 5/6
1060 1050 1040 1030 1020 1010 1000 990 980 970 960
BAROGRAPHENKURVE MIT DEM ZYKLON

EVY!! HOL' DIE TROSSE DOBBELT DURCH DEN RING ... ABER DALLI!
DER KOMMANDIERT DA WIEDER RUM! NÄCHSTES MAL IST ER DRAN!
DER SKIPPER DER AMERIKANISCHEN YACHT LÄSST SEINE FRAU EINEN FEUCHTEN JOB ERLEDIGEN.
TROTZ DER ZWEITEN TROSSE LIESSE SICH NICHT VERHINDERN, DASS DIE YACHT AUF BYLGIA ZUTREIBT, WENN DER BUGANKER SCHLEPPEN SOLLTE.

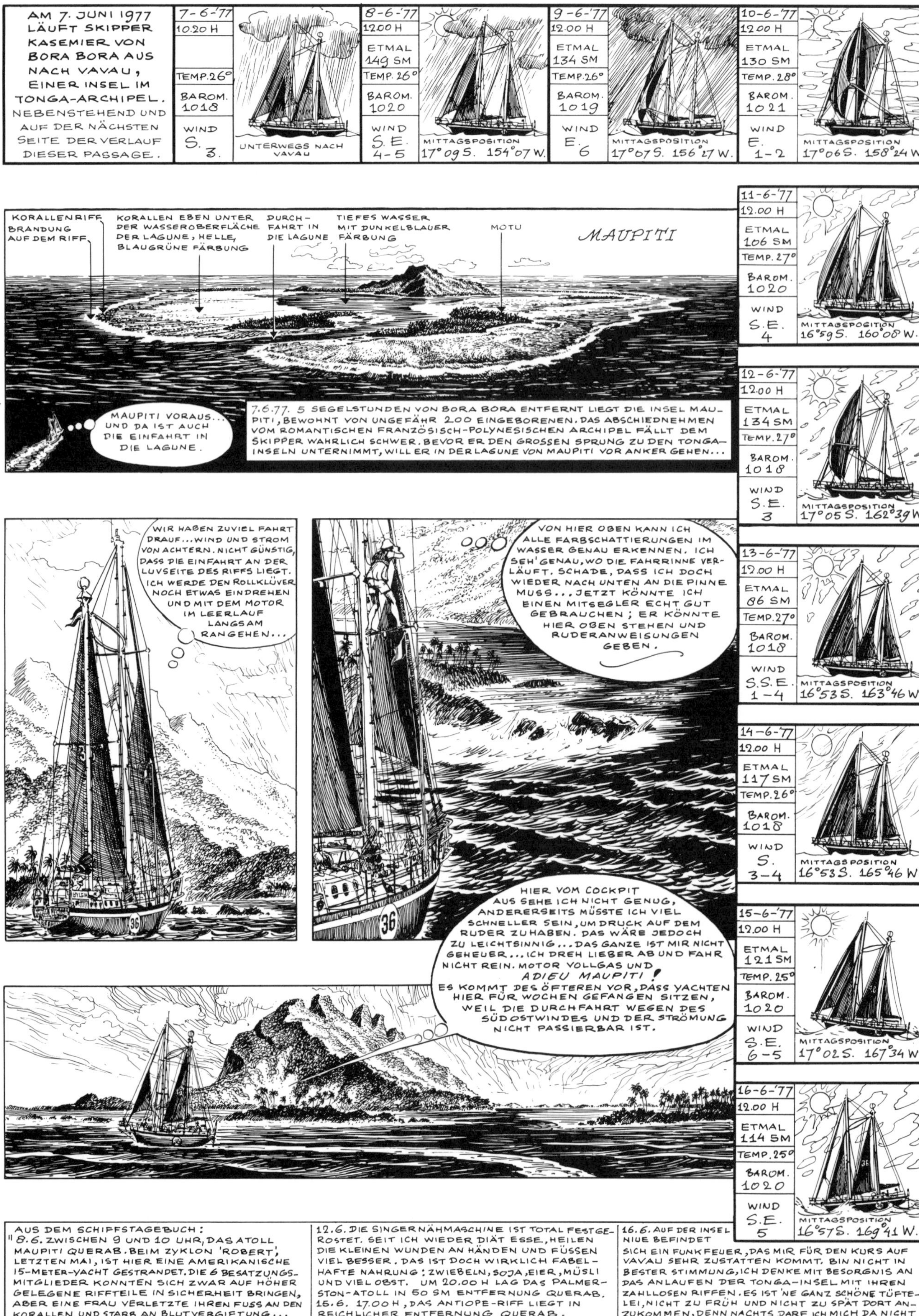

AM 7. JUNI 1977 LÄUFT SKIPPER KASEMIER VON BORA BORA AUS NACH VAVAU, EINER INSEL IM TONGA-ARCHIPEL. NEBENSTEHEND UND AUF DER NÄCHSTEN SEITE DER VERLAUF DIESER PASSAGE.
7-6-'77 10.20 H TEMP. 26° BAROM. 1018 WIND S. 3.
UNTERWEGS NACH VAVAU
8-6-'77 12.00 H ETMAL 149 SM TEMP. 26° BAROM. 1020 WIND S.E. 4-5
MITTAGSPOSITION 17° 09 S. 154° 07 W.
9-6-'77 12.00 H ETMAL 134 SM TEMP. 26° BAROM. 1019 WIND E. 6
MITTAGSPOSITION 17° 07 S. 156° 27 W.
10-6-'77 12.00 H ETMAL 130 SM TEMP. 28° BAROM. 1021 WIND E. 1-2
MITTAGSPOSITION 17° 06 S. 158° 24 W.
KORALLENRIFF
BRANDUNG AUF DEM RIFF
KORALLEN EBEN UNTER DER WASSEROBERFLÄCHE DER LAGUNE, HELLE, BLAUGRÜNE FÄRBUNG
DURCHFAHRT IN DIE LAGUNE
TIEFES WASSER MIT DUNKELBLAUER FÄRBUNG
MOTU
MAUPITI
MAUPITI VORAUS... UND DA IST AUCH DIE EINFAHRT IN DIE LAGUNE.
7.6.77. 5 SEGELSTUNDEN VON BORA BORA ENTFERNT LIEGT DIE INSEL MAUPITI, BEWOHNT VON UNGEFÄHR 200 EINGEBORENEN. DAS ABSCHIEDNEHMEN VOM ROMANTISCHEN FRANZÖSISCH-POLYNESISCHEN ARCHIPEL FÄLLT DEM SKIPPER WAHRLICH SCHWER. BEVOR ER DEN GROSSEN SPRUNG ZU DEN TONGA-INSELN UNTERNIMMT, WILL ER IN DER LAGUNE VON MAUPITI VOR ANKER GEHEN...
11-6-'77 12.00 H ETMAL 106 SM TEMP. 27° BAROM. 1020 WIND S.E. 4
MITTAGSPOSITION 16° 59 S. 160° 08 W.
12-6-'77 12.00 H ETMAL 134 SM TEMP. 27° BAROM. 1018 WIND S.E. 3
MITTAGSPOSITION 17° 05 S. 162° 39 W.
WIR HABEN ZUVIEL FAHRT DRAUF... WIND UND STROM VON ACHTERN. NICHT GÜNSTIG, DASS DIE EINFAHRT AN DER LUVSEITE DES RIFFS LIEGT. ICH WERDE DEN ROLLKLÜVER NOCH ETWAS EINDREHEN UND MIT DEM MOTOR IM LEERLAUF LANGSAM RANGEHEN...
VON HIER OBEN KANN ICH ALLE FARBSCHATTIERUNGEN IM WASSER GENAU ERKENNEN. ICH SEH' GENAU, WO DIE FAHRRINNE VERLÄUFT. SCHADE, DASS ICH DOCH WIEDER NACH UNTEN AN DIE PINNE MUSS... JETZT KÖNNTE ICH EINEN MITSEGLER ECHT GUT GEBRAUCHEN; ER KÖNNTE HIER OBEN STEHEN UND RUDERANWEISUNGEN GEBEN.
13-6-'77 12.00 H ETMAL 86 SM TEMP. 27° BAROM. 1018 WIND S.S.E. 1-4
MITTAGSPOSITION 16° 53 S. 163° 46 W.
14-6-'77 12.00 H ETMAL 117 SM TEMP. 26° BAROM. 1018 WIND S. 3-4
MITTAGSPOSITION 16° 53 S. 165° 46 W.
HIER VOM COCKPIT AUS SEHE ICH NICHT GENUG, ANDERERSEITS MÜSSTE ICH VIEL SCHNELLER SEIN, UM DRUCK AUF DEM RUDER ZU HABEN. DAS WÄRE JEDOCH ZU LEICHTSINNIG... DAS GANZE IST MIR NICHT GEHEUER... ICH DREH LIEBER AB UND FAHR NICHT REIN. MOTOR VOLLGAS UND ADIEU MAUPITI!
ES KOMMT DES ÖFTEREN VOR, DASS YACHTEN HIER FÜR WOCHEN GEFANGEN SITZEN, WEIL DIE DURCHFAHRT WEGEN DES SÜDOSTWINDES UND DER STRÖMUNG NICHT PASSIERBAR IST.
15-6-'77 12.00 H ETMAL 121 SM TEMP. 25° BAROM. 1020 WIND S.E. 6-5
MITTAGSPOSITION 17° 02 S. 167° 34 W.
16-6-'77 12.00 H ETMAL 114 SM TEMP. 25° BAROM. 1020 WIND S.E. 5
MITTAGSPOSITION 16° 57 S. 169° 41 W.
AUS DEM SCHIFFSTAGEBUCH: "8.6. ZWISCHEN 9 UND 10 UHR, DAS ATOLL MAUPITI QUERAB. BEIM ZYKLON 'ROBERT', LETZTEN MAI, IST HIER EINE AMERIKANISCHE 15-METER-YACHT GESTRANDET. DIE 6 BESATZUNGSMITGLIEDER KONNTEN SICH ZWAR AUF HÖHER GELEGENE RIFFTEILE IN SICHERHEIT BRINGEN, ABER EINE FRAU VERLETZTE IHREN FUSS AN DEN KORALLEN UND STARB AN BLUTVERGIFTUNG...
12.6. DIE SINGERNÄHMASCHINE IST TOTAL FESTGEROSTET. SEIT ICH WIEDER DIÄT ESSE, HEILEN DIE KLEINEN WUNDEN AN HÄNDEN UND FÜSSEN VIEL BESSER. DAS IST DOCH WIRKLICH FABELHAFTE NAHRUNG: ZWIEBELN, SOJA, EIER, MÜSLI UND VIEL OBST. UM 20.00 H LAG DAS PALMERSTON-ATOLL IN 50 SM ENTFERNUNG QUERAB. 15.6. 17.00 H, DAS ANTIOPE-RIFF LIEGT IN REICHLICHER ENTFERNUNG QUERAB.
16.6. AUF DER INSEL NIUE BEFINDET SICH EIN FUNKFEUER, DAS MIR FÜR DEN KURS AUF VAVAU SEHR ZUSTATTEN KOMMT. BIN NICHT IN BESTER STIMMUNG, ICH DENKE MIT BESORGNIS AN DAS ANLAUFEN DER TONGA-INSEL MIT IHREN ZAHLLOSEN RIFFEN. ES IST 'NE GANZ SCHÖNE TÜFTELEI, NICHT ZU FRÜH UND NICHT ZU SPÄT DORT ANZUKOMMEN, DENN NACHTS DARF ICH MICH DA NICHT REINWAGEN."

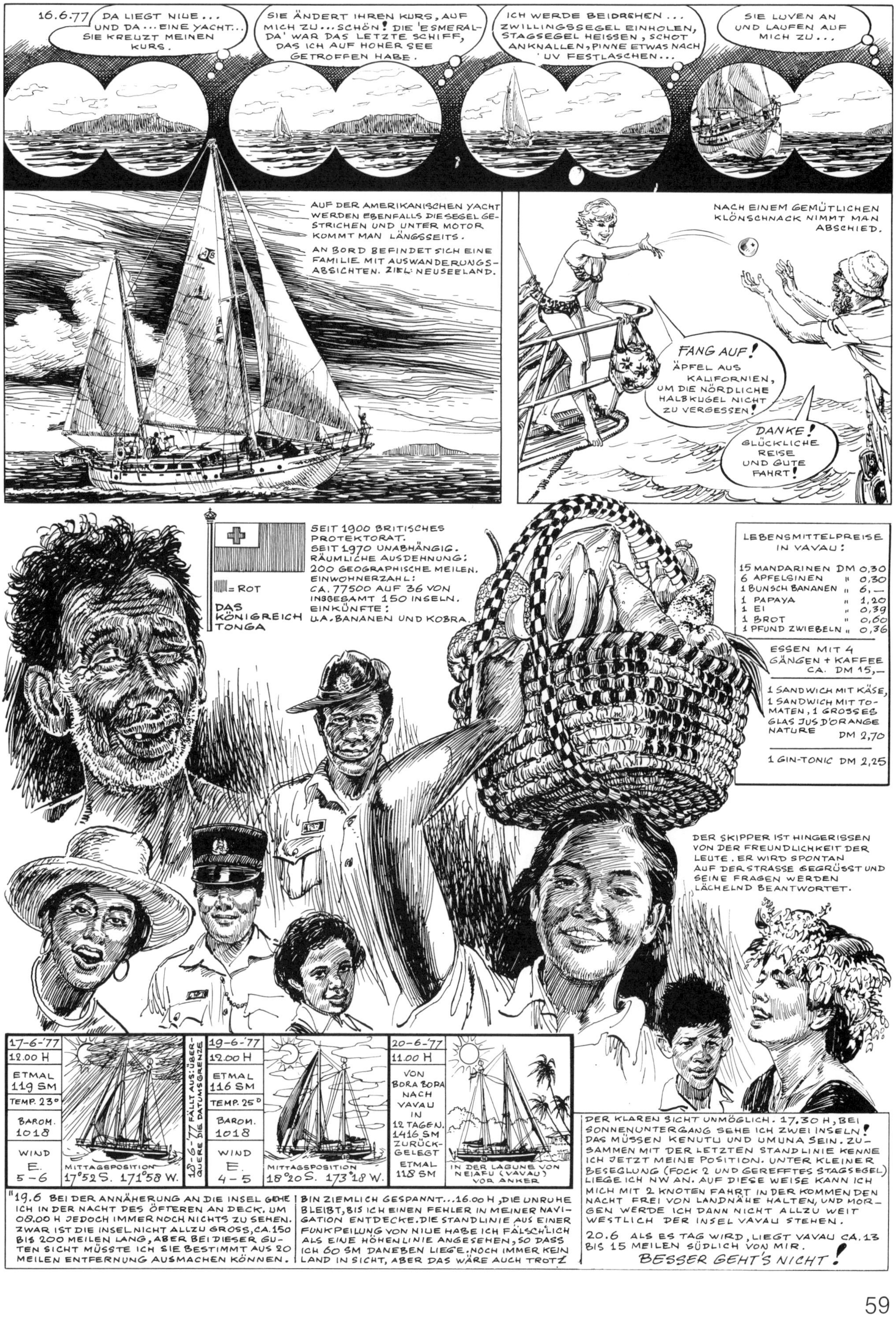
16.6.77
DA LIEGT NIUE ... UND DA ... EINE YACHT ... SIE KREUZT MEINEN KURS.
SIE ÄNDERT IHREN KURS, AUF MICH ZU ... SCHÖN! DIE 'ESMERALDA' WAR DAS LETZTE SCHIFF, DAS ICH AUF HOHER SEE GETROFFEN HABE.
ICH WERDE BEIDREHEN ... ZWILLINGSSEGEL EINHOLEN, STAGSEGEL HEISSEN, SCHOT ANKNALLEN, PINNE ETWAS NACH 'UV FESTLASCHEN ...
SIE LUVEN AN UND LAUFEN AUF MICH ZU ...
AUF DER AMERIKANISCHEN YACHT WERDEN EBENFALLS DIE SEGEL GESTRICHEN UND UNTER MOTOR KOMMT MAN LÄNGSSEITS.
AN BORD BEFINDET SICH EINE FAMILIE MIT AUSWANDERUNGSABSICHTEN. ZIEL: NEUSEELAND.
NACH EINEM GEMÜTLICHEN KLÖNSCHNACK NIMMT MAN ABSCHIED.
FANG AUF! ÄPFEL AUS KALIFORNIEN, UM DIE NÖRDLICHE HALBKUGEL NICHT ZU VERGESSEN!
DANKE! GLÜCKLICHE REISE UND GUTE FAHRT!
= ROT
DAS KÖNIGREICH TONGA
SEIT 1900 BRITISCHES PROTEKTORAT.
SEIT 1970 UNABHÄNGIG.
RÄUMLICHE AUSDEHNUNG: 200 GEOGRAPHISCHE MEILEN.
EINWOHNERZAHL: CA. 77500 AUF 36 VON INSGESAMT 150 INSELN.
EINKÜNFTE: U.A. BANANEN UND KOBRA.
LEBENSMITTELPREISE IN VAVAU:
15 MANDARINEN DM 0,30
6 APFELSINEN " 0,30
1 BUNSCH BANANEN " 6,—
1 PAPAYA " 1,20
1 EI " 0,39
1 BROT " 0,60
1 PFUND ZWIEBELN " 0,36
ESSEN MIT 4 GÄNGEN + KAFFEE CA. DM 15,—
1 SANDWICH MIT KÄSE, 1 SANDWICH MIT TOMATEN, 1 GROSSES GLAS JUS D'ORANGE NATURE DM 2,70
1 GIN-TONIC DM 2,25
DER SKIPPER IST HINGERISSEN VON DER FREUNDLICHKEIT DER LEUTE. ER WIRD SPONTAN AUF DER STRASSE GEGRÜSST UND SEINE FRAGEN WERDEN LÄCHELND BEANTWORTET.
17-6-'77
12.00 H
ETMAL 119 SM
TEMP. 23°
BAROM. 1018
WIND E. 5-6
MITTAGSPOSITION 17°52 S. 171°58 W.
18-6-'77 FÄLLT AUS: ÜBERQUERE DIE DATUMSGRENZE
19-6-'77
12.00 H
ETMAL 116 SM
TEMP. 25°
BAROM. 1018
WIND E. 4-5
MITTAGSPOSITION 18°20 S. 173°18 W.
20-6-'77
11.00 H
VON BORA BORA NACH VAVAU IN 12 TAGEN. 1416 SM ZURÜCKGELEGT
ETMAL 118 SM
IN DER LAGUNE VON NEIAFU (VAVAU) VOR ANKER
"19.6 BEI DER ANNÄHERUNG AN DIE INSEL GEHE ICH IN DER NACHT DES ÖFTEREN AN DECK. UM 08.00 H JEDOCH IMMER NOCH NICHTS ZU SEHEN. ZWAR IST DIE INSEL NICHT ALLZU GROSS, CA. 150 BIS 200 MEILEN LANG, ABER BEI DIESER GUTEN SICHT MÜSSTE ICH SIE BESTIMMT AUS 20 MEILEN ENTFERNUNG AUSMACHEN KÖNNEN. BIN ZIEMLICH GESPANNT ... 16.00 H, DIE UNRUHE BLEIBT, BIS ICH EINEN FEHLER IN MEINER NAVIGATION ENTDECKE. DIE STANDLINIE AUS EINER FUNKPEILUNG VON NIUE HABE ICH FÄLSCHLICH ALS EINE HÖHENLINIE ANGESEHEN, SO DASS ICH 60 SM DANEBEN LIEGE. NOCH IMMER KEIN LAND IN SICHT, ABER DAS WÄRE AUCH TROTZ DER KLAREN SICHT UNMÖGLICH. 17.30 H, BEI SONNENUNTERGANG SEHE ICH ZWEI INSELN! DAS MÜSSEN KENUTU UND UMUNA SEIN. ZUSAMMEN MIT DER LETZTEN STANDLINIE KENNE ICH JETZT MEINE POSITION. UNTER KLEINER BESEGLUNG (FOCK 2 UND GEREFFTES STAGSEGEL) LIEGE ICH NW AN. AUF DIESE WEISE KANN ICH MICH MIT 2 KNOTEN FAHRT IN DER KOMMENDEN NACHT FREI VON LANDNÄHE HALTEN, UND MORGEN WERDE ICH DANN NICHT ALLZU WEIT WESTLICH DER INSEL VAVAU STEHEN.
20.6 ALS ES TAG WIRD, LIEGT VAVAU CA. 13 BIS 15 MEILEN SÜDLICH VON MIR.
BESSER GEHT'S NICHT!

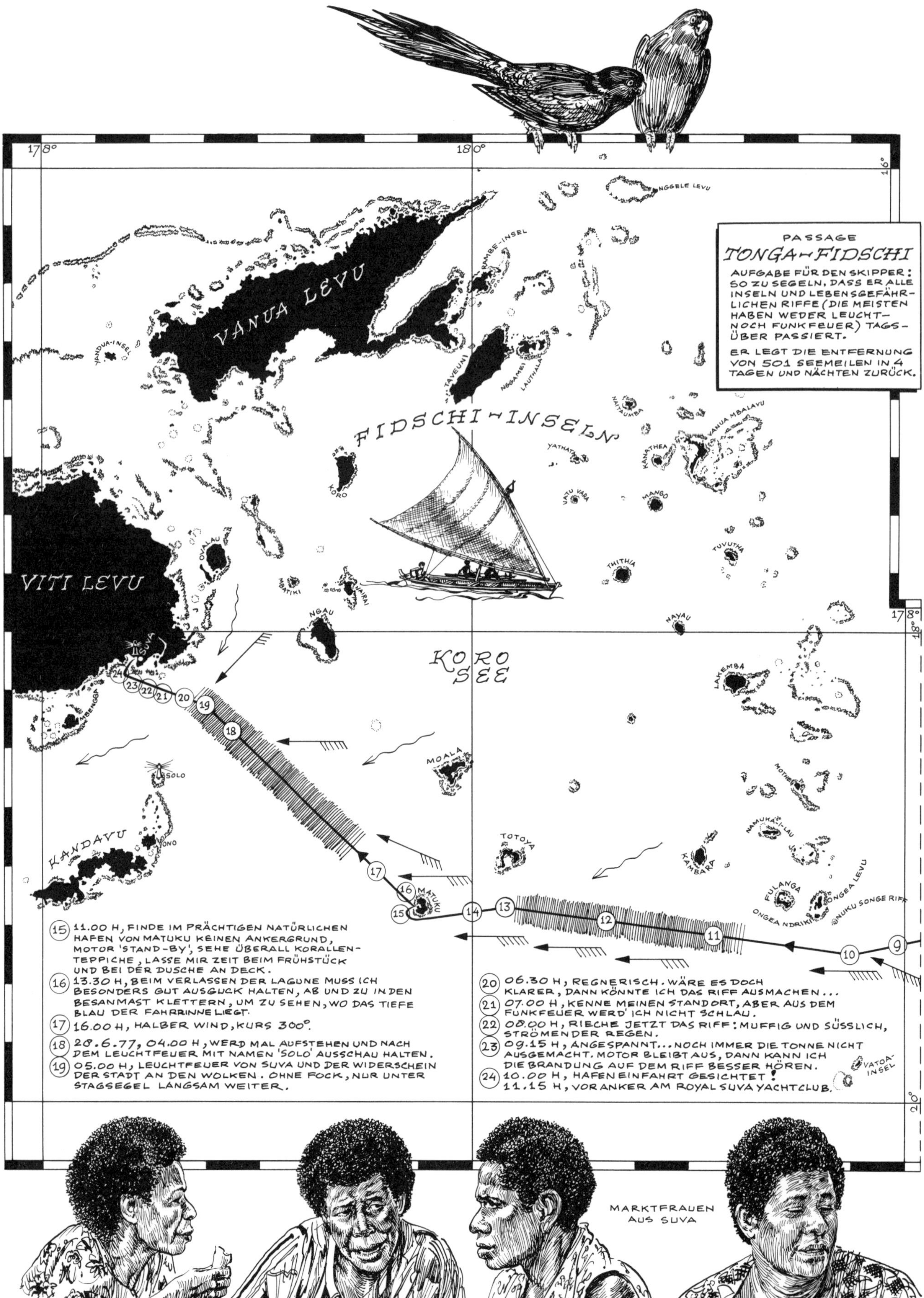
PASSAGE
TONGA–FIDSCHI
AUFGABE FÜR DEN SKIPPER: SO ZU SEGELN, DASS ER ALLE INSELN UND LEBENSGEFÄHRLICHEN RIFFE (DIE MEISTEN HABEN WEDER LEUCHT- NOCH FUNKFEUER) TAGSÜBER PASSIERT.
ER LEGT DIE ENTFERNUNG VON 501 SEEMEILEN IN 4 TAGEN UND NÄCHTEN ZURÜCK.
178°
180°
16°
18°
20°
NGGELE LEVU
VANUA LEVU
RAMBE-INSEL
YANDUA-INSEL
TAVEUNI
NGGAMEA
LAUTHALA
FIDSCHI-INSELN
NATAUMBA
VANUA MBALAVU
KANATHEA
YATHATA
KORO
VATU VARA
MANGO
VITI LEVU
OVALAU
MBATIKI
NAIRAI
TUVUTHA
THITHIA
NGAU
NAYAU
SUVA
KORO SEE
LAKEMBA
MBENGGA
MOALA
SOLO
MOTHE
KANDAVU
ONO
TOTOYA
NAMUKA-I-LAU
KAMBARA
MATUKU
FULANGA
ONGEA LEVU
ONGEA NDRIKI
NUKU SONGE RIFF
VATOA-INSEL
(15) 11.00 H, FINDE IM PRÄCHTIGEN NATÜRLICHEN HAFEN VON MATUKU KEINEN ANKERGRUND, MOTOR 'STAND-BY', SEHE ÜBERALL KORALLENTEPPICHE, LASSE MIR ZEIT BEIM FRÜHSTÜCK UND BEI DER DUSCHE AN DECK.
(16) 13.30 H, BEIM VERLASSEN DER LAGUNE MUSS ICH BESONDERS GUT AUSGUCK HALTEN, AB UND ZU IN DEN BESANMAST KLETTERN, UM ZU SEHEN, WO DAS TIEFE BLAU DER FAHRRINNE LIEGT.
(17) 16.00 H, HALBER WIND, KURS 300°.
(18) 28.6.77, 04.00 H, WERD MAL AUFSTEHEN UND NACH DEM LEUCHTFEUER MIT NAMEN 'SOLO' AUSSCHAU HALTEN.
(19) 05.00 H, LEUCHTFEUER VON SUVA UND DER WIDERSCHEIN DER STADT AN DEN WOLKEN. OHNE FOCK, NUR UNTER STAGSEGEL LANGSAM WEITER.
(20) 06.30 H, REGNERISCH. WÄRE ES DOCH KLARER, DANN KÖNNTE ICH DAS RIFF AUSMACHEN...
(21) 07.00 H, KENNE MEINEN STANDORT, ABER AUS DEM FUNKFEUER WERD' ICH NICHT SCHLAU.
(22) 08.00 H, RIECHE JETZT DAS RIFF: MUFFIG UND SÜSSLICH, STRÖMENDER REGEN.
(23) 09.15 H, ANGESPANNT... NOCH IMMER DIE TONNE NICHT AUSGEMACHT. MOTOR BLEIBT AUS, DANN KANN ICH DIE BRANDUNG AUF DEM RIFF BESSER HÖREN.
(24) 10.00 H, HAFENEINFAHRT GESICHTET!
11.15 H, VOR ANKER AM ROYAL SUVA YACHTCLUB.
MARKTFRAUEN AUS SUVA

27.6.77
KASEMIER LÄUFT (DEN BESTIMMUNGEN ZUWIDERHANDELND*) IN DIE LAGUNE VON MATUKU EIN. NACH ALL DER UNRUHE UND SPANNUNG DER LETZTEN TAGE BRAUCHT ER GANZ EINFACH DIE RUHE UND ERHABENE SCHÖNHEIT DIESER WINDSTILLEN UND PARADIESISCHEN LAGUNE.
* DIE FIDSCHI-INSELN DÜRFEN NUR MIT BEHÖRDLICHER ERLAUBNIS BESUCHT WERDEN.
HÖCHSTE ERHEBUNG 384 M
19°10'S
LÄNGE DER INSEL 4½ MEIL
MATUKU
179°45'O
V. STRAATEN '80

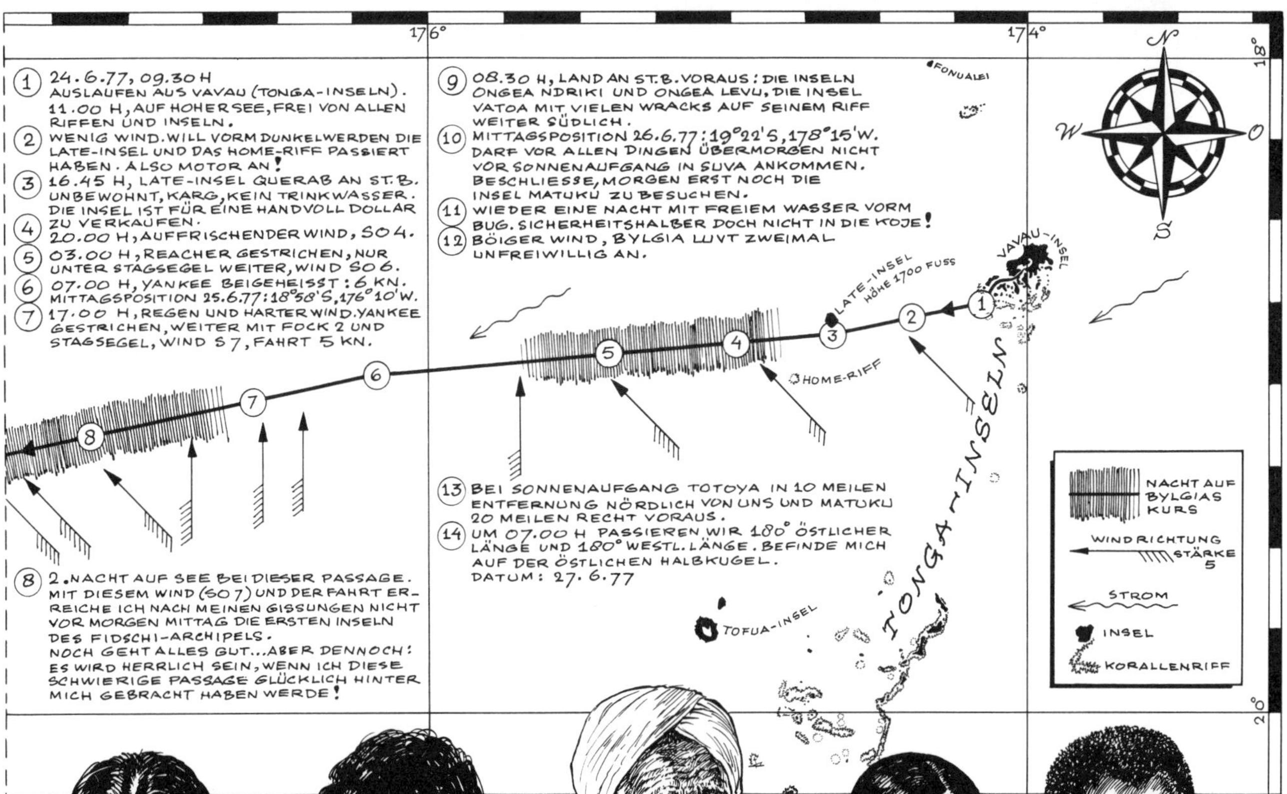
176°
174°
18°
20°
N
W
O
S
(1) 24.6.77, 09.30 H
AUSLAUFEN AUS VAVAU (TONGA-INSELN).
11.00 H, AUF HOHER SEE, FREI VON ALLEN RIFFEN UND INSELN.
(2) WENIG WIND. WILL VORM DUNKELWERDEN DIE LATE-INSEL UND DAS HOME-RIFF PASSIERT HABEN. ALSO MOTOR AN!
(3) 16.45 H, LATE-INSEL QUERAB AN ST. B. UNBEWOHNT, KARG, KEIN TRINKWASSER. DIE INSEL IST FÜR EINE HANDVOLL DOLLAR ZU VERKAUFEN.
(4) 20.00 H, AUFFRISCHENDER WIND, SO 4.
(5) 03.00 H, REACHER GESTRICHEN, NUR UNTER STAGSEGEL WEITER, WIND SO 6.
(6) 07.00 H, YANKEE BEIGEHEISST: 6 KN. MITTAGSPOSITION 25.6.77: 18°58'S, 176°10'W.
(7) 17.00 H, REGEN UND HARTER WIND. YANKEE GESTRICHEN, WEITER MIT FOCK 2 UND STAGSEGEL, WIND S 7, FAHRT 5 KN.
(8) 2. NACHT AUF SEE BEI DIESER PASSAGE. MIT DIESEM WIND (SO 7) UND DER FAHRT ERREICHE ICH NACH MEINEN GISSUNGEN NICHT VOR MORGEN MITTAG DIE ERSTEN INSELN DES FIDSCHI-ARCHIPELS. NOCH GEHT ALLES GUT... ABER DENNOCH: ES WIRD HERRLICH SEIN, WENN ICH DIESE SCHWIERIGE PASSAGE GLÜCKLICH HINTER MICH GEBRACHT HABEN WERDE!
(9) 08.30 H, LAND AN ST. B. VORAUS: DIE INSELN ONGEA NDRIKI UND ONGEA LEVU, DIE INSEL VATOA MIT VIELEN WRACKS AUF SEINEM RIFF WEITER SÜDLICH.
(10) MITTAGSPOSITION 26.6.77: 19°22'S, 178°15'W. DARF VOR ALLEN DINGEN ÜBERMORGEN NICHT VOR SONNENAUFGANG IN SUVA ANKOMMEN. BESCHLIESSE, MORGEN ERST NOCH DIE INSEL MATUKU ZU BESUCHEN.
(11) WIEDER EINE NACHT MIT FREIEM WASSER VORM BUG. SICHERHEITSHALBER DOCH NICHT IN DIE KOJE!
(12) BÖIGER WIND, BYLGIA LUVT ZWEIMAL UNFREIWILLIG AN.
(13) BEI SONNENAUFGANG TOTOYA IN 10 MEILEN ENTFERNUNG NÖRDLICH VON UNS UND MATUKU 20 MEILEN RECHT VORAUS.
(14) UM 07.00 H PASSIEREN WIR 180° ÖSTLICHER LÄNGE UND 180° WESTL. LÄNGE. BEFINDE MICH AUF DER ÖSTLICHEN HALBKUGEL. DATUM: 27.6.77
FONUALEI
VAVAU-INSEL
LATE-INSEL HÖHE 1700 FUSS
HOME-RIFF
TONGA-INSELN
TOFUA-INSEL
NACHT AUF BYLGIAS KURS
WINDRICHTUNG STÄRKE 5
STROM
INSEL
KORALLENRIFF

INDER AUS SUVA
FIDSCHI DORF-HÄUPTLING

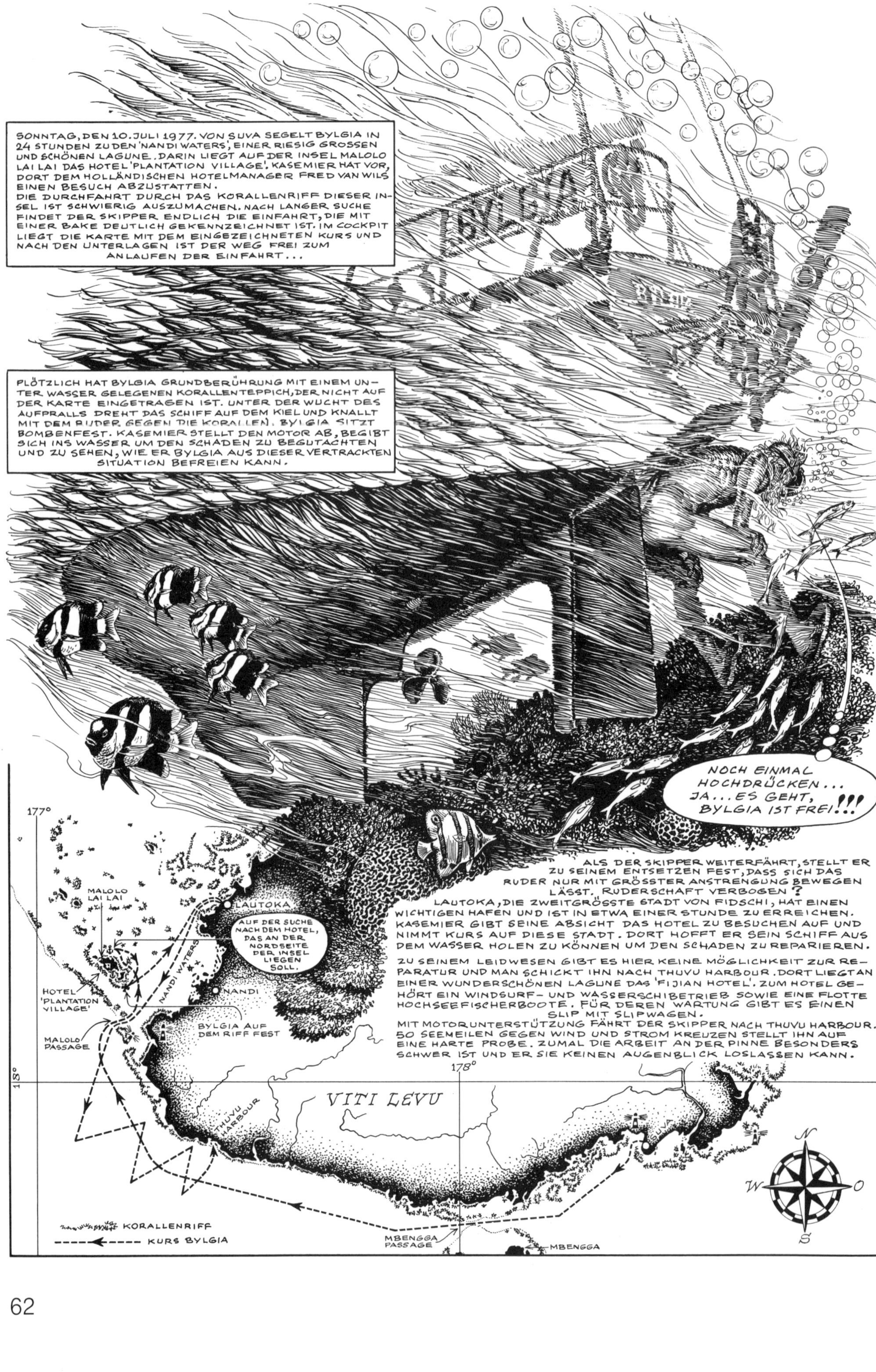
SONNTAG, DEN 10. JULI 1977. VON SUVA SEGELT BYLGIA IN 24 STUNDEN ZU DEN 'NANDI WATERS', EINER RIESIG GROSSEN UND SCHÖNEN LAGUNE. DARIN LIEGT AUF DER INSEL MALOLO LAI LAI DAS HOTEL 'PLANTATION VILLAGE'. KASEMIER HAT VOR, DORT DEM HOLLÄNDISCHEN HOTELMANAGER FRED VAN WILS EINEN BESUCH ABZUSTATTEN.
DIE DURCHFAHRT DURCH DAS KORALLENRIFF DIESER INSEL IST SCHWIERIG AUSZUMACHEN. NACH LANGER SUCHE FINDET DER SKIPPER ENDLICH DIE EINFAHRT, DIE MIT EINER BAKE DEUTLICH GEKENNZEICHNET IST. IM COCKPIT LIEGT DIE KARTE MIT DEM EINGEZEICHNETEN KURS UND NACH DEN UNTERLAGEN IST DER WEG FREI ZUM ANLAUFEN DER EINFAHRT...
BYLGIA
PLÖTZLICH HAT BYLGIA GRUNDBERÜHRUNG MIT EINEM UNTER WASSER GELEGENEN KORALLENTEPPICH, DER NICHT AUF DER KARTE EINGETRAGEN IST. UNTER DER WUCHT DES AUFPRALLS DREHT DAS SCHIFF AUF DEM KIEL UND KNALLT MIT DEM RUDER GEGEN DIE KORALLEN. BYLGIA SITZT BOMBENFEST. KASEMIER STELLT DEN MOTOR AB, BEGIBT SICH INS WASSER UM DEN SCHADEN ZU BEGUTACHTEN UND ZU SEHEN, WIE ER BYLGIA AUS DIESER VERTRACKTEN SITUATION BEFREIEN KANN.
NOCH EINMAL HOCHDRÜCKEN... JA... ES GEHT, BYLGIA IST FREI!!!
ALS DER SKIPPER WEITERFÄHRT, STELLT ER ZU SEINEM ENTSETZEN FEST, DASS SICH DAS RUDER NUR MIT GRÖSSTER ANSTRENGUNG BEWEGEN LÄSST. RUDERSCHAFT VERBOGEN?
LAUTOKA, DIE ZWEITGRÖSSTE STADT VON FIDSCHI, HAT EINEN WICHTIGEN HAFEN UND IST IN ETWA EINER STUNDE ZU ERREICHEN. KASEMIER GIBT SEINE ABSICHT DAS HOTEL ZU BESUCHEN AUF UND NIMMT KURS AUF DIESE STADT. DORT HOFFT ER SEIN SCHIFF AUS DEM WASSER HOLEN ZU KÖNNEN UM DEN SCHADEN ZU REPARIEREN.
ZU SEINEM LEIDWESEN GIBT ES HIER KEINE MÖGLICHKEIT ZUR REPARATUR UND MAN SCHICKT IHN NACH THUVU HARBOUR. DORT LIEGT AN EINER WUNDERSCHÖNEN LAGUNE DAS 'FIJIAN HOTEL'. ZUM HOTEL GEHÖRT EIN WINDSURF- UND WASSERSCHIBETRIEB SOWIE EINE FLOTTE HOCHSEEFISCHERBOOTE. FÜR DEREN WARTUNG GIBT ES EINEN SLIP MIT SLIPWAGEN.
MIT MOTORUNTERSTÜTZUNG FÄHRT DER SKIPPER NACH THUVU HARBOUR. 50 SEEMEILEN GEGEN WIND UND STROM KREUZEN STELLT IHN AUF EINE HARTE PROBE. ZUMAL DIE ARBEIT AN DER PINNE BESONDERS SCHWER IST UND ER SIE KEINEN AUGENBLICK LOSLASSEN KANN.
177°
MALOLO LAI LAI
LAUTOKA
AUF DER SUCHE NACH DEM HOTEL, DAS AN DER NORDSEITE DER INSEL LIEGEN SOLL.
NANDI WATERS
NANDI
HOTEL 'PLANTATION VILLAGE'
BYLGIA AUF DEM RIFF FEST
MALOLO PASSAGE
18°
178°
VITI LEVU
THUVU HARBOUR
SUVA
N
W
O
S
KORALLENRIFF
KURS BYLGIA
MBENGGA PASSAGE
MBENGGA

18.7.77 DREI TAGE NACH SEINER ANKUNFT IN THUVU HARBOUR KANN KASEMIER SEIN SCHIFF BEI SPRING-HOCHWASSER AUF DEM KLAPPRIGEN SLIPWAGEN AUS DEM WASSER ZIEHEN. TATSÄCHLICH IST DER RUDER-SCHAFT VERBOGEN. DA ES AN GEEIGNETEM MATE-RIAL MANGELT, WERDEN DIE INZWISCHEN BEGEIS-TERTEN HOTELGÄSTE MOBILISIERT, UM DIE SACHE MIT MUSKELKRAFT WIEDER HINZUBIEGEN.
DAS RESULTAT DIESER OPERATION IST BEFRIE-DIGEND, DAS RUDER ARBEITET WIEDER REDLICH UND HOFFENTLICH LEICHT GENUG FÜR DIE SELBSTSTEUERANLAGE.
BYLGIA
36
EINER DER HOTELGÄSTE IST EBENFALLS SEE-SEGLER. NACHDEM BYLGIA WIEDER MIT ACH UND KRACH IN IHREM ELEMENT IST, FRAGT ER DEN SKIPPER:
KASEMIER, WARUM HAT IHRE YACHT KEINEN DURCH-GEHENDE KIEL MIT DER RUDER-AUFHÄNGUNG DAHINTER? DAS WÄRE DOCH STABILER.
DAS STIMMT. EINE SOLCHE KIEL-RUDER-KOMBINATION IST STÄRKER. DADURCH WÜRDE JEDOCH DIE BENETZTE FLÄCHE VIEL GRÖSSER WERDEN, WAS WIEDERUM AUF KOSTEN DER GE-SCHWINDIGKEIT GINGE.
JA, ABER MIT EINEM DURCHGE-HENDEN KIEL IST EIN SCHIFF DOCH KURSSTABILER, UND AUF EINER SOLCHEN WELTUMSEGLUNG IST GESCHWINDIGKEIT DOCH NICHT SO WICHTIG.
BYLGIA IST GENÜGEND KURSSTABIL. DER GRUND FÜR DIES KONSTRUKTION LIEGT IN DER AUF-TEILUNG DES SEGELPLANES. MEINE AM-WIND-SEGEL SIND, UM SIE HANDLICH ZU HALTEN, NICHT GRÖSSER ALS 25 M². DIESE ZERSTÜCKELUNG KOSTET GESCHWINDIGKEIT AUF AM-WIND-KURSEN. UM DAS AUSZUGLEICHEN, WURDE EINE GESCHWINDIGKEITS-FÖRDERNDE FINNKIELKONSTRUK-TION MIT ANGEHÄNGTEM RUDER HINTER EINEM KURZEN SCHEGG GEWÄHLT.
VIELLEICHT HABEN SIE RECHT. ICH HAB GEHÖRT, DASS YACHTEN MIT LANGEM KIEL VORM WIND IN DEN 'ROARING FORTIES' VON ACHTERLICHEN SEE QUERGE-SCHLAGEN UND PLATTGELEGT WORDEN SIND.
JA, EIN SCHIFF BLEIBT EIN KOMPROMIS, UND ICH BIN MEINEM ENTWERFER DICK KOOPMANS SEHR DANKBAR, DASS ER DAMALS EINE SOLCHE FABELHAFTE YACHT FÜR MICH GEZEICHNET HAT. DENN DAS IST MEINE BYLGIA!
FIJI FIJI FIJI!

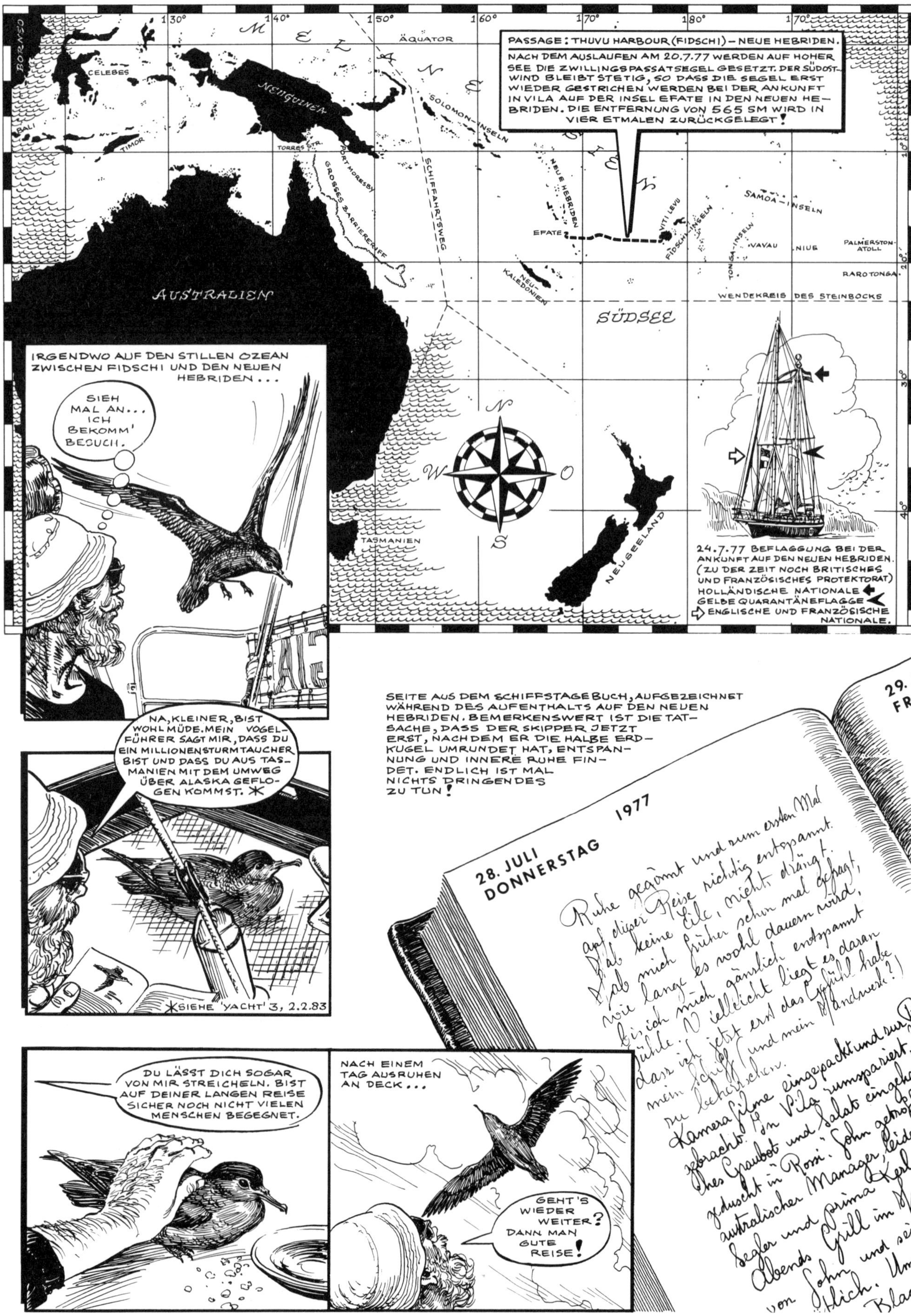
PASSAGE: THUVU HARBOUR (FIDSCHI) – NEUE HEBRIDEN.
NACH DEM AUSLAUFEN AM 20.7.77 WERDEN AUF HOHER SEE DIE ZWILLINGSPASSATSEGEL GESETZT. DER SÜDOSTWIND BLEIBT STETIG, SO DASS DIE SEGEL ERST WIEDER GESTRICHEN WERDEN BEI DER ANKUNFT IN VILA AUF DER INSEL EFATE IN DEN NEUEN HEBRIDEN. DIE ENTFERNUNG VON 565 SM WIRD IN VIER ETMALEN ZURÜCKGELEGT!
BORNEO
CELEBES
NEUGUINEA
BALI
TIMOR
TORRES STR.
PORT MORESBY
ÄQUATOR
SOLOMON-INSELN
SCHIFFAHRTSWEG
GROSSES BARRIERERIFF
NEUE HEBRIDEN
EFATE
VITI LEVU
FIDSCHI-INSELN
SAMOA-INSELN
TONGA-INSELN
VAVAU
NIUE
PALMERSTON-ATOLL
RAROTONGA
NEU-KALEDONIEN
AUSTRALIEN
WENDEKREIS DES STEINBOCKS
SÜDSEE
TASMANIEN
NEUSEELAND
N
O
S
W
24.7.77 BEFLAGGUNG BEI DER ANKUNFT AUF DEN NEUEN HEBRIDEN. (ZU DER ZEIT NOCH BRITISCHES UND FRANZÖSISCHES PROTEKTORAT) HOLLÄNDISCHE NATIONALE
GELBE QUARANTÄNEFLAGGE
ENGLISCHE UND FRANZÖSISCHE NATIONALE.
IRGENDWO AUF DEN STILLEN OZEAN ZWISCHEN FIDSCHI UND DEN NEUEN HEBRIDEN...
SIEH MAL AN... ICH BEKOMM' BESUCH.
NA, KLEINER, BIST WOHL MÜDE. MEIN VOGELFÜHRER SAGT MIR, DASS DU EIN MILLIONENSTURMTAUCHER BIST UND DASS DU AUS TASMANIEN MIT DEM UMWEG ÜBER ALASKA GEFLOGEN KOMMST. *
*SIEHE 'YACHT' 3, 2.2.83
SEITE AUS DEM SCHIFFSTAGEBUCH, AUFGEZEICHNET WÄHREND DES AUFENTHALTS AUF DEN NEUEN HEBRIDEN. BEMERKENSWERT IST DIE TATSACHE, DASS DER SKIPPER JETZT ERST, NACHDEM ER DIE HALBE ERDKUGEL UMRUNDET HAT, ENTSPANNUNG UND INNERE RUHE FINDET. ENDLICH IST MAL NICHTS DRINGENDES ZU TUN!
1977
28. JULI
DONNERSTAG
DU LÄSST DICH SOGAR VON MIR STREICHELN. BIST AUF DEINER LANGEN REISE SICHER NOCH NICHT VIELEN MENSCHEN BEGEGNET.
NACH EINEM TAG AUSRUHEN AN DECK...
GEHT'S WIEDER WEITER? DANN MAN GUTE REISE!

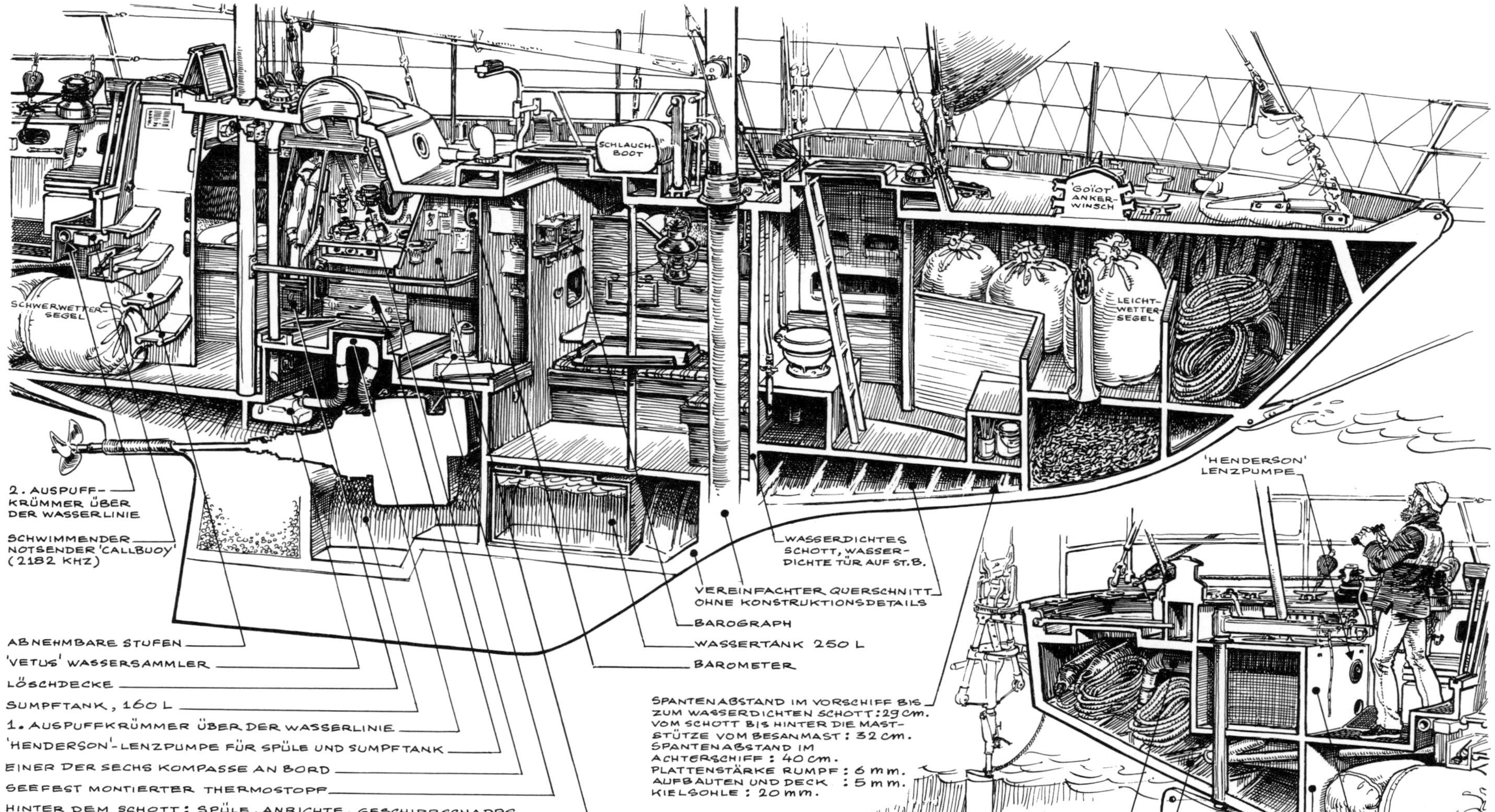

ALUMINIUM STAGSEGELKETSCH **BYLGIA** IM QUERSCHNITT

ENTWURF: D. KOOPMANS NACH IDEEN VON E. KASEMIER
BAU: KESTELOO, BROUWERSHAVEN-NIEDERLANDE
SEGEL: VAN DER SNEPPEN, TERNEUZEN-NIEDERLANDE

L.Ü.A. : 12,20 M
LÄNGE MIT BUGSPRIET: 14,50 M
L.W.L. : 9,65 M
BREITE : 3,57 M
TIEFGANG : 2,05 M
VERDRÄNGUNG: 12 TON (45% BALLAST)
SEGELFLÄCHE AM WIND: 96 M²

MOTOR: DREIZYLINDER PERKINS SCHIFFSDIESEL, TYPE D3-152, 24 KW. FESTE DREIBLATTSCHRAUBE. TREIBSTOFFTANKS ZU BEIDEN SEITEN DES MOTORS, 2 X 350 L. LÜFTUNG NACH DEM DORADE- UND VENTURI-SYSTEM.

SPANTENABSTAND IM VORSCHIFF BIS ZUM WASSERDICHTEN SCHOTT: 29 cm. VOM SCHOTT BIS HINTER DIE MASTSTÜTZE VOM BESANMAST: 32 cm. SPANTENABSTAND IM ACHTERSCHIFF: 40 cm. PLATTENSTÄRKE RUMPF: 6 mm. AUFBAUTEN UND DECK: 5 mm. KIELSOHLE: 20 mm.

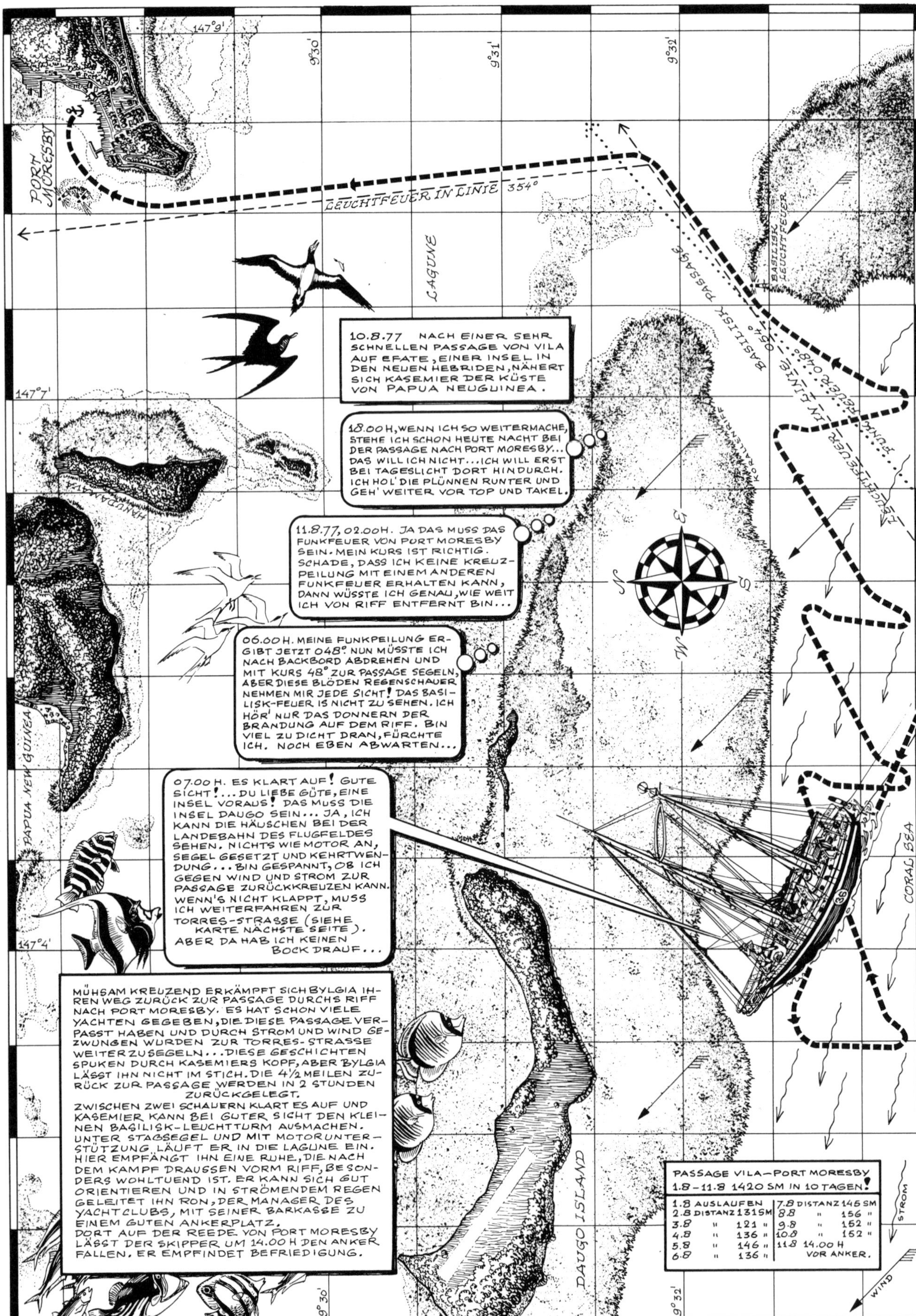
PORT MORESBY
147°9'
9°30'
9°31'
9°32'
LEUCHTFEUER IN LINIE 354°
LAGUNE
BASILISK PASSAGE
BASILISK LEUCHTFEUER
FUNKFEUER 048°
LEUCHTFEUER IN LINIE 354°
KORALLENRIFF
147°7'
HANUABADA
10.8.77 NACH EINER SEHR SCHNELLEN PASSAGE VON VILA AUF EFATE, EINER INSEL IN DEN NEUEN HEBRIDEN, NÄHERT SICH KASEMIER DER KÜSTE VON PAPUA NEUGUINEA.
18.00 H, WENN ICH SO WEITERMACHE, STEHE ICH SCHON HEUTE NACHT BEI DER PASSAGE NACH PORT MORESBY... DAS WILL ICH NICHT... ICH WILL ERST BEI TAGESLICHT DORT HINDURCH. ICH HOL' DIE PLÜNNEN RUNTER UND GEH' WEITER VOR TOP UND TAKEL.
11.8.77, 02.00 H. JA DAS MUSS DAS FUNKFEUER VON PORT MORESBY SEIN. MEIN KURS IST RICHTIG. SCHADE, DASS ICH KEINE KREUZPEILUNG MIT EINEM ANDEREN FUNKFEUER ERHALTEN KANN, DANN WÜSSTE ICH GENAU, WIE WEIT ICH VON RIFF ENTFERNT BIN...
06.00 H. MEINE FUNKPEILUNG ERGIBT JETZT 048°. NUN MÜSSTE ICH NACH BACKBORD ABDREHEN UND MIT KURS 48° ZUR PASSAGE SEGELN, ABER DIESE BLÖDEN REGENSCHAUER NEHMEN MIR JEDE SICHT! DAS BASILISK-FEUER IS NICHT ZU SEHEN. ICH HÖR' NUR DAS DONNERN DER BRANDUNG AUF DEM RIFF. BIN VIEL ZU DICHT DRAN, FÜRCHTE ICH. NOCH EBEN ABWARTEN...
N
O
S
W
PAPUA NEW GUINEA
07.00 H. ES KLART AUF! GUTE SICHT!... DU LIEBE GÜTE, EINE INSEL VORAUS! DAS MUSS DIE INSEL DAUGO SEIN... JA, ICH KANN DIE HÄUSCHEN BEI DER LANDEBAHN DES FLUGFELDES SEHEN. NICHTS WIE MOTOR AN, SEGEL GESETZT UND KEHRTWENDUNG... BIN GESPANNT, OB ICH GEGEN WIND UND STROM ZUR PASSAGE ZURÜCKKREUZEN KANN. WENN'S NICHT KLAPPT, MUSS ICH WEITERFAHREN ZUR TORRES-STRASSE (SIEHE KARTE NÄCHSTE SEITE). ABER DA HAB ICH KEINEN BOCK DRAUF...
CORAL SEA
147°4'
MÜHSAM KREUZEND ERKÄMPFT SICH BYLGIA IHREN WEG ZURÜCK ZUR PASSAGE DURCHS RIFF NACH PORT MORESBY. ES HAT SCHON VIELE YACHTEN GEGEBEN, DIE DIESE PASSAGE VERPASST HABEN UND DURCH STROM UND WIND GEZWUNGEN WURDEN ZUR TORRES-STRASSE WEITERZUSEGELN... DIESE GESCHICHTEN SPUKEN DURCH KASEMIERS KOPF, ABER BYLGIA LÄSST IHN NICHT IM STICH. DIE 4½ MEILEN ZURÜCK ZUR PASSAGE WERDEN IN 2 STUNDEN ZURÜCKGELEGT.
ZWISCHEN ZWEI SCHAUERN KLART ES AUF UND KASEMIER KANN BEI GUTER SICHT DEN KLEINEN BASILISK-LEUCHTTURM AUSMACHEN. UNTER STAGSEGEL UND MIT MOTORUNTERSTÜTZUNG LÄUFT ER IN DIE LAGUNE EIN. HIER EMPFÄNGT IHN EINE RUHE, DIE NACH DEM KAMPF DRAUSSEN VORM RIFF, BESONDERS WOHLTUEND IST. ER KANN SICH GUT ORIENTIEREN UND IN STRÖMENDEM REGEN GELEITET IHN RON, DER MANAGER DES YACHTCLUBS, MIT SEINER BARKASSE ZU EINEM GUTEN ANKERPLATZ.
DORT AUF DER REEDE VON PORT MORESBY LÄSST DER SKIPPER UM 14.00 H DEN ANKER FALLEN. ER EMPFINDET BEFRIEDIGUNG.
DAUGO ISLAND
9°30'
9°32'
PASSAGE VILA—PORT MORESBY
1.8–11.8 1420 SM IN 10 TAGEN!
1.8 AUSLAUFEN
2.8 DISTANZ 131 SM
3.8 " 121 "
4.8 " 136 "
5.8 " 146 "
6.8 " 136 "
7.8 DISTANZ 145 SM
8.8 " 156 "
9.8 " 152 "
10.8 " 152 "
11.8 14.00 H VOR ANKER.
STROM
WIND

PORT MORESBY 11.8.77
ZWEI HOLLÄNDISCHE JOURNALISTEN SIND IM AUFTRAG EINER ILLUSTRIERTEN UNTERWEGS UND SAMMELN MATERIAL FÜR EINE ARTIKELSERIE ÜBER HOLLÄNDISCHE FORSCHUNGSREISENDE IM 17. JH. EN PASSANT HOFFEN SIE AUF DIE MÖGLICHKEIT, DEN KAP-HOORN-SEGLER AUFZUSPÜREN, UM EIN EINE REPORTAGE ÜBER SEINE REISE ZU DREHEN.
IM YACHTCLUB
WIR SUCHEN EINEN HOLLÄNDISCHEN SEGLER MIT NAMEN KASEMIER. IST ER VIELLEICHT HIER?
ICH WERD EBEN DEN CHEF FRAGEN.
JA, MEINE HERREN, DER IST HIER UM 2 UHR ANGEKOMMEN. ER IST JETZT IN DER STADT UM EINZUKLARIEREN UND EINKÄUFE ZU MACHEN.
KURZ DANACH IN DER STADT...
WETTEN, DASS DAS KASEMIER IST!
SCHÖN GUTEN TAG, KÄPTEN KASEMIER!
DA IST MAN AM ANDEREN ENDE DER WELT UND WIRD MIT SEINEM NAMEN ANGESPROCHEN IN SEINER MUTTERSPRACHE! WIE DAS?
AUF SEINER REISE KORRESPONDIERT KASEMIER MIT EINEM KANADISCHEN EHEPAAR, QUEENEE UND CARLETON MONK, MIT DENEN ER SICH IN NEWPORT ANGEFREUNDET HATTE (SIEHE 'YACHT' 19, 15.9.82).
IN PAPEETE ERHIELT ER VON IHNEN EINEN BRIEF, IN DEM SIE VON IHREN LETZTEN ERLEBNISSEN IN PAPUA NEUGUINEA ERZÄHLTEN UND VON IHREN PLÄNEN INS INNERE DER INSEL NEW BRITAIN ZU ÜBERSIEDELN.
TWIN OTTER DER PAPUA AIRWAYS
KASEMIER ENTSCHLIESST SICH DIE BEIDEN ZU BESUCHEN. BYLGIA WIRD RONS FÜRSORGE ANVERTRAUT.
EIN FREUND NIMMT KASEMIER MIT ZUM KOKODA TRAIL MOTEL UND ZEIGT IHM DABEI EINIGES VOM LANDESINNEREN. HIER GELANG ES IM 2. WELTKRIEG DEN AUSTRALISCHEN TRUPPEN DEN JAPANISCHEN VORMARSCH ZU STOPPEN.
KASEMIER FÄHRT IM BUS WEITER VON KOKODA NACH WAU, WO ER INS FLUGZEUG NACH RABAUL AUF NEW BRITAIN STEIGT.
DORT WIRD IHM VON DEN KANADIERN EIN HERZLICHER EMPFANG BEREITET. SIE LEBEN AUCH ERST SEIT EINER WOCHE DORT UND ARBEITEN ALS MANAGER DER KAKAO- UND KOBRAPLANTAGE BEI DER KOKOPO-MISSION. KASEMIER, DER FRÜHER SELBST ALS PLANTAGENLEITER IM KONGO GEARBEITET HAT, KANN DEN BEIDEN AUF DIESEM GEBIET WENIG ERFAHRENEN WERTVOLLE HINWEISE GEBEN.
130°
140°
ÄQUATOR
IRIAN JAYA
PAPUA NEW GUINEA
NEW IRELAND
RABAUL
KOKOPO
NEW BRITAIN
LAE
WAU
KOKODA
PORT MORESBY
ARAFURA SEA
10°
TORRES STRAIT
GREAT BARRIER REEF
CORAL SEA
AUSTRALIA
DIE BEIDEN REPORTER STELLEN SICH VOR UND TEILEN IHRE ABSICHT MIT. SO ENTSTEHT EINE FESSELNDE REPORTAGE, WOBEI ES AUCH DEM FOTOGRAFEN VORTREFFLICH GELINGT, DIE STIMMUNG DES SKIPPERS MIT SEINER YACHT IN DEN TROPISCHEN GEWÄSSERN FOTOGRAFISCH EINZUFANGEN.

30.8.77, 20.30 H
BEI KASEMIERS ABREISE STEHEN VIELE NEUE FREUNDE AUF DEM BALKON DES YACHTCLUBS. UND GENAU WIE BEI DER AUSFAHRT IN PLYMOUTH DAMALS BRICHT EIN BEIFALLSSTURM LOS. WEHMÜTIG STEHT DER SKIPPER AN DER PINNE MIT KURS DURCH DIE LAGUNE AUFS BASILISK-LEUCHTFEUER.
UM 22.00 H LIEGT DER LEUCHTTURM QUERAB UND DER KURS WIRD AUF 275° VERLEGT, AUF BRAMBLE CAY, EINE KLEINE INSEL AM EINGANG DER TORRES-STRASSE, DIE ER UNBEDINGT FINDEN MUSS. NACH SEINEN BERECHNUNGEN MÜSSTE ER DAS DORTIGE LEUCHTFEUER IN DER NACHT VOM 31.8 ZUM 1.9 AUSMACHEN.
SOLLTE DAS NICHT GELINGEN, HAT ER NOCH DEN GANZEN ANSCHLIESSENDEN TAG ZEIT, BRAMBLE CAY ZU FINDEN UND IN DEN GREAT NORTHEAST CHANNEL EINZULAUFEN.
IN DER NACHT... DER SKIPPER LIEGT IN DER KOJE, FINDET JEDOCH KEINEN SCHLAF. ER GRÜBELT NACH ÜBER DIE TORRES-STRASSE.
PLÖTZLICH...
WER BIST DU?
ICH BIN DIE NORDISCHE GÖTTIN BYLGIA, NACH DER DU DEIN SCHIFF BENANNT HAST.
WAS MACHST DU HIER?
WEGEN DEINER GRÜBELEI ÜBER DIE TORRES-STRASSE KANN ICH AUCH NICHT SCHLAFEN.
ICH VERSTEH' GAR NICHT, WORÜBER DU DIR SORGEN MACHST. SCHLIESSLICH BIST DU DOCH AUF DEN FRIESISCHEN SEEN AUFGEWACHSEN UND DAS IST DOCH AUCH KEIN EINFACHES SEGELREVIER.
JA, ABER...
HIER GIBT ES ZWAR KEINE WEICHEN UFERKANTEN, SONDERN KORALLENRIFFE... UND EINEN KRÄFTIGEN STROM...
ABER MIT DEINER ERFAHRUNG UND DIESEM GUTEN SCHIFF... JUNGE, DU KANNST FROH SEIN, DASS DU DEINEN URSPRÜNGLICHEN PLAN DURCH DIE COOK-STRASSE UND SÜDLICH VON TASMANIEN DURCHZUSEGELN AUFGEGEBEN HAST!
JA, DANN HÄTTE ICH WIEDER GEGENWIND UND GEGENSTROM, GENAU WIE BEIM KAP HOORN.
EINMAL DAS ERLEBNIS GENÜGT JA WOHL! MACH DICH JETZT MAN NICHT NERVÖS. DU HAST ALLE ERFAHRUNGEN ANDERER SEGLER UND DIE KARTEN UND HANDBÜCHER STUDIERT, SO DASS DU DIE ROUTE DURCH DIE TORRES-STRASSE WIE DEINE WESTENTASCHE KENNST... UND AUSSERDEM...
...DAS FUNKFEUER AUF DER INSEL DARU SENDET RUND UM DIE UHR... GUTE NACHT!

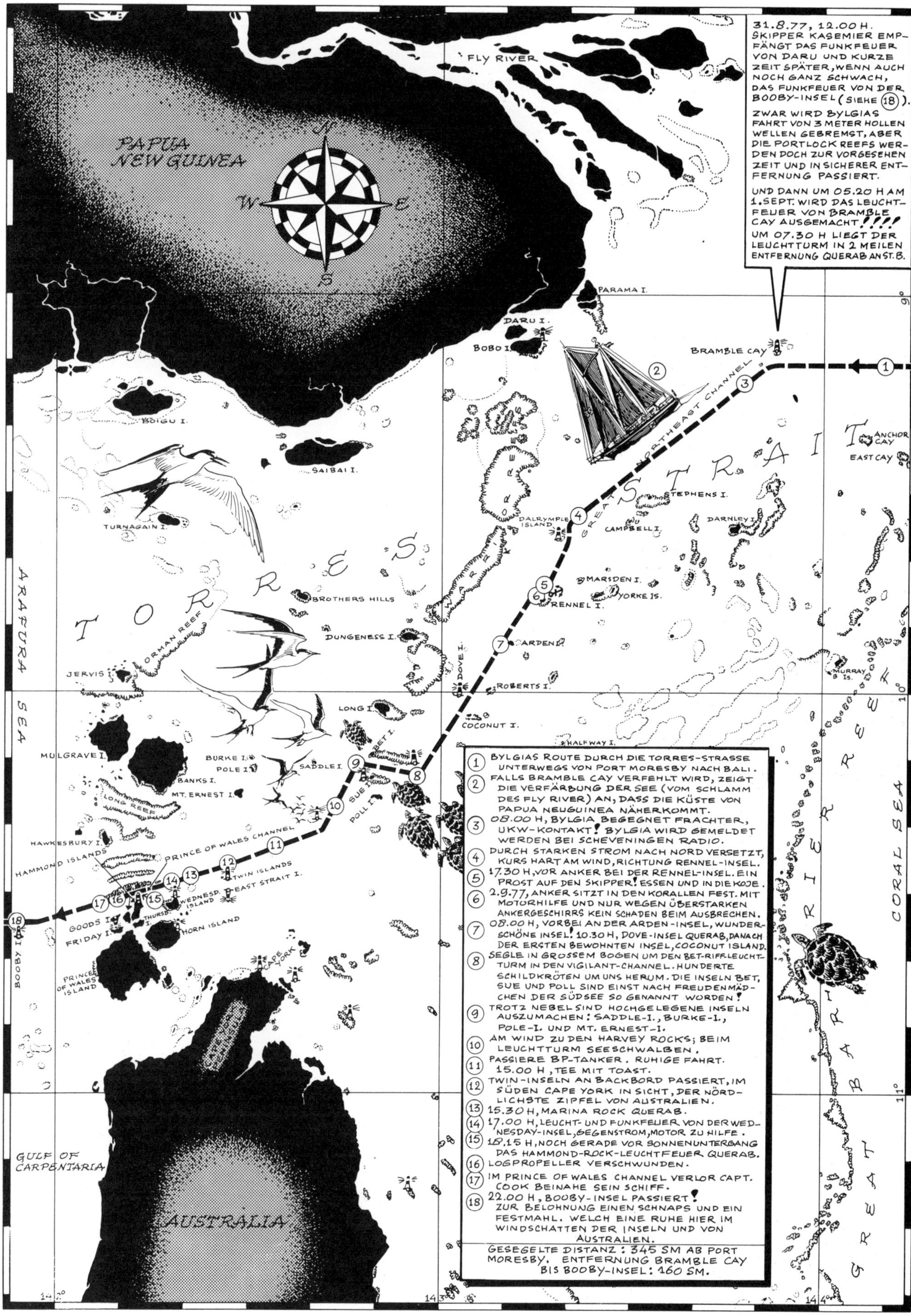

31.8.77, 12.00 H.
SKIPPER KASEMIER EMPFÄNGT DAS FUNKFEUER VON DARU UND KURZE ZEIT SPÄTER, WENN AUCH NOCH GANZ SCHWACH, DAS FUNKFEUER VON DER BOOBY-INSEL (SIEHE (18)).
ZWAR WIRD BYLGIAS FAHRT VON 3 METER HOLLEN WELLEN GEBREMST, ABER DIE PORTLOCK REEFS WERDEN DOCH ZUR VORGESEHEN ZEIT UND IN SICHERER ENTFERNUNG PASSIERT.
UND DANN UM 05.20 H AM 1. SEPT. WIRD DAS LEUCHTFEUER VON BRAMBLE CAY AUSGEMACHT!!!!
UM 07.30 H LIEGT DER LEUCHTTURM IN 2 MEILEN ENTFERNUNG QUERAB AN ST.B.
FLY RIVER
PAPUA NEW GUINEA
N
W
E
S
PARAMA I.
DARU I.
BOBO I.
BRAMBLE CAY
NORTHEAST CHANNEL
GREAT
BOIGU I.
SAIBAI I.
TURNAGAIN I.
TORRES STRAIT
ANCHOR CAY
EAST CAY
STEPHENS I.
DALRYMPLE ISLAND
CAMPBELL I.
DARNLEY I.
MARSDEN I.
YORKE IS.
RENNEL I.
ARDEN I.
BROTHERS HILLS
ORMAN REEF
DUNGENESS I.
JERVIS I.
DOVE I.
ROBERTS I.
MURRAY IS.
ARAFURA SEA
LONG I.
COCONUT I.
HALFWAY I.
MULGRAVE I.
BURKE I.
POLE I.
SADDLE I.
BET I.
BANKS I.
LONG REEF
MT. ERNEST I.
SUE I.
POLL I.
HAWKESBURY I.
PRINCE OF WALES CHANNEL
HAMMOND ISLANDS
TWIN ISLANDS
EAST STRAIT I.
WEDNESD. ISLAND
THURSD. I.
GOODS I.
FRIDAY I.
HORN ISLAND
BOOBY I.
PRINCE OF WALES ISLAND
CAPE YORK
CORAL SEA
GREAT BARRIER REEF
GULF OF CARPENTARIA
AUSTRALIA
(1) BYLGIAS ROUTE DURCH DIE TORRES-STRASSE UNTERWEGS VON PORT MORESBY NACH BALI.
(2) FALLS BRAMBLE CAY VERFEHLT WIRD, ZEIGT DIE VERFÄRBUNG DER SEE (VOM SCHLAMM DES FLY RIVER) AN, DASS DIE KÜSTE VON PAPUA NEUGUINEA NÄHERKOMMT.
(3) 08.00 H, BYLGIA BEGEGNET FRACHTER, UKW-KONTAKT! BYLGIA WIRD GEMELDET WERDEN BEI SCHEVENINGEN RADIO.
(4) DURCH STARKEN STROM NACH NORD VERSETZT, KURS HART AM WIND, RICHTUNG RENNEL-INSEL.
(5) 17.30 H, VOR ANKER BEI DER RENNEL-INSEL. EIN PROST AUF DEN SKIPPER! ESSEN UND IN DIE KOJE.
(6) 2.9.77, ANKER SITZT IN DEN KORALLEN FEST. MIT MOTORHILFE UND NUR WEGEN ÜBERSTARKEN ANKERGESCHIRRS KEIN SCHADEN BEIM AUSBRECHEN.
(7) 08.00 H, VORBEI AN DER ARDEN-INSEL, WUNDERSCHÖNE INSEL! 10.30 H, DOVE-INSEL QUERAB, DANACH DER ERSTEN BEWOHNTEN INSEL, COCONUT ISLAND.
(8) SEGLE IN GROSSEM BOGEN UM DEN BET-RIFF-LEUCHTTURM IN DEN VIGILANT-CHANNEL. HUNDERTE SCHILDKRÖTEN UM UNS HERUM. DIE INSELN BET, SUE UND POLL SIND EINST NACH FREUDENMÄDCHEN DER SÜDSEE SO GENANNT WORDEN!
(9) TROTZ NEBEL SIND HOCHGELEGENE INSELN AUSZUMACHEN: SADDLE-I., BURKE-I., POLE-I. UND MT. ERNEST-I.
(10) AM WIND ZU DEN HARVEY ROCKS; BEIM LEUCHTTURM SEESCHWALBEN.
(11) PASSIERE BP-TANKER. RUHIGE FAHRT. 15.00 H, TEE MIT TOAST.
(12) TWIN-INSELN AN BACKBORD PASSIERT, IM SÜDEN CAPE YORK IN SICHT, DER NÖRDLICHSTE ZIPFEL VON AUSTRALIEN.
(13) 15.30 H, MARINA ROCK QUERAB.
(14) 17.00 H, LEUCHT- UND FUNKFEUER VON DER WEDNESDAY-INSEL, GEGENSTROM, MOTOR ZU HILFE.
(15) 18.15 H, NOCH GERADE VOR SONNENUNTERGANG DAS HAMMOND-ROCK-LEUCHTFEUER QUERAB.
(16) LOGPROPELLER VERSCHWUNDEN.
(17) IM PRINCE OF WALES CHANNEL VERLOR CAPT. COOK BEINAHE SEIN SCHIFF.
(18) 22.00 H, BOOBY-INSEL PASSIERT! ZUR BELOHNUNG EINEN SCHNAPS UND EIN FESTMAHL. WELCH EINE RUHE HIER IM WINDSCHATTEN DER INSELN UND VON AUSTRALIEN.
GESEGELTE DISTANZ: 345 SM AB PORT MORESBY. ENTFERNUNG BRAMBLE CAY BIS BOOBY-INSEL: 160 SM.
9°
10°
11°
142°
143°
144°

PASSAGE PORT MORESBY BALI
DER WIND IST EINGESCHLAFEN, BYLGIA DÜMPELT AUF DER SPIEGELGLATTEN TIMORSEE.
SKIPPER KASEMIER HAT ALLE SEGEL GESTRICHEN UND WILL SEIN UNTERWASSERSCHIFF ABSCHRUBBEN, UM DEN ALGENBEWUCHS ZU ENTFERNEN.
NACHDEM ER EINE STUNDE LANG DIE SEE RUND UMS SCHIFF AUF HAIE, SEESCHLANGEN UND SCHILDKRÖTEN BEOBACHTET HAT, GLEITET ER INS LAUWARME WASSER...
ER IST KEINE 5 MINUTEN BESCHÄFTIGT, ALS ER UNTER SICH GROSSE SCHATTEN SIEHT...
VERDAMMT! DOCH HAIE?!
SO SCHNELL WIE MÖGLICH UNTERM SCHIFF DURCH ZUR STRICKLEITER.
SCHNELL! SCHNELL! NICHT UMDREHEN, UM ZU SEHEN OB SIE HINTER MIR HER SIND.
WIEDER AN BORD WIRD DER SKIPPER ALS REAKTION AUF DIE SPANNUNG DERMASSEN WÜTEND, DASS ER SEIN GEWEHR HERVORHOLT UND EINEN DER HAIE ABKNALLT. IM NÄCHSTEN AUGENBLICK IST DIE SEE VOLLER HAIE UND DEM SKIPPER STRÄUBEN SICH DIE HAARE, ALS ER SIEHT, WIE SIE IHREN ARTGENOSSEN IN STÜCKE REISSEN UND VERPUTZEN. NACH WENIGEN MINUTEN IST VON DEM KADAVER KEINE SPUR MEHR ZU SEHEN UND DIE SEE IST GENAUSO UNSCHULDIG WIE VORHER, ALS KASEMIER MIT DEM SCHRUBBEN ANFING.
GERADE NOCH!

DER SKIPPER HAT ES SICH IM COCKPIT GEMÜTLICH GEMACHT UND ERHOLT SICH VON DEM HAIABENTEUER, ALS BYLGI IHN STÖRT...
SAG MAL, DU SCHMIERFINK, WAS HÄLTST DU DENN VON 'NER GROSSEN WÄSCHE?
WARUM DAS?
NA JA, BALD KOMMST DU AUF BALI AN UND DA WARTET DEINE FRAU ELLEN AUF DICH.
JA, DU HAST RECHT.
UND DEIN BART...
WAS IST DAMIT?
DER MUSS AB!
DARAUF BIN GERADE SO STOLZ.
DU SIEHST SO VERLOTTERT AUS, DASS ELLEN DIR NOCH DIE WEITERREISE VERBIETEN WIRD!
MEINST DU?... DU MAGST RECHT HABEN. MEINE FRAU WIRD DEN BART WAHRSCHEINLICH NICHT BESONDERS WÜRDIGEN.
VORWÄRTS, NIMM DIE SCHERE!
NA, DANN MUSS ER EBEN DRAN GLAUBEN.
AUSGEZEICHNET.
WAS HÄLTST DU VON EINEM FLOTTEN SPITZBART?
NEE, NEE, ALLES MUSS AB!
SO JETZT NOCH MIT DEM RASIERAPPARAT DRÜBER UND DU BIST WIEDER DER HERR KASEMIER!
DER SKIPPER SETZT DIE REISE ÜBER DIE WINDSTILLE TIMORSEE UNTER MOTOR FORT. DIE PINNE IST AN DEN 'TILLERDRIVE', DEN ELEKTRISCHEN RUDERAUTOMATEN, GEKOPPELT. SO WERDEN DIE NÄCHSTEN 121 STUNDEN 691 SM ZURÜCKGELEGT.

PASSAGE PORT MORESBY – BALI
30.8.77 – 17.9.77, ZURÜCKGELEGT: 1997 SM

(1) NACH DER TORRES-STRASSE RUHIGER TÖRN ÜBER DIE ARAFURASEE.
(2) FLAUTE, HAI-ANGRIFF.
(3) 6 TAGE MOTORT, NICHT GENÜGEND MOTORÖL, TRAUE MICH NICHT DEN MOTOR LÄNGER LAUFEN, ZU LASSEN. WO BLEIBT DER WIND?
(4) SEHR KRÄFTIGER STROM ZUR LOMBOK-STRASSE UND SPÄTER IN GEGENRICHTUNG, WINDSTÄRKE 2.
(5) ES WIRD EIN RENNEN GEGEN DIE UHR. VORM DUNKELWERDEN MUSS ICH DEN ANKERPLATZ BEI UDJUNG ERREICHT HABEN. DAS FAHRWASSER DORTHIN IST NICHT BEFEUERT. STEURE 251° 30', UM DIE LANDMARKEN IN LINIE ZU BEKOMMEN.
(6) LANDMARKEN IN LINIE, ES DÄMMERT.
(7) ICH SETZ' ALLES AUF EINE KARTE! DOCH DEN MOTOR DAZU! ÖLSTAND AUF MINIMUM. SEHE DIE BETONNUNG KAUM.
(8) ÜBERFAHRE BEINAHE EINE FISCHERPRAU OHNE POSITIONSLAMPEN.
(9) KANN WIEDER NUR IN LETZTER SEKUNDE EINEM SAMPAN AUSWEICHEN.
(10) 19.00 H, ENDLICH FÄLLT DER ANKER.

SONNTAG, 18.9. LERNE DEN BALINESEN KETUT GERAM VOM 'BALI YACHT SERVICE' KENNEN. ER BIETET AN, WÄHREND MEINES AUFENTHALTS AUFS SCHIFF AUFZUPASSEN, SO DASS ICH IN RUHE AN LAND GEHEN KANN. AUCH WILL ER MIR AM MONTAG BEIM EINKLARIEREN BEHILFLICH SEIN. SIEBEN BÜROS MÜSSEN ABGEKLAPPERT WERDEN: EINWANDERUNGSBEHÖRDE, GESUNDHEITSBEHÖRDE, POLIZEI, VERWALTUNG, HAFENMEISTER, MARINE UND ZOLL!
KEHRE EIN IN DAS KLEINE RESTAURANT VON KASSIE AM HAFEN UND SCHMAUSE EIN NASI GORENG.

MONTAG, 19.9. ENDLICH ELLEN, MEINE FRAU, AM TELEFON, DIE HIER AUF BALI IM SANUR BEACH HOTEL LOGIERT. NACH DER LEBHAFTEN SOMMERSAISON IN UNSEREM HOTEL IN HOOG-SOEREN GENIESST SIE BEREITS SEIT SECHZEHN TAGEN DIESE SCHÖNEN FERIEN. BRAUNGEBRANNT UND AUSGERUHT WARTET SIE GEDULDIG AUF IHREN SEEBÄREN.
WIR BEZIEHEN EINEN BUNGALOW IM PARK DES HOTELS. HERRLICHE TAGE FOLGEN.

INZWISCHEN KÜMMERT SICH KETUT UM BYLGIA UND SÄUBERT MIT SEINEN FREUNDEN DAS UNTERWASSERSCHIFF.

GEBIETE UND ZUGBAHNEN TROPISCHER WIRBELSTÜRME.
IN DEN SCHRAFFIERTEN GEBIETEN IST DIE ZYKLONHÄUFIGKEIT BESONDERS GROSS.

30.9.77—4.10.77
PASSAGE
BALI–CHRISTMAS ISLAND

5.10.77 CHRISTMAS ISLAND. BYLGIA LIEGT IN DER FLYING FISH COVE VOR ANKER. DER SKIPPER HAT DIE GELBE FLAGGE GESETZT UND DARAUFHIN TUT SICH WAS.
SIEH MAL AN, EIN WEIBLICHER POLIZIST MIT IHREM CHAUFFEUR.
DIE BEAMTIN KOMMT AN BORD UND KONTROLLIERT DIE PAPIERE. DABEI MACHT SIE EINE UNANGENEHME ENTDECKUNG... BEIM VON-BORD-GEHEN MEINT SIE:
SOWEIT ALLES IN ORDNUNG. NUR SCHADE, DASS SIE SICH NICHT RECHTZEITIG GEGEN CHOLERA HABEN NACHIMPFEN LASSEN. DA DIE VORIGE IMPFUNG UNGÜLTIG IST UND SIE VON BALI KOMMEN, WERDEN SIE AN BORD BLEIBEN MÜSSEN. ICH WERDE IHNEN DEN ARZT VORBEISCHICKEN.
KASEMIER BEKOMMT EINE NACHIMPFUNG UND MUSS DREI TAGE IN QUARANTÄNE AN BORD BLEIBEN. ES KOMMT JEDOCH BALD BESUCH...
GUCK DIR DAS AN, WER DA KOMMT: SCHON WIEDER DIESE POLIZEIFRAU! UND WARUM TRÄGT SIE KEINE UNIFORM?
EIFERSÜCHTIG? SIE BRINGT MIR SICHER MEINE BESORGUNGEN UND... SIE IST DOCH SEHR NETT!
GREIF ZU, SKIPPER. ETWAS ZU ESSEN FÜR DEN VERBANNTEN!
DANK DIR, LIZ! SO IST ES BESTIMMT AUSZUHALTEN BIS FREITAG.
POLICE
SCHIFFE KOMMEN, SCHIFFE GEHEN... HEUTE, DER 10. OKTOBER, IST DER TAG AN DEM BYLGIA AUSLAUFEN WIRD. ES IST 12.30 H, ALS DER SKIPPER ANKERAUF GEHT, KLAR ZUR LANGEN PASSAGE NACH MAURITIUS.
DIE 'FOREIGN AFFAIR' WAR SCHON FRÜHER AUSGELAUFEN. UND NUN WIRD ES KEIN WIEDERSEHEN MEHR GEBEN, DENN DIE WEGE TRENNEN SICH.

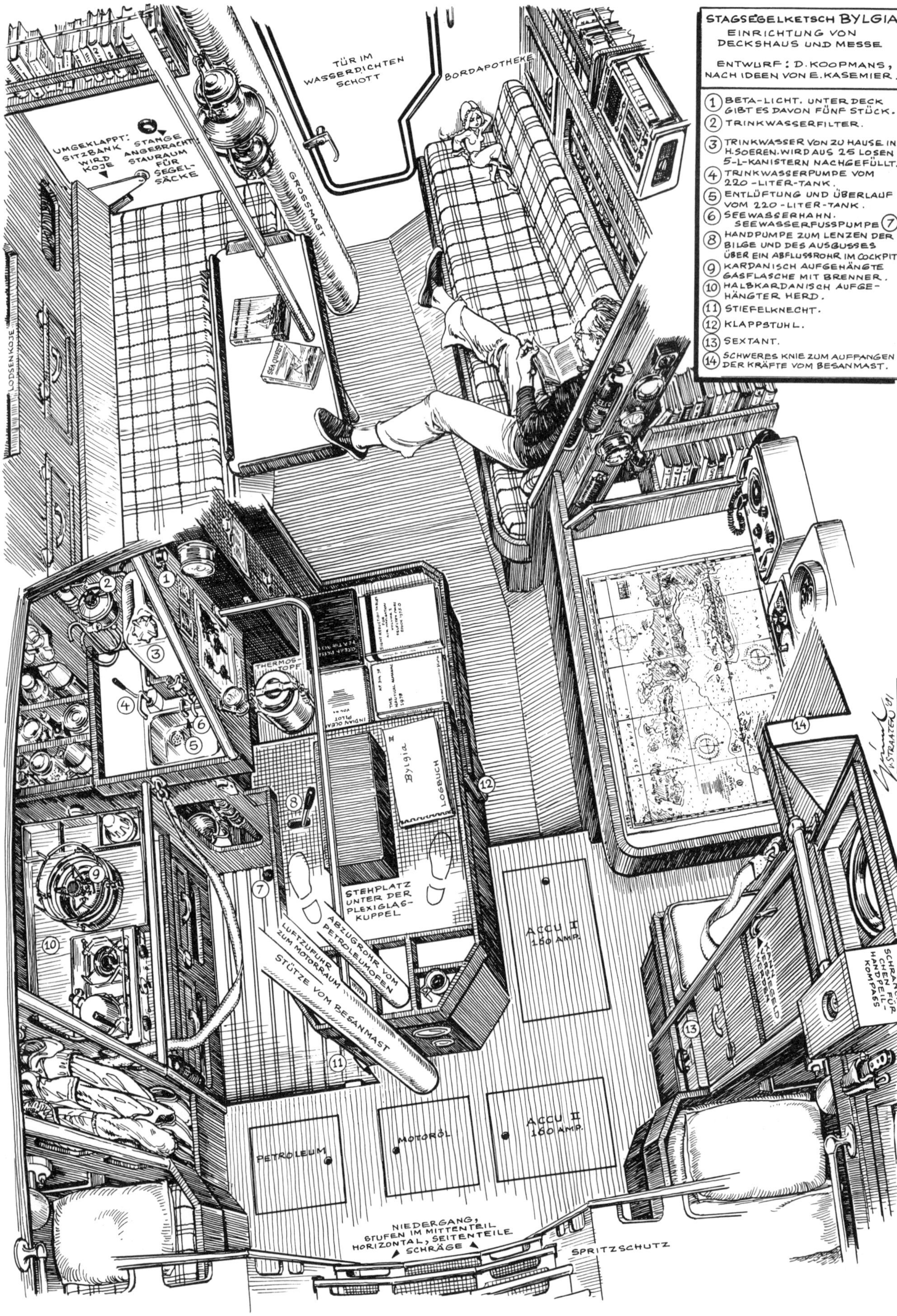
STAGSEGELKETSCH BYLGIA
EINRICHTUNG VON DECKSHAUS UND MESSE
ENTWURF: D. KOOPMANS, NACH IDEEN VON E. KASEMIER.
1 BETA-LICHT. UNTER DECK GIBT ES DAVON FÜNF STÜCK.
2 TRINKWASSERFILTER.
3 TRINKWASSER VON ZU HAUSE IN H. SOEREN. WIRD AUS 25 LOSEN 5-L-KANISTERN NACHGEFÜLLT.
4 TRINKWASSERPUMPE VOM 220-LITER-TANK.
5 ENTLÜFTUNG UND ÜBERLAUF VOM 220-LITER-TANK.
6 SEEWASSERHAHN.
SEEWASSERFUSSPUMPE 7.
8 HANDPUMPE ZUM LENZEN DER BILGE UND DES AUSGUSSES ÜBER EIN ABFLUSSROHR IM COCKPIT.
9 KARDANISCH AUFGEHÄNGTE GASFLASCHE MIT BRENNER.
10 HALBKARDANISCH AUFGEHÄNGTER HERD.
11 STIEFELKNECHT.
12 KLAPPSTUHL.
13 SEXTANT.
14 SCHWERES KNIE ZUM AUFFANGEN DER KRÄFTE VOM BESANMAST.
TÜR IM WASSERDICHTEN SCHOTT
BORDAPOTHEKE
UMGEKLAPPT: SITZBANK WIRD KOJE
STANGE ANGEBRACHT: STAURAUM FÜR SEGELSÄCKE
GROSSMAST
LODSENKOJE
THERMOS-TOPF
Bylgia II LOGBUCH
STEHPLATZ UNTER DER PLEXIGLAS-KUPPEL
ABZUGROHR VOM PETROLEUMOFEN
LUFTZUFUHR ZUM MOTORRAUM
STÜTZE VOM BESANMAST
ACCU I 160 AMP.
ACCU II 160 AMP.
PETROLEUM
MOTORÖL
SCHRÄNKCHEN FÜR HANDPEILKOMPASS
NIEDERGANG, STUFEN IM MITTENTEIL HORIZONTAL, SEITENTEILE SCHRÄGE
SPRITZSCHUTZ

WAS BIST DU UNGESELLIG! SITZT DA MIT DER NASE IN DEN BÜCHERN. WAS LIEST DU DENN DA?
HÖR MAL ZU, DU WEISST, DASS WIR UNTERWEGS SIND VON DER WEIHNACHTSINSEL NACH MAURITIUS. ICH SCHÄTZE, WIR SCHAFFEN DIE ÜBERFAHRT IN 26 TAGEN. ABER MAN WEISS JA NIE WAS EINEN ÜBERKOMMT, GEWISS AUF DEM INDISCHEN OZEAN. UND OB DU JETZT VON ADEN NACH SINGAPUR SEGELST, ODER VON BALI NACH DURBAN ODER VON KAPSTADT NACH MELBOURNE, DER INDISCHE OZEAN HAT SO SEINE TÜCKEN. IM NORDEN SIND MONSUNE UNZUVERLÄSSIG UND SÜDLICH DES ÄQUATORS KOMMEN FÜR EINE LANGE ZEIT IM JAHR ZYKLONE VOR.
SEHR BELIEBT WAR DIESER OZEAN BEI KEINEM MEINER VORGÄNGER. DARUM LESE ICH NOCHMAL NACH, WAS DIE ANDEREN SEGLER ÜBER IHRE ERFAHRUNGEN SCHREIBEN. ABER JETZT WEISS ICH WIEDER, WAS ICH WISSEN WOLLTE ÜBER DIESEN OZEAN.
MACH DIR'S GEMÜTLICH UND HÖR MIR GUT ZU, ICH HAB NOCH EIN PAAR INTERESSANTE SACHEN FÜR DICH:
SIR FRANCIS DRAKE
'GOLDEN HIND' 1581
GEBET VON CAPTAIN DRAKE: "OH HERR, WENN DU DEINEN DIENERN ERLAUBST DIESES ODER JENES ZU UNTERNEHMEN, GEBE UNS DANN AUCH DIE ERKENNTNIS DASS NICHT DER BEGINN, SONDERN DAS DURCHHALTEN BIS ZUR VOLLENDUNG DIE WAHRE BEFRIEDIGUNG SCHAFFT!"
'SPRAY' 1898
L.Ü.A. 11.20 M.
JOSHUA SLOCUM
SLOCUMS EINHANDREISE UM DIE WELT GEGEN 1900, DIE KEIN ANDERES ZIEL HATTE ALS NUR UM DIE ERDKUGEL ZU SEGELN, STELLT EINEN WENDEPUNKT DAR. GEGEN JEDE VERNUFT UNTERNOMMENE KÖRPERLICHE ANSTRENGUNGEN UND ERLITTENE STRAPAZEN ERHIELTEN DAMIT AUFEINMAL EINEN SINN.
'ISLANDER' 1921
L.Ü.A. 10.36 M.
HARRY PIDGEON
ICH WAR 5 MONATE ALT, ALS HARRY PIDGEON MIT SEINER SELBSTGEBAUTEN 'ISLANDER' VON LOS ANGELES AUS SEINEN 4 JAHRE WÄHRENDEN TÖRN RUND UM DIE WELT BEGANN. AUF SEINER ROUTE SIND IHM VIELE WELTUMSEGLER GEFOLGT. ER HAT SEINE ZWEI WELTUMSEGLUNGEN (1921–25 UND 1932–37) INTENSIV AUSGEKOSTET. ER WAR WIE SLOCUM 51 JAHRE ALT ALS ER DAS ERSTE MAL AUSLIEF.
MIT 72 JAHREN HEIRATETE ER ZUM ERSTEN MAL. SEINE BRAUT HIESS MARGARET. SEIN SCHIFF, DIE 'ISLANDER', VERLOR ER IM JAHRE 1947 BEI EINEM ZYKLON IN DEN NEUEN HEBRIDEN. KURZ VOR SEINER ABREISE AUS KALIFORNIEN MIT EINEM NEUEN BOOT VON 8,50 METER LÄNGE STARB DIESER CHARMANTE MANN IM ALTER VON 84 JAHREN.
UND WAS MEINST DU ZU CONOR O'BRIEN VON DER 'SAOIRSE': "IF YOU WANT A CREW, MARRY ONE..." UND ER SEGELTE UM DIE WELT UM DIE DREI GROSSEN KAPS VON WEST NACH OST MIT EINER MÄNNERCREW...
SAGTE WARWICK TOMKINS: "MY WIFE GWEN IS MORE VITAL TO THE SHIP THAN ITS SPARS." GWEN HATTE ZU DER ZEIT BEREITS 13 ATLANTIKÜBERQUERUNGEN HINTER SICH UND 70 000 SEEMEILEN IN DER 76-FUSS-'WANDERBIRD' ZURÜCKGELEGT UND BRACHTE AN BORD 2 KINDER ZUR WELT. MIT IHREM MANN, DEN KINDERN (DAMALS 2 UND 4 JAHRE ALT), EINEM HUND UND EINER KATZE SEGELTE SIE IM DEZEMBER 1896 RUND KAP HOORN. IHR EHEMALIGER LODSENSCHONER BRAUCHTE FÜR DIE 'OUTER CAPE PASSAGE' GENANNTE DISTANZ 50° SÜDATLANTIK BIS 50° PAZIFIK 28 TAGE.
'TAKEBORA' '65
L.Ü.A. 9 M.
H 889
HANS MAURENBRECHER
DER HOLLÄNDER MAURENBRECHER, EINGEFLEISCHTER JUNGGESELLE UND PENSIONIERTER LUFTWAFFENOFFIZIER WAR OBENDREIN EIN GUTER SEEMANN UND NAVIGATOR. ER MACHTE (1964-65) EINE SCHNELLE PASSAGE VON PANAMA NACH NEUSEELAND UND ... HEIRATETE DORT! NACH EINEM JAHR SETZTE ER SEINE REISE MIT DER ABSICHT FORT, ALS ERSTER HOLLÄNDISCHER EINHAND-WELTUMSEGLER ZURÜCKZUKEHREN. ABER ES WAR IHM NICHT VERGÖNNT. AUF DEM WEGE NACH CAPE YORK (NORDSPITZE V. AUSTRALIEN) ERLITT SEINE 'TAKEBORA' SCHIFFBRUCH UND VOM SKIPPER WURDE NIE EINE SPUR GEFUNDEN. HAT DIE HINTER DEM GROSSEN BARRIERERIFF SO WICHTIGE KONZENTRATION BEIM NAVIGIEREN DEN EINHANDSEGLER IM STICH GELASSEN?
'SUHAILI' 1969
L.Ü.A. 9.91 M.
ROBIN KNOX-JOHNSTON
KNOX-JOHNSTON SCHRIEB: "WÄHREND DER GANZEN REISE HABE ICH NIE DAS GEFÜHL GEHABT ALLEIN ZU SEIN. ICH GLAUBE, JEMAND MÜSSTE AUSSERGEWÖHNLICHES SELBSTVERTRAUEN UND ZUVERSICHT BESITZEN, WOLLTE ER SOLCHE REISEN OHNE GLAUBEN IN GOTT UNTERNEHMEN".
ER GEWANN DAS GOLDEN GLOBE RACE, DIE NON-STOP-EINHANDREGATTA UM DIE WELT, IN 313 TAGEN.
TROTZ DER PHILOSOPHIE VON BILL TILMAN: "HUMAN LIFE IS EVERYWHERE A STATE WHERE MUCH IS TO BE ENDURED AND LITTLE ENJOYED"... EMPFAND DIESER VIRTUOSE SEEMANN AUF U.A. 'MISSCHIEF' SEHR GROSSE BEFRIEDIGUNG ALS ES IHM AM 27. AUG. 1964 NACH EINER RAUHEN ÜBERFAHRT NACH GRÖNLAND GELANG, DEN WINZIGEN GRANITFELSEN 'ROCKALL' (20 M HOCH, 25 M LANG) GENAU VOR DEM BUG ZU BEKOMMEN. (KAUM EIN STECKNADELKOPF AUF DER KARTE 'NORDATLANTIK, OSTTEIL')
'GALWAY BLAZER II' 1973
L.Ü.A. 12.80 M.
DER VOLLBLUTSEEMANN UND GEBORENE VAGABUND MOITESSIER NAHM EBENFALLS AN DER NON-STOP-EINHANDWELTUMSEGLUNG TEIL. OBWOHL IHM DER SIEG SICHER WAR, SCHRECKTE ER VOR DER RÜCKKEHR NACH EUROPA ZURÜCK UND SEGELTE NACH DER RUNDUNG VON KAP HOORN EINFACH IN ÖSTLICHER RICHTUNG WEITER. NACHDEM ER SO UNTER AFRIKA, AUSTRALIEN UND NEUSEELAND DURCHGESEGELT WAR, STIEG ER SCHLIESSLICH IN PAPEETE (TAHITI) AN LAND UND SETZTE DIE NÄCHSTEN DREI WOCHEN KEINEN FUSS AN BORD.
BERNARD MOITESSIER
'JOSHUA' '69
L.Ü.A. 12.07 M.
ICH GLAUBE, DASS ICH BERNARD BEGRIFFEN HABE.
BILL KING NAHM EBENFALLS AM GOLDEN GLOBE RACE TEIL. SEINE 'GALWAY BLAZER II' MIT DSCHUNKEN-RIGG KENTERTE GUT 1000 MEILEN WESTLICH VON KAPSTADT UND VERLOR EINEN MAST. 400 MEILEN SÜDWESTLICH VON KAP LEEUWIN (AUSTRALIEN) WURDE SEIN SCHIFF VON EINEM WEISSEN HAI ODER EINEM ÄHNLICHEN MEERESTIER ANGEGRIFFEN, WIE KING MEINTE, ANGEZOGEN VON DER ROTEN FÄRBUNG SEINES UNTERWASSERSCHIFFES. DAS BOOT WURDE LECKGESCHLAGEN, ABER DEM 60-JÄHRIGEN NICHT MEHR GESUNDEN COMMANDER KING GELANG ES MIT GROSSEN SCHWIERIGKEITEN DAS LECK PROVISORISCH ZU DICHTEN UND FREEMANTLE ZU ERREICHEN. NACH DER REPARATUR SETZTE ER SEINE REISE UM DIE FÜNF KAPS FORT: KAP DER GUTEN HOFFNUNG, KAP LEEUWIN, SO-KAP (TASMANIEN), SW-KAP (NEUSEELAND) UND KAP HOORN.
VITO DUMAS VON 'LEGH II': "LIVES THERE A SAILOR WHO WOULD NOT RATHER HAVE MADE A CAPE HORN PASSAGE IN HIS OWN SMALL VESSEL RATHER THAN ANY OTHER VOYAGE IN THE WORLD..."
NA, IHR OZEANSEGLER SIND MIR KOMISCHE TYPEN!

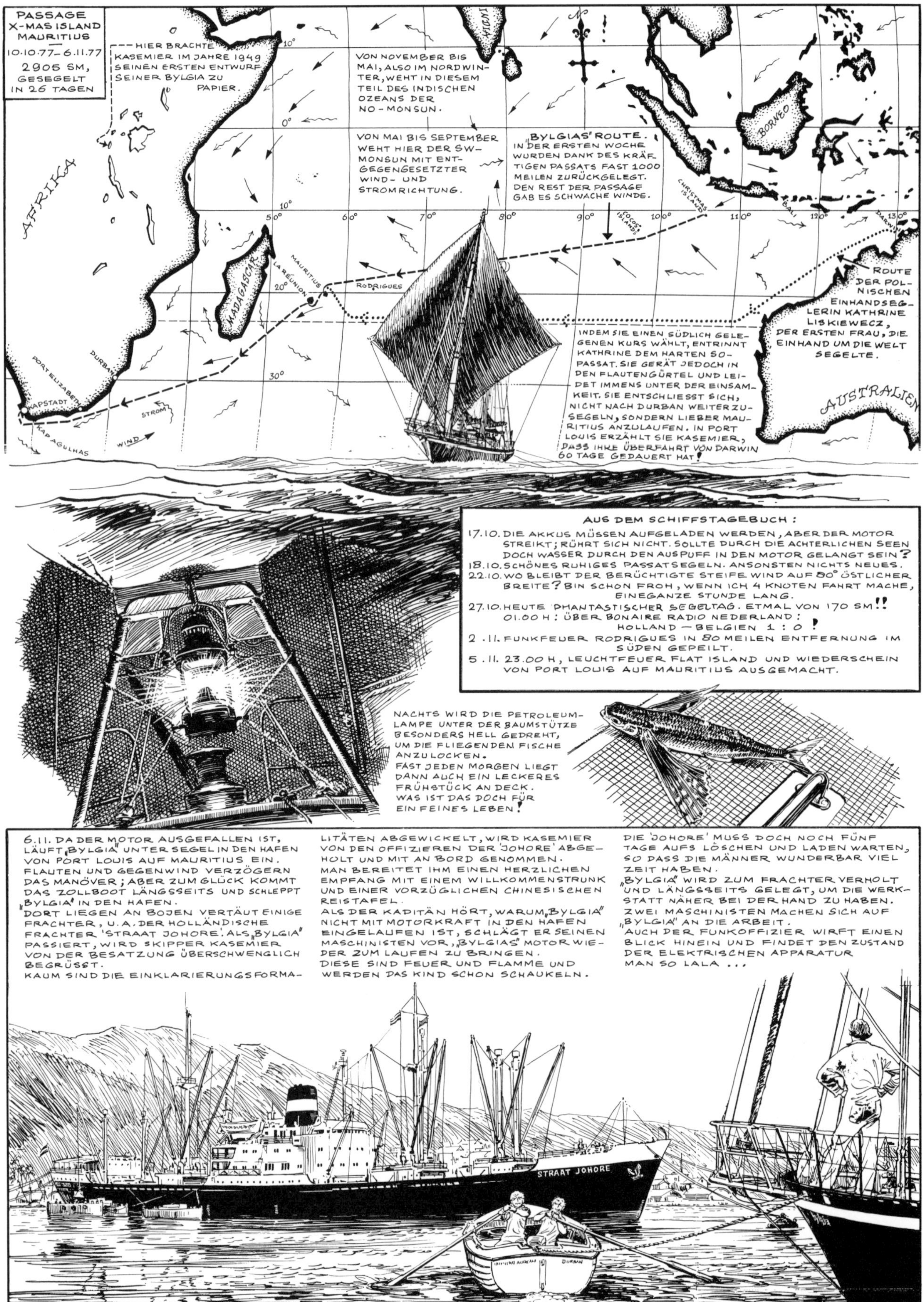

PASSAGE X-MAS ISLAND MAURITIUS
10.10.77–6.11.77
2905 SM, GESEGELT IN 26 TAGEN
HIER BRACHTE KASEMIER IM JAHRE 1949 SEINEN ERSTEN ENTWURF SEINER BYLGIA ZU PAPIER.
VON NOVEMBER BIS MAI, ALSO IM NORDWINTER, WEHT IN DIESEM TEIL DES INDISCHEN OZEANS DER NO-MONSUN.
VON MAI BIS SEPTEMBER WEHT HIER DER SW-MONSUN MIT ENTGEGENGESETZTER WIND- UND STROMRICHTUNG.
„BYLGIAS' ROUTE. IN DER ERSTEN WOCHE WURDEN DANK DES KRÄFTIGEN PASSATS FAST 1000 MEILEN ZURÜCKGELEGT. DEN REST DER PASSAGE GAB ES SCHWACHE WINDE.
INDIA
BORNEO
AFRIKA
MADAGASCAR
AUSTRALIEN
CHRISTMAS ISLAND
COCOS ISLANDS
BALI
DARWIN
MAURITIUS
LA RÉUNION
RODRIGUES
DURBAN
PORT ELIZABETH
KAPSTADT
KAP AGULHAS
STROM
WIND
ROUTE DER POLNISCHEN EINHANDSEGLERIN KATHRINE LISKIEWECZ, DER ERSTEN FRAU, DIE EINHAND UM DIE WELT SEGELTE.
INDEM SIE EINEN SÜDLICH GELEGENEN KURS WÄHLT, ENTRINNT KATHRINE DEM HARTEN SO-PASSAT. SIE GERÄT JEDOCH IN DEN FLAUTENGÜRTEL UND LEIDET IMMENS UNTER DER EINSAMKEIT. SIE ENTSCHLIESST SICH, NICHT NACH DURBAN WEITERZUSEGELN, SONDERN LIEBER MAURITIUS ANZULAUFEN. IN PORT LOUIS ERZÄHLT SIE KASEMIER, DASS IHRE ÜBERFAHRT VON DARWIN 60 TAGE GEDAUERT HAT!
AUS DEM SCHIFFSTAGEBUCH:
17.10. DIE AKKUS MÜSSEN AUFGELADEN WERDEN, ABER DER MOTOR STREIKT; RÜHRT SICH NICHT. SOLLTE DURCH DIE ACHTERLICHEN SEEN DOCH WASSER DURCH DEN AUSPUFF IN DEN MOTOR GELANGT SEIN?
18.10. SCHÖNES RUHIGES PASSATSEGELN. ANSONSTEN NICHTS NEUES.
22.10. WO BLEIBT DER BERÜCHTIGTE STEIFE WIND AUF 80° ÖSTLICHER BREITE? BIN SCHON FROH, WENN ICH 4 KNOTEN FAHRT MACHE, EINE GANZE STUNDE LANG.
27.10. HEUTE PHANTASTISCHER SEGELTAG. ETMAL VON 170 SM!! 01.00 H: ÜBER BONAIRE RADIO NEDERLAND: HOLLAND – BELGIEN 1:0!
2.11. FUNKFEUER RODRIGUES IN 80 MEILEN ENTFERNUNG IM SÜDEN GEPEILT.
5.11. 23.00 H, LEUCHTFEUER FLAT ISLAND UND WIEDERSCHEIN VON PORT LOUIS AUF MAURITIUS AUSGEMACHT.
NACHTS WIRD DIE PETROLEUMLAMPE UNTER DER BAUMSTÜTZE BESONDERS HELL GEDREHT, UM DIE FLIEGENDEN FISCHE ANZULOCKEN. FAST JEDEN MORGEN LIEGT DANN AUCH EIN LECKERES FRÜHSTÜCK AN DECK. WAS IST DAS DOCH FÜR EIN FEINES LEBEN!
6.11. DA DER MOTOR AUSGEFALLEN IST, LÄUFT „BYLGIA" UNTER SEGEL IN DEN HAFEN VON PORT LOUIS AUF MAURITIUS EIN. FLAUTEN UND GEGENWIND VERZÖGERN DAS MANÖVER; ABER ZUM GLÜCK KOMMT DAS ZOLLBOOT LÄNGSSEITS UND SCHLEPPT „BYLGIA" IN DEN HAFEN. DORT LIEGEN AN BOJEN VERTÄUT EINIGE FRACHTER, U.A. DER HOLLÄNDISCHE FRACHTER 'STRAAT JOHORE'. ALS „BYLGIA" PASSIERT, WIRD SKIPPER KASEMIER VON DER BESATZUNG ÜBERSCHWENGLICH BEGRÜSST. KAUM SIND DIE EINKLARIERUNGSFORMALITÄTEN ABGEWICKELT, WIRD KASEMIER VON DEN OFFIZIEREN DER 'JOHORE' ABGEHOLT UND MIT AN BORD GENOMMEN. MAN BEREITET IHM EINEN HERZLICHEN EMPFANG MIT EINEM WILLKOMMENSTRUNK UND EINER VORZÜGLICHEN CHINESISCHEN REISTAFEL. ALS DER KAPITÄN HÖRT, WARUM „BYLGIA" NICHT MIT MOTORKRAFT IN DEN HAFEN EINGELAUFEN IST, SCHLÄGT ER SEINEN MASCHINISTEN VOR, „BYLGIAS" MOTOR WIEDER ZUM LAUFEN ZU BRINGEN. DIESE SIND FEUER UND FLAMME UND WERDEN DAS KIND SCHON SCHAUKELN.
DIE 'JOHORE' MUSS DOCH NOCH FÜNF TAGE AUFS LÖSCHEN UND LADEN WARTEN, SO DASS DIE MÄNNER WUNDERBAR VIEL ZEIT HABEN. „BYLGIA" WIRD ZUM FRACHTER VERHOLT UND LÄNGSSEITS GELEGT, UM DIE WERKSTATT NÄHER BEI DER HAND ZU HABEN. ZWEI MASCHINISTEN MACHEN SICH AUF „BYLGIA" AN DIE ARBEIT. AUCH DER FUNKOFFIZIER WIRFT EINEN BLICK HINEIN UND FINDET DEN ZUSTAND DER ELEKTRISCHEN APPARATUR MAN SO LALA ...
STRAAT JOHORE
DURBAN

VICTORIA REGIA IM 'PAMPLEMOUSSE', DEM ÄLTESTEN TROPISCHEN BOTANISCHEN GARTEN.
MOSLIM MÄDCHEN, TOURISTEN AUS JOHANNESBURG.
VOR ANKER IN 'GRAND BAIE': DIE AMERIKANISCHE YACHT 'SCUD'. EIN PERFEKTER NACHBAU DER 'SPRAY' VON JOSHUA SLOCUM.
SIGHTSEEING MAURITIUS.
FIREWALKING.
FUNKOFFIZIER FRITS DEKKER
KASEMIER, DEIN RADIOEMPFANG KÖNNTE BESSER SEIN. ICH WERDE DIE APPARATUR UND DIE ANTENNEN MAL NACHSEHEN UND SAUBERMACHEN.
MASCHINIST LOET CLAESEN
DA IST TATSÄCHLICH SEEWASSER IM MOTOR.
MASCHINIST FRANS ERENST
WIR MÜSSEN IHN GRÜNDLICH ÜBERHOLEN!
DA FINDE ICH DOCH HIER IN PORT LOUIS BEIM PERKINS-HÄNDLER DIE RICHTIGE DICHTUNG FÜR MEINEN MOTOR.
FREITAG, 11.11.77.
KASEMIER NIMMT VON DEN MÄNNERN DER 'STRAAT JOHORE' ABSCHIED. SEIN MOTOR LÄUFT EINWANDFREI. AUCH SEINE ELEKTRISCHE APPARATUR FUNKTIONIERT WIEDER TADELLOS.
ER LÄUFT AUS NACH 'GRAND BAIE' IM NORDEN VON MAURITIUS.
EILCO, DU HAST SOLCH EIN DURCHEINANDER UND SOLCHEN GESTANK IN DEINER KAJÜTE, DU SCHLÄFST BESSER BEI UNS. ICH HAB NOCH 'NE KABINE FÜR DICH FREI. UND ESSEN TUST DU AUCH MIT UNS.
KAPITÄN D. VAN HEKKEN
AUF WIEDERSEHEN. UND NOCHMAL VIELEN HERZLICHEN DANK FÜR ALLES!
BYLGIA
HOLLAND
36

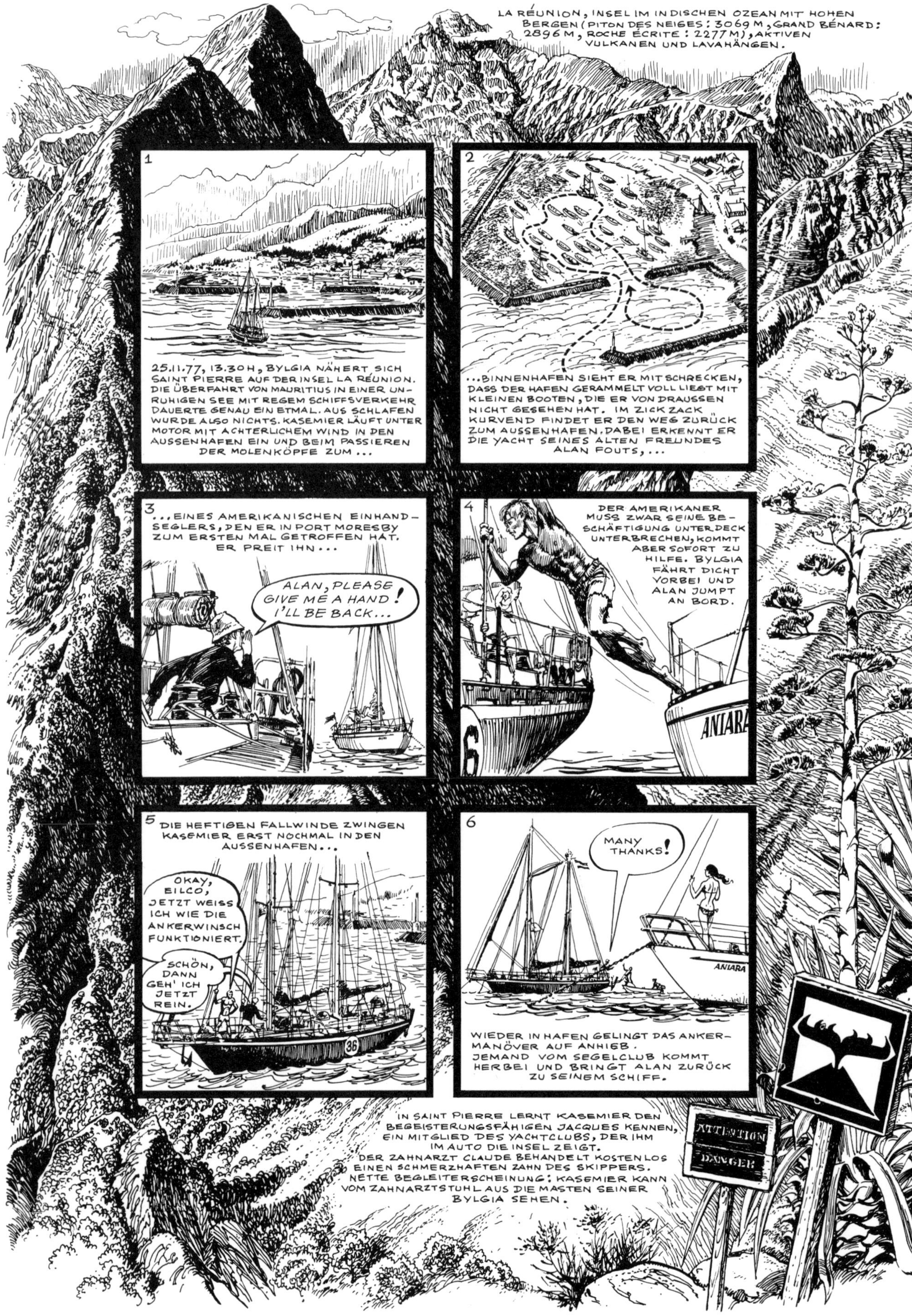
LA RÉUNION, INSEL IM INDISCHEN OZEAN MIT HOHEN BERGEN (PITON DES NEIGES: 3069 M, GRAND BÉNARD: 2896 M, ROCHE ÉCRITE: 2277 M), AKTIVEN VULKANEN UND LAVAHÄNGEN.
1
25.11.77, 13.30 H, BYLGIA NÄHERT SICH SAINT PIERRE AUF DER INSEL LA RÉUNION. DIE ÜBERFAHRT VON MAURITIUS IN EINER UNRUHIGEN SEE MIT REGEM SCHIFFSVERKEHR DAUERTE GENAU EIN ETMAL. AUS SCHLAFEN WURDE ALSO NICHTS. KASEMIER LÄUFT UNTER MOTOR MIT ACHTERLICHEM WIND IN DEN AUSSENHAFEN EIN UND BEIM PASSIEREN DER MOLENKÖPFE ZUM ...
2
...BINNENHAFEN SIEHT ER MIT SCHRECKEN, DASS DER HAFEN GERAMMELT VOLL LIEGT MIT KLEINEN BOOTEN, DIE ER VON DRAUSSEN NICHT GESEHEN HAT. IM ZICK ZACK KURVEND FINDET ER DEN WEG ZURÜCK ZUM AUSSENHAFEN. DABEI ERKENNT ER DIE YACHT SEINES ALTEN FREUNDES ALAN FOUTS, ...
3
...EINES AMERIKANISCHEN EINHANDSEGLERS, DEN ER IN PORT MORESBY ZUM ERSTEN MAL GETROFFEN HAT. ER PREIT IHN...
ALAN, PLEASE GIVE ME A HAND! I'LL BE BACK...
4
DER AMERIKANER MUSS ZWAR SEINE BESCHÄFTIGUNG UNTER DECK UNTERBRECHEN, KOMMT ABER SOFORT ZU HILFE. BYLGIA FÄHRT DICHT VORBEI UND ALAN JUMPT AN BORD.
ANIARA
5
DIE HEFTIGEN FALLWINDE ZWINGEN KASEMIER ERST NOCHMAL IN DEN AUSSENHAFEN...
OKAY, EILCO, JETZT WEISS ICH WIE DIE ANKERWINSCH FUNKTIONIERT.
SCHÖN, DANN GEH' ICH JETZT REIN.
36
6
MANY THANKS!
ANIARA
WIEDER IN HAFEN GELINGT DAS ANKERMANÖVER AUF ANHIEB. JEMAND VOM SEGELCLUB KOMMT HERBEI UND BRINGT ALAN ZURÜCK ZU SEINEM SCHIFF.
IN SAINT PIERRE LERNT KASEMIER DEN BEGEISTERUNGSFÄHIGEN JACQUES KENNEN, EIN MITGLIED DES YACHTCLUBS, DER IHM IM AUTO DIE INSEL ZEIGT.
DER ZAHNARZT CLAUDE BEHANDELT KOSTENLOS EINEN SCHMERZHAFTEN ZAHN DES SKIPPERS.
NETTE BEGLEITERSCHEINUNG: KASEMIER KANN VOM ZAHNARZTSTUHL AUS DIE MASTEN SEINER BYLGIA SEHEN.
ATTENTION
DANGER

AUS DEM SCHIFFSTAGEBUCH:
29.11.77. AUSLAUFEN LA RÉUNION ZUR ÜBERFAHRT NACH KAPSTADT. 3.12. WIND DREHT VON NO AUF NzW. BAROMETER FÄLLT, TIEFDRUCKGEBIET IM SÜDEN. MOTOR UND AKKUS VERSORGEN, BODENBRETTER FESTSCHRAUBEN. 5.12. 12.00 H POSITION 29°12'S, 45°41'O, WINDST. 4. 15.00 H BB-YANKEE REISST ENTZWEI, ZWILLING STREICHEN, FOCK I HEISSEN UND FOCK II NACH LUV AUSBAUMEN. 16.00 H TEESTUNDE. BYLGIA KRÄNGT 40° ÜBER, ZUCKERTOPF MIT INHALT DURCH DIE MESSE. 21.00 H FOCK I GESTRICHEN. NICHT GERADE GEMÜTLICHER NIKOLAUSABEND. STURM UND REGEN, WIND 8–9 BFT. 6.12. UNTER FOCK II (10 M²) 5 KN. OSTWIND PLATT VON ACHTERN. 8 M HOHE WELLEN. VOLLTREFFER VON HINTEN. OBERES NIEDERGANGSSCHOT FEHLTE: SEEWASSER BIS AUF DEN TEPPICH IN DER MESSE!
7.–8.12. STURM. STEUERLEINE BRICHT. BAROMETER STEIGT WIEDER. ABSCHIED VOM PASSATGÜRTEL. 8.12. WIND W. 10.12. POSITION 31°49'S, 35°55'O. ZUM ERSTEN MAL SEIT KAP HOORN WIEDER ALBATROSSE UM UNS HERUM. SIE GEBEN MIR EIN HERRLICHES GEFÜHL DER HEIMKEHR.
12.12. 08.00 H 5 SM AN SB PASSIERT EIN TANKER.
13.12. STEIFE BRIESE. 14.12. STURM, 7–9 BFT. HOHE SEE. HUNDERTE DELPHINE. LEGE BYLGIA BEI. SETZE KURS WEG VOM SCHIFFAHRTSTRACK. BIN VOLLKOMMEN ERSCHÖPFT.
WARUM GEHT HIER DIE SEE SO HOCH? ICH WERD TOTKRANK DAVON!
DAS ERKLÄR ICH DIR EIN ANDERMAL. JETZT MUSS ICH SCHLAFEN.
15.12. 01.00 H REGER SCHIFFSVERKEHR. WIR SEHEN WIDERSCHEIN VON PORT ELIZABETH.
12.00 H LAND IN SICHT!
KAP ST. FRANCIS
AFRIKA!!
V. STRAATEN '81
BYLGIA WIRD AUF BB-BUG BEIGELEGT.
1 BESAN IST GESTRICHEN. WINDFAHNE EINGESTELLT AUF 60° SB VORAUS.
2 FOCK II MIT BEIDEN SCHOTEN MITTSCHIFFS TRIMMEN.
3 DIRK VOM STAGSEGEL 4 ANHOLEN.
5 STAGSEGELFALL UND 6 HALSTALJE GLEICHZEITIG FIEREN UND ANHOLEN.
7 STAGSEGELSCHOT ETWAS FIEREN.
DIE HANDGRIFFE 1 BIS 7 WERDEN IM COCKPIT AUSGEFÜHRT.
8 REFFKAUSCH IM ACHTERLIEK AUF DEN BAUM NIEDERHOLEN.
7 STAGSEGELSCHOT DICHTHOLEN, BIS DER BAUM FAST MITTSCHIFFS STEHT.
9 BULLENTALJEN DICHTHOLEN.
10 REFFBÄNDSEL STECKEN.
11 BYLGIA WIRD LEEWÄRTS VERSETZT, LIEGT ANSONSTEN RUHIG IN DER HOHEN SEE.
NA JA, RUHIG?...

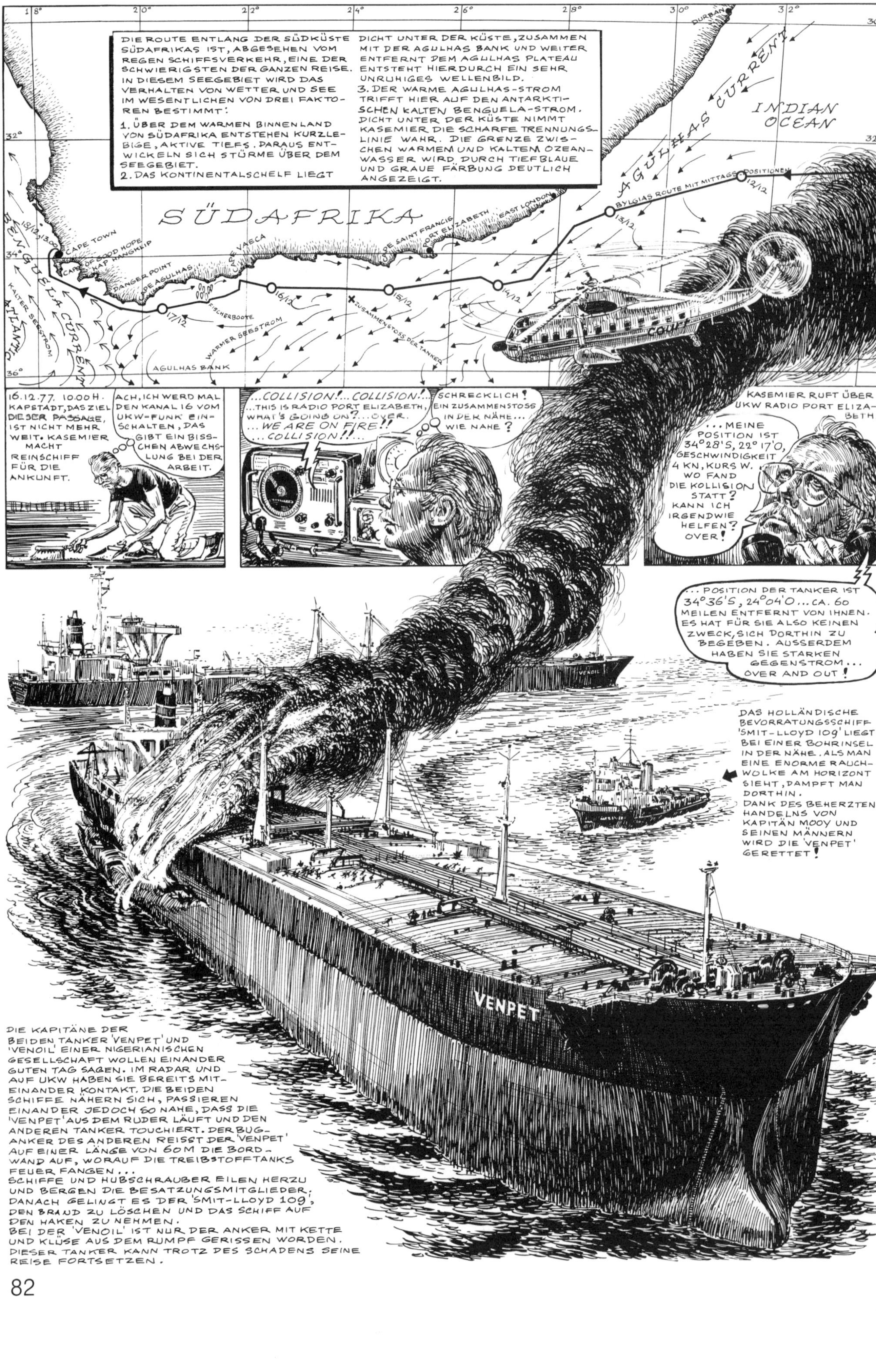
18° 20° 22° 24° 26° 28° 30° 32°
DURBAN
30°
DIE ROUTE ENTLANG DER SÜDKÜSTE SÜDAFRIKAS IST, ABGESEHEN VOM REGEN SCHIFFSVERKEHR, EINE DER SCHWIERIGSTEN DER GANZEN REISE. IN DIESEM SEEGEBIET WIRD DAS VERHALTEN VON WETTER UND SEE IM WESENTLICHEN VON DREI FAKTOREN BESTIMMT:
1. ÜBER DEM WARMEN BINNENLAND VON SÜDAFRIKA ENTSTEHEN KURZLEBIGE, AKTIVE TIEFS. DARAUS ENTWICKELN SICH STÜRME ÜBER DEM SEEGEBIET.
2. DAS KONTINENTALSCHELF LIEGT DICHT UNTER DER KÜSTE, ZUSAMMEN MIT DER AGULHAS BANK UND WEITER ENTFERNT DEM AGULHAS PLATEAU ENTSTEHT HIERDURCH EIN SEHR UNRUHIGES WELLENBILD.
3. DER WARME AGULHAS-STROM TRIFFT HIER AUF DEN ANTARKTISCHEN KALTEN BENGUELA-STROM. DICHT UNTER DER KÜSTE NIMMT KASEMIER DIE SCHARFE TRENNUNGSLINIE WAHR. DIE GRENZE ZWISCHEN WARMEM UND KALTEM OZEANWASSER WIRD DURCH TIEFBLAUE UND GRAUE FÄRBUNG DEUTLICH ANGEZEIGT.
AGULHAS CURRENT
INDIAN OCEAN
32°
32°
POSITIONEN
BYLGIAS ROUTE MIT MITTAGS-
12/12
13/12
SÜDAFRIKA
EAST LONDON
PORT ELIZABETH
CAPE SAINT FRANCIS
CAPE VAECA
CAPE TOWN
CAPE OF GOOD HOPE
KAP HANGKLIP
DANGER POINT
CAPE AGULHAS
19/12, 13.00
34°
BENGUELA CURRENT
KALTER SEESTROM
ATLANTIC
17/12
16/12
15/12
14/12
FISCHERBOOTE
WARMER SEESTROM
ZUSAMMENSTOSS DER TANKER
AGULHAS BANK
36°
COUR
16.12.77. 10.00 H. KAPSTADT, DAS ZIEL DIESER PASSAGE, IST NICHT MEHR WEIT. KASEMIER MACHT REINSCHIFF FÜR DIE ANKUNFT.
ACH, ICH WERD MAL DEN KANAL 16 VOM UKW-FUNK EINSCHALTEN, DAS GIBT EIN BISSCHEN ABWECHSLUNG BEI DER ARBEIT.
...COLLISION!... COLLISION!... ...THIS IS RADIO PORT ELIZABETH, WHAT'S GOING ON?... OVER. ...WE ARE ON FIRE!! ...COLLISION!!...
SCHRECKLICH! EIN ZUSAMMENSTOSS IN DER NÄHE... WIE NAHE?
KASEMIER RUFT ÜBER UKW RADIO PORT ELIZABETH.
...MEINE POSITION IST 34°28'S, 22°17'O, GESCHWINDIGKEIT 4 KN, KURS W. WO FAND DIE KOLLISION STATT? KANN ICH IRGENDWIE HELFEN? OVER!
...POSITION DER TANKER IST 34°36'S, 24°04'O... CA. 60 MEILEN ENTFERNT VON IHNEN. ES HAT FÜR SIE ALSO KEINEN ZWECK, SICH DORTHIN ZU BEGEBEN. AUSSERDEM HABEN SIE STARKEN GEGENSTROM... OVER AND OUT!
VENOIL
DAS HOLLÄNDISCHE BEVORRATUNGSSCHIFF 'SMIT-LLOYD 109' LIEGT BEI EINER BOHRINSEL IN DER NÄHE. ALS MAN EINE ENORME RAUCHWOLKE AM HORIZONT SIEHT, DAMPFT MAN DORTHIN. DANK DES BEHERZTEN HANDELNS VON KAPITÄN MOOY UND SEINEN MÄNNERN WIRD DIE 'VENPET' GERETTET!
VENPET
DIE KAPITÄNE DER BEIDEN TANKER 'VENPET' UND 'VENOIL' EINER NIGERIANISCHEN GESELLSCHAFT WOLLEN EINANDER GUTEN TAG SAGEN. IM RADAR UND AUF UKW HABEN SIE BEREITS MITEINANDER KONTAKT. DIE BEIDEN SCHIFFE NÄHERN SICH, PASSIEREN EINANDER JEDOCH SO NAHE, DASS DIE 'VENPET' AUS DEM RUDER LÄUFT UND DEN ANDEREN TANKER TOUCHIERT. DER BUGANKER DES ANDEREN REISST DER 'VENPET' AUF EINER LÄNGE VON 60 M DIE BORDWAND AUF, WORAUF DIE TREIBSTOFFTANKS FEUER FANGEN...
SCHIFFE UND HUBSCHRAUBER EILEN HERZU UND BERGEN DIE BESATZUNGSMITGLIEDER. DANACH GELINGT ES DER 'SMIT-LLOYD 109', DEN BRAND ZU LÖSCHEN UND DAS SCHIFF AUF DEN HAKEN ZU NEHMEN.
BEI DER 'VENOIL' IST NUR DER ANKER MIT KETTE UND KLÜSE AUS DEM RUMPF GERISSEN WORDEN. DIESER TANKER KANN TROTZ DES SCHADENS SEINE REISE FORTSETZEN.

17.12.77–03.00 H. KASEMIER SEGELT IN EINER ENTFERNUNG VON CA. 10 MEILEN VON DER KÜSTE VON SÜDAFRIKA. AUF DIESE WEISE BLEIBT ER AUSSERHALB DES SCHIFFAHRTSTRACKS UND KANN EINE MÜTZE VOLL SCHLAF NACHHOLEN...
NANU? ICH BIN SCHON WACH? HAB ICH ETWA SCHON EINE STUNDE* GESCHLAFEN?
ICH LIEGE ERST 20 MINUTEN!
HAB ZWAR KEINEN BOCK, ABER WO ICH SCHON MAL WACH BIN, SCHNUPPER' ICH MAL IN DEN WIND...
DU LIEBES LIESCHEN!! WO KOMMEN DIE FISCHERBOOTE HER? DIE LIEGEN JA VOR ANKER!
* KASEMIER HAT SICH FEST ANGEWÖHNT, WÄHREND DER NACHT JEDE STUNDE WACH ZU WERDEN, UM EBEN KURZ AUSGUCK ZU HALTEN UND WENN NÖTIG, DIE SCHOTEN ZU TRIMMEN. INDEM ER EINER INNEREN STIMME FOLGT, DIE IHN DAZU ZWINGT, AN DECK ZU GEHEN, KANN ER EINE KATASTROPHE VERHINDERN. IST ES WIRKLICH SO EINHANDSEGLER EINEN 6. SINN ENTWICKELN?
SCHOTEN DICHT, ANLUVEN UND IN LUV VORBEI! ...WÄRE ICH NICHT WACH GEWORDEN, HÄTTE ICH SIE ÜBERGEMANGELT...
NANU!! WO KOMMT DENN DER SO PLÖTZLICH HER?

18.12.77, 05.00 H.
BYLGIA RUNDET KAP DER GUTEN HOFFNUNG, EINE WEITERE WICHTIGE WENDEMARKE AUF DER WELTREISE!
DER ATLANTIK, DER VOR ETWA EINEM JAHR VERLASSEN WURDE, UMSPÜLT WIEDER DAS SCHIFF.
KAP DER GUTEN HOFFNUNG (CAPE MACLEAR)
KAAPPUNT
11.15 H.
ALS BYLGIA SICH KAPSTADT NÄHERT, GIBT DER SKIPPER PER UKW-SPRECHFUNK SEINE ANKUNFTSZEIT DURCH: 13.00 H. ER ERHÄLT EINEN LIEGEPLATZ BEIM ROYAL-SEILJAGKLUB. DORT WIRD KASEMIER VOM HOLLÄNDISCHEN GESCHÄFTSMANN FRITS PALTHE BEGRÜSST.
AUF EINER PARTY IN EINEM WUNDERSCHÖNEN ALTEN HAUS IN CONSTANTIA GIBT KASEMIER SEINE REISEERLEBNISSE ZUM BESTEN. UNTER SEINEN ZUHÖRERN BEFINDET SICH AUCH EIN SCHIFFSOFFIZIER, MIT DEM ER SICH ANSCHLIESSEND ÜBER DIE KATASTROPHALE KOLLISION DER BEIDEN LIBERIANISCHEN TANKER UNTERHÄLT.
...ALS ICH DIE AUFGEREGTEN STIMMEN DER BEIDEN CHINESISCHEN TANKERKAPITÄNE HÖRTE, HAB ICH SOFORT ALLES AUF BAND AUFGENOMMEN... DAS ZEUGTE JA NICHT GERADE VON GUTER SEEMANNSCHAFT DIESER BEIDEN SEELEUTE!
DAS IST WAHR, ABER ICH ERINNERE MICH, DASS VOR EIN PAAR JAHREN IM ROTEN MEER EINE KOLLISION UNTER ÄHNLICHEN UMSTÄNDEN STATTGEFUNDEN HAT ZWISCHEN ZWEI HOLLÄNDISCHEN SCHIFFEN!
KASEMIERS ERLEBNIS MACHT DIE RUNDE IN SCHIFFAHRTSKREISEN, UND SO KOMMT ES, DASS ER VON ZWEI AUFSICHTSBEAMTEN BESUCH ERHÄLT.
...WIR HABEN VON IHREN BANDAUFNAHMEN GEHÖRT, DIE SIE VON DEN GESPRÄCHEN KURZ NACH DEM ZUSAMMENSTOSS DER BEIDEN TANKER GEMACHT HABEN. WÜRDEN SIE UNS DIE BÄNDER EINMAL LEIHEN?
KOMMEN SIE AN BORD, MEINE HERREN. ICH WERDE SEHEN, WAS ICH FÜR SIE TUN KANN.
bylgia
36
BYLGIA AUF DER HELLING IN KAPSTADT.
KASEMIERS FREUND JAN WILLEM UND DESSEN SOHN MAURIK SIND AUS HOLLAND ANGEREIST, UM DEN SKIPPER ZU BESUCHEN UND IHM BEI SEINEN VORBEREITUNGEN FÜR DIE BEVORSTEHENDE ATLANTIKÜBERQUERUNG ZU HELFEN.
DIE VON HUISMAN GESCHICKTEN ZINKANODEN WERDEN NICHT ANGEBRACHT, DA DIE ALTEN NOCH GUT SIND. AUCH DIE NACH KAPSTADT GESCHICKTE UNTERWASSERFARBE KOMMT GENAU ZUR RECHTEN ZEIT AN.
MAURIK, MEIN JUNGE, WENN WIR DEINE HILFE NICHT HÄTTEN, KÄME ICH NICHT RECHTZEITIG WEG!
NA, ONKEL EILCO, DU WEISST WOHL NOCH NICHT, DASS ICH MITKOMME ALS TAUBER... EH, ICH MEINE ALS BLINDER PASSAGIER!

25.1.78, 18.00 H. BYLGIA UNTER SEGEL VON KAPSTADT NACH ST. HELENA IN IHREM REKORDETMAL VON 208 SM.
BESEGLUNG: GENUA, BESANSTAGSEGEL, BESAN UND TOPSEGEL. INSGES.: 124 M².
36
bylgia
KAPSTADT 15.1.78
WIR ALLE LAUFEN DIESE WOCHE NACH ST. HELENA AUS. LASST UNS EINE WETTFAHRT DARAUS MACHEN!
GUTE IDEE! DANN LÄUFT DIE ZEIT AB DER ROBBEN-INSEL*. ANSCHLIESSEND KANN JEDER DANN GENAU AUSRECHNEN, WIE LANGE ER GEBRAUCHT HAT.
19.1.78, 09.30 H BYLGIA PASSIERT DIE ROBBEN-INSEL.
MIT EINEM SAUBEREN UNTERWASSERSCHIFF UND EINER PRÄCHTIGEN BACKSTAGSBRIESE... ICH WERD' SIE MEINEN FURZ RIECHEN LASSEN!
BIN MAL GESPANNT. SCHLIESSLICH HAST DU JA DAS REGATTAHANDWERK GELERNT ALS BESATZUNG DES 'REGENBOGENS NR. 1' VON BÄCKER KLAAS VROLIJK IN SNEEK.
* 8 SM NNW VON KAPSTADT.
25.1.78, 22.00 H ES GEHT ZU SCHNELL: DIE GENUA FLIEGT AUS DEN LIEKEN...
DAS WAR WENIGER SCHÖN GESTERN ABEND. JAMMERSCHADE UM DIE GENUA!
JA, ABER IMMERHIN EIN ETMAL VON 208 SM UND BISWEILEN LIEFEN WIR 9 KN!
ANKUNFT ST. HELENA 1.2.78. ZURÜCKGELEGT: 1782 SM IN 13 TAGEN. DURCHSCHNITTSETMAL: 137 SM. KASEMIER WIRD SIEGER!

PASSAGE ST. HELENA – PARAMARIBO 7.2.78 – 3.3.78 GESEGELT: 3328 SM IN 24 TAGEN.
KASEMIER WIRD EINGELADEN, VOR DEN SCHÜLERINNEN EINER MÄDCHENSCHULE IN ST. JAMESTOWN AUF ST. HELENA EINEN VORTRAG ÜBER SEINE REISE ZU HALTEN.
SECONDARY SELECTIVE SCHOOL
DIE SCHULE * LIEGT AUF EINEM DER BERGE, DIE ST. JAMESTOWN UMGEBEN. ZWAR FÜHRT EINE AUTOSTRASSE ZUR SCHULE HINAUF, ABER KASEMIER IST EHRGEIZIG UND STEIGT DIE 999 STUFEN DER TREPPE EMPOR, DIE IN DER FALLINIE DIREKT AUS DER STADT ZUR BERGKUPPE FÜHRT. EIN GUTER KONDITIONSTEST FÜR EINEN LANGFAHRTSEGLER
EINE LEHRERIN NIMMT KASEMIER ZU EINER AUTOTOUR ÜBER DIE INSEL MIT. SIE BESUCHEN AUCH 'LONGWOOD HOUSE', WO NAPOLEON VON 1815 BIS ZU SEINEM TODE (1821) IN DER VERBANNUNG LEBTE. DAS HAUS LIEGT AUF FRANZÖSISCHEM TERRITORIUM UND WURDE ALS MUSEUM EINGERICHTET.

AUS DEM SCHIFFSTAGEBUCH: "...EIN GROSSER TAG, UM 17.00 H KREUZTE ICH MEINE KURSLINIE DER PASSAGE NEWPORT-RIO. WENN ICH WÄHREND DER VERGANGENEN 14½ MONATE EINEN FADEN HINTER MIR ABGESPULT HÄTTE, KÖNNTE ICH HIER EINEN KNOTEN MACHEN. POSITION: 05°29'S, 28°42'W. HABE JETZT TATSÄCHLICH DIE ERDE UMRUNDET. EIN LAUWARMES BIER FÜR DEN SKIPPER!"
"...AB UND ZU SCHAUER BRINGEN ABKÜHLUNG. DUSCHE JETZT BESTIMMT ZWEIMAL TÄGLICH, MORGENS, UM WACH ZU WERDEN, UND GEGEN 17.00 H. DABEI GIBT ES MANCHMAL WILDE VERRENKUNGEN, ICH MUSS DIE VOLLE PÜTZ ÜBER MIR AUSGIESSEN, UND WENN BYLGIA DANN ÜBERLEGT, LANDE ICH IM SÜLLRAND. DIE HOHE SEERELING AUS STARKEM STAHLSEIL UND STABILEN STÜTZEN GIBT EINEM DABEI DOCH EIN GEFÜHL DER SICHERHEIT!"
NORDÄQUATORIALSTROM
KAPVERDISCHE INSELN
TOBAGO
TRINIDAD
PARAMARIBO
GUAYANA-STROM
ST. PETER UND ST. PAUL-FELSEN
ATOLL DAS ROCAS
FERNANDO DE NORONHA
SÜDLICHE BEGRENZUNG DES NO-PASSATS
ÄQUATORIALER GEGENSTROM
AFRIKA
SÜDÄQUATORIALSTROM
SÜDAMERIKA
ATLANTISCHER OZEAN
NÖRDLICHE BEGRENZUNG DES SO-PASSATS
ASCENSION
BRASILIEN-STROM
SÜDLICHE BEGRENZUNG DES SO-PASSATS
ST. HELENA
RIO DE JANEIRO
STROM
WIND
KAPSTADT
21/11/76
5/12/76
17/12/76
7/1/77
13/1/77
19/1/78
3/3/78
N
S
W
O

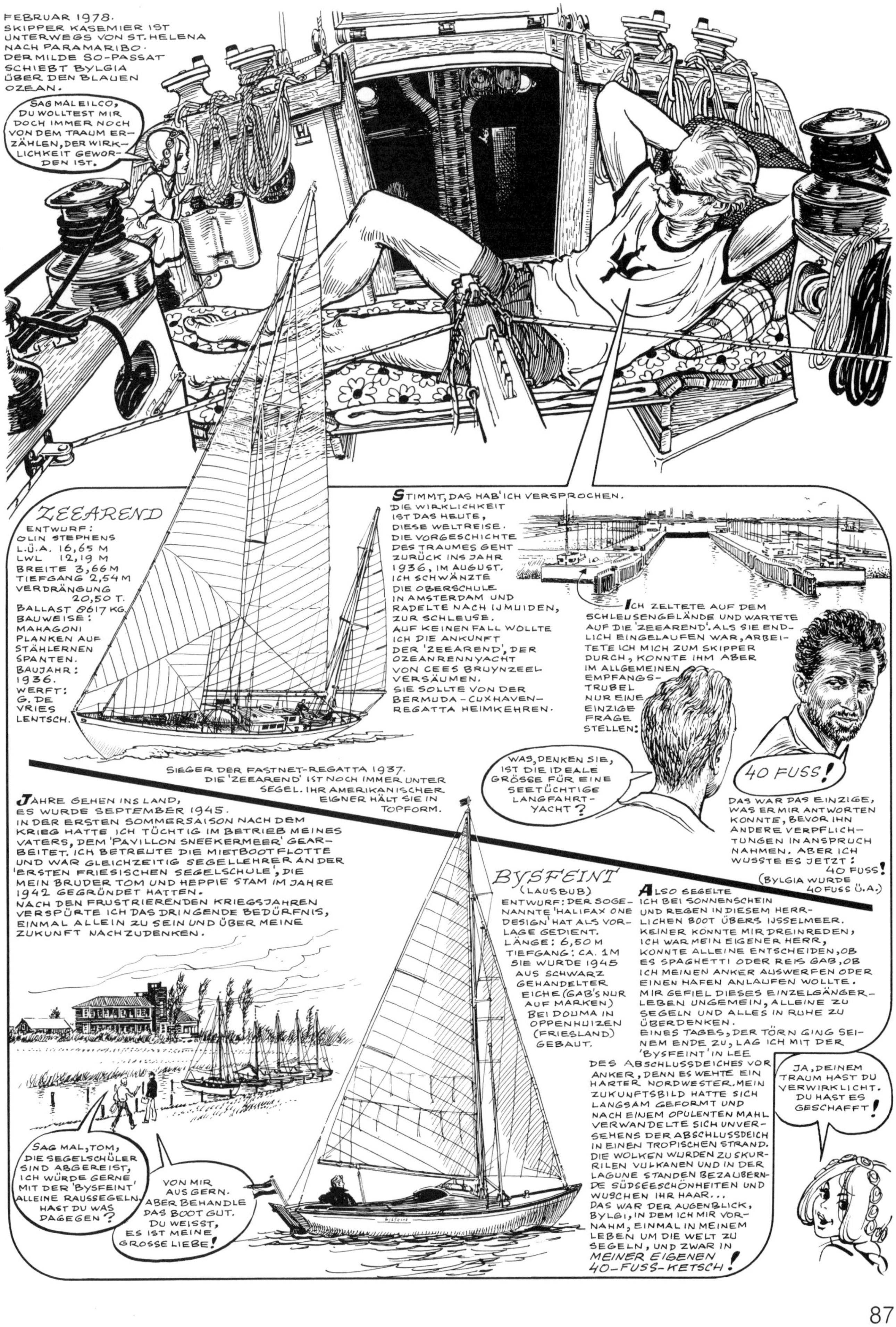
FEBRUAR 1978.
SKIPPER KASEMIER IST UNTERWEGS VON ST. HELENA NACH PARAMARIBO. DER MILDE SO-PASSAT SCHIEBT BYLGIA ÜBER DEN BLAUEN OZEAN.
SAG MAL EILCO, DU WOLLTEST MIR DOCH IMMER NOCH VON DEM TRAUM ERZÄHLEN, DER WIRKLICHKEIT GEWORDEN IST.
ZEEAREND
ENTWURF: OLIN STEPHENS
L.Ü.A. 16,65 M
LWL 12,19 M
BREITE 3,66 M
TIEFGANG 2,54 M
VERDRÄNGUNG 20,50 T.
BALLAST 8617 KG.
BAUWEISE: MAHAGONI PLANKEN AUF STÄHLERNEN SPANTEN.
BAUJAHR: 1936.
WERFT: G. DE VRIES LENTSCH.
STIMMT, DAS HAB' ICH VERSPROCHEN. DIE WIRKLICHKEIT IST DAS HEUTE, DIESE WELTREISE. DIE VORGESCHICHTE DES TRAUMES GEHT ZURÜCK INS JAHR 1936, IM AUGUST. ICH SCHWÄNZTE DIE OBERSCHULE IN AMSTERDAM UND RADELTE NACH IJMUIDEN, ZUR SCHLEUSE. AUF KEINEN FALL WOLLTE ICH DIE ANKUNFT DER 'ZEEAREND', DER OZEANRENNYACHT VON CEES BRUYNZEEL VERSÄUMEN. SIE SOLLTE VON DER BERMUDA-CUXHAVEN-REGATTA HEIMKEHREN.
ICH ZELTETE AUF DEM SCHLEUSENGELÄNDE UND WARTETE AUF DIE 'ZEEAREND'. ALS SIE ENDLICH EINGELAUFEN WAR, ARBEITETE ICH MICH ZUM SKIPPER DURCH, KONNTE IHM ABER IM ALLGEMEINEN EMPFANGSTRUBEL NUR EINE EINZIGE FRAGE STELLEN:
WAS, DENKEN SIE, IST DIE IDEALE GRÖSSE FÜR EINE SEETÜCHTIGE LANGFAHRTYACHT?
40 FUSS!
DAS WAR DAS EINZIGE, WAS ER MIR ANTWORTEN KONNTE, BEVOR IHN ANDERE VERPFLICHTUNGEN IN ANSPRUCH NAHMEN. ABER ICH WUSSTE ES JETZT: 40 FUSS!
(BYLGIA WURDE 40 FUSS Ü.A.)
SIEGER DER FASTNET-REGATTA 1937. DIE 'ZEEAREND' IST NOCH IMMER UNTER SEGEL. IHR AMERIKANISCHER EIGNER HÄLT SIE IN TOPFORM.
JAHRE GEHEN INS LAND, ES WURDE SEPTEMBER 1945. IN DER ERSTEN SOMMERSAISON NACH DEM KRIEG HATTE ICH TÜCHTIG IM BETRIEB MEINES VATERS, DEM 'PAVILLON SNEEKERMEER' GEARBEITET. ICH BETREUTE DIE MIETBOOTFLOTTE UND WAR GLEICHZEITIG SEGELLEHRER AN DER 'ERSTEN FRIESISCHEN SEGELSCHULE', DIE MEIN BRUDER TOM UND HEPPIE STAM IM JAHRE 1942 GEGRÜNDET HATTEN. NACH DEN FRUSTRIERENDEN KRIEGSJAHREN VERSPÜRTE ICH DAS DRINGENDE BEDÜRFNIS, EINMAL ALLEIN ZU SEIN UND ÜBER MEINE ZUKUNFT NACHZUDENKEN.
BYSFEINT
(LAUSBUB)
ENTWURF: DER SOGENANNTE 'HALIFAX ONE DESIGN' HAT ALS VORLAGE GEDIENT.
LÄNGE: 6,50 M
TIEFGANG: CA. 1 M
SIE WURDE 1945 AUS SCHWARZ GEHANDELTER EICHE (GAB'S NUR AUF MARKEN) BEI DOUMA IN OPPENHUIZEN (FRIESLAND) GEBAUT.
ALSO SEGELTE ICH BEI SONNENSCHEIN UND REGEN IN DIESEM HERRLICHEN BOOT ÜBERS IJSSELMEER. KEINER KONNTE MIR DREINREDEN, ICH WAR MEIN EIGENER HERR, KONNTE ALLEINE ENTSCHEIDEN, OB ES SPAGHETTI ODER REIS GAB, OB ICH MEINEN ANKER AUSWERFEN ODER EINEN HAFEN ANLAUFEN WOLLTE. MIR GEFIEL DIESES EINZELGÄNGERLEBEN UNGEMEIN, ALLEINE ZU SEGELN UND ALLES IN RUHE ZU ÜBERDENKEN. EINES TAGES, DER TÖRN GING SEINEM ENDE ZU, LAG ICH MIT DER 'BYSFEINT' IN LEE DES ABSCHLUSSDEICHES VOR ANKER, DENN ES WEHTE EIN HARTER NORDWESTER. MEIN ZUKUNFTSBILD HATTE SICH LANGSAM GEFORMT UND NACH EINEM OPULENTEN MAHL VERWANDELTE SICH UNVERSEHENS DER ABSCHLUSSDEICH IN EINEN TROPISCHEN STRAND. DIE WOLKEN WURDEN ZU SKURRILEN VULKANEN UND IN DER LAGUNE STANDEN BEZAUBERNDE SÜDSEESCHÖNHEITEN UND WUSCHEN IHR HAAR... DAS WAR DER AUGENBLICK, BYLGI, IN DEM ICH MIR VORNAHM, EINMAL IN MEINEM LEBEN UM DIE WELT ZU SEGELN, UND ZWAR IN MEINER EIGENEN 40-FUSS-KETSCH!
SAG MAL, TOM, DIE SEGELSCHÜLER SIND ABGEREIST, ICH WÜRDE GERNE MIT DER 'BYSFEINT' ALLEINE RAUSSEGELN. HAST DU WAS DAGEGEN?
VON MIR AUS GERN. ABER BEHANDLE DAS BOOT GUT. DU WEISST, ES IST MEINE GROSSE LIEBE!
JA, DEINEM TRAUM HAST DU VERWIRKLICHT. DU HAST ES GESCHAFFT!

20.2.78
13.00 H G.M.T.
BYLGIA UNTERWEGS NACH PARAMARIBO. KASEMIER NIMMT MIT EINEM PASSIERENDEN TANKER UKW-SPRECH-VERBINDUNG AUF.
...PLEASE WILL YOU REPORT ME TO RADIOSTATION P.C.H.* HOLLAND, OVER...
*P.C.H. = SCHEVENINGEN RADIO
...THIS IS AMBROSIANA, WE'LL TRY TO REPORT YOU. DO YOU HAVE ANY MESSAGE?... OVER...
...MY E.T.A.★ PARAMARIBO IS ON 3-3-'78. .. OVER AND OUT.
★E.T.A. = EXPECTED TIME OF ARRIVAL.
1½ STUNDEN SPÄTER
...THIS IS AMBROSIANA. WE HAVE REPORTED YOU TO P.C.H. THEY SEND YOU THEIR BEST WISHES FOR THE REST OF YOUR JOURNEY!...
EINIGE STUNDEN SPÄTER IN HOLLAND
HANNY, ICH HAB EBEN DIE BOTSCHAFT ERHALTEN, DASS DEIN VATER VORAUSSICHTLICH AM 3. MÄRZ IN PARAMARIBO EINTREFFEN WIRD. SOLLEN WIR IHN ÜBERRASCHEN UND HINFLIEGEN?
MACHEN WIR!
3.3.78. BYLGIA LÄUFT IN PARAMARIBO EIN. KASEMIER LERNT ANDERE HOLLÄNDISCHE BLAUWASSERSEGLER KENNEN, U.A. INEKE UND FRANS WEEHUIZEN AUF 'RAMPETAMPER'. VON IHNEN HÖRT ER, DASS SEINE FRAU UND SEINE TOCHTER IN DER STADT SIND UND AUF IHN WARTEN!
DIE WIEDERSEHENSFREUDE IST GROSS UND AM NÄCHSTEN TAG FAHREN DIE DREI DEN SURINAME RIVER STROMAUFWÄRTS.
PA, ERINNERT DICH DIESE TROPISCHE UMGEBUNG NICHT AN MEINE GEBURTSSTÄTTE IN AFRIKA?
BYLGIA
JA, ALLE TROPISCHEN URWÄLDER AUF DER WELT ÄHNELN SICH... ABER HAB' ICH DIR EIGENTLICH JEMALS ERZÄHLT, WIE ES DAMALS IN AFRIKA ZUM ALLERERSTEN ENTWURF DIESES SCHIFFES GEKOMMEN IST?
WIR SCHREIBEN 1947. IN DEN HOTELS AN DER RIVIÈRA HATTE ICH KEINE ARBEIT GEFUNDEN UND WAR IN TANGER GELANDET. HIER BEKAM ICH IM 'RIF HOTEL' DEN POSTEN ALS EMPFANGSCHEF.
IN MEINER FREIZEIT STROMERTE ICH OFT DURCH DIE HÄFEN. ICH LERNTE EINEN FRANZÖSISCHEN EINHANDSEGLER KENNEN, DER SICH AUF DIE GROSSE ÜBERFAHRT IN DIE KARIBIK VORBEREITETE WAS DER MANN VORHATTE, WAR GENAU NACH MEINEM GESCHMACK.
DIESE BEGEGNUNG LIESS MEINEN TRAUM VOM 40-FUSS-SCHIFF AUFLEBEN UND ICH FING WIEDER AN ENTWÜRFE ZU ZEICHNEN...
IN EINEM CAFÉ IN TANGER LERNTE ICH ZWEI HOLLÄNDER KENNEN, DIE PER AUTO NACH SÜDAFRIKA WOLLTEN. ALS SIE MICH FRAGTEN, OB ICH LUST HÄTTE MITZUFAHREN, SAGTE ICH JA. MIT MEINEM HOTELFACHSCHUL-DIPLOM HOFFTE ICH AUCH ANDERSWO EINEN JOB ZU FINDEN.
WIR WAREN DIE ERSTEN, DIE DAMALS ÜBER DIE GERADE VON MINEN GERÄUMTEN PISTEN FUHREN. UND SO ZOGEN WIR MIT KARTE UND KOMPASS VON OASE ZU OASE. ES GAB KEINE WEGWEISER UND MANCHMAL BLIEBEN WIR IM 'FESH-FESH' (FLUGSAND) STECKEN. DANK DER MITGEFÜHRTEN STAHLMATTEN KAMEN WIR AUCH OHNE ALLRADANTRIEB STETS WIEDER FREI.
DURCH DIE SAHARA BRAUCHTEN WIR ZWEI MONATE. ALS WIR DANN DIE SAVANNE ERREICHT HATTEN, KAM DER LÄNGST FÄLLIGE KRACH ZWISCHEN MIR UND DEN BEIDEN. DIE GEFÄHRLICHSTE ETAPPE WAR GESCHAFFT UND JETZT WOLLTEN SIE MICH OFFENBAR ABSCHIEBEN.
EINS WURDE MIR DAMALS KLAR: SOLLTE ICH JEMALS WIEDER EINE LANGE REISE UNTERNEHMEN, ICH WÜRDE ES NUR ALLEIN TUN!
REZEPTIONS-PERSONAL VOM RIF HOTEL
HOLLAND
HX-6747
ALS ICH IN STANLEYVILLE IN DER MISSIONSSTATION LOGIERTE, ERGRIFFEN DIE ZWEI DIE GUTE GELEGENHEIT UND MACHTEN SICH OHNE MICH AUS DEM STAUBE. ALLE MEINE SUCHAKTIONEN, AUCH MIT HILFE DER POLIZEI, BLIEBEN ERFOLGLOS. MEIN GELD UND MEINE SACHEN WAREN FUTSCH UND ICH SASS DA, NUR MIT MEINEM PASS.
DA MEIN TRANSITVISUM FÜR DEN KONGO NUR 5 TAGE GÜLTIG WAR, MUSSTE ICH SO SCHNELL WIE MÖGLICH ARBEIT FINDEN.
IN LETZTER MINUTE HATTE ICH GLÜCK UND NACH EINEM TEST UND EINER GESUNDHEITLICHEN UNTERSUCHUNG WURDE ICH ALS ZUKÜNFTIGER 'PROSPEKTEUR' BEI DER BELGISCHEN FIRMA REMINA (RECHERCHES MINIÈRES EN AFRIQUE) ANGESTELLT.
ICH HATTE KEINEN BLASSEN SCHIMMER, WORAUS MEINE ARBEIT BESTAND, ABER MEINE BEGEISTERUNG WAR SELBSTVERSTÄNDLICH GROSS.
SPÄTER STELLTE SICH HERAUS, DAS ES MEINE AUFGABE WAR, IM INNERN DES KONGO NACH MINERALIEN ZU SCHÜRFEN...
DIESE INTERESSANTE ARBEIT HABE ICH SIEBEN JAHRE GEMACHT, VON 1948 BIS 1955.

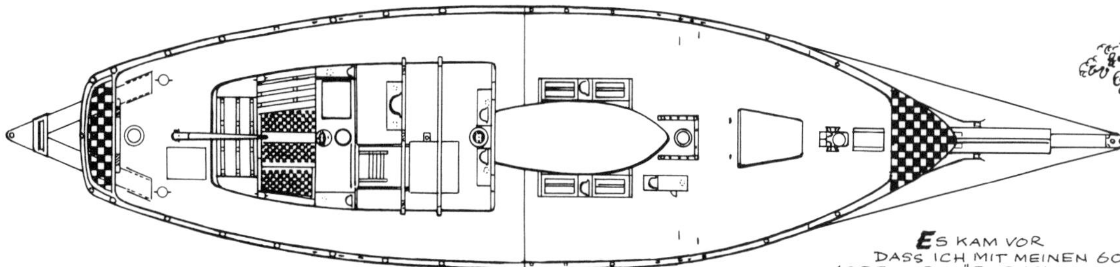

L.Ü.A.	12.20 m.	40	Ft.
L.W.L.	9.30 "	30.6	"
BR.	3.52 "	11.6	"
T.	2.00 "	6.6	"

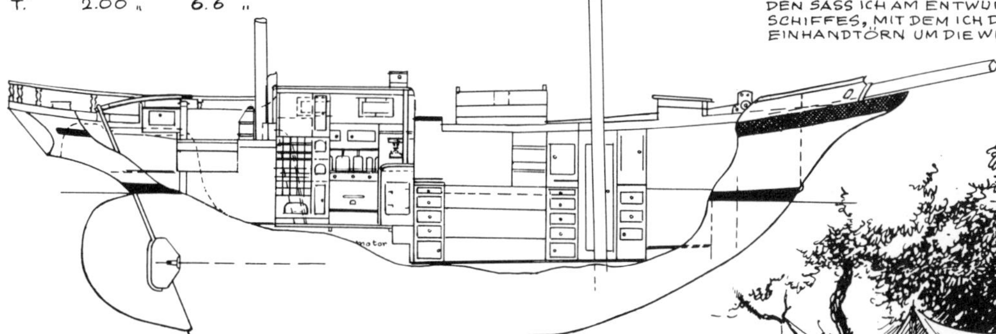

GROSSSEGEL	30 m²
BESAN	18 "
FOCK	16 "
KLÜVER I	11 "
INSG. AM WIND	75 m²

GAFFELTOPSEGEL	11.50 m²
REACHER	56 "
BESANSTAGSEGEL	30 "
KLÜVER II	33.50 "
STURMSEGEL	18 "
TRYSEGEL	6.50 "
STURMBESAN	10 "
DOPPELTE STAGFOCK	2 x 20 "
VIERECKIGES DRÜLL	30 "

KLÜVER II	33.50 m²
FOCK II	20 "
GROSSSEGEL	30 "
BESAN	18 "
GAFFELTOPS.	11.50 "
MAX. AM WIND	113 m²

STAGSEGEL	20 m²
STAGSEGEL	20 "
VIERECK. DRÜLL	30 "
MAX. VORM WIND	70 m²

REACHER	56 m²
GROSSSEGEL	30 "
GAFFELTOPS.	11.50 "
VIERECK. DRÜLL	30 "
BESAN	18 "
MAX. RAUMEN W.	145.50 m²

FOCK	16 m²
STURMSEGEL	18 "
STURMBESAN	10 "
STURMBESEGLUNG	44 m²

ES KAM VOR, DASS ICH MIT MEINEN 60 ARBEITERN ÜBER ACHT MONATE IM URWALD VERBRACHTE.

ICH SAH KEINEN WEISSEN WÄHREND DIESER ZEIT UND IN MEINEN WENIGEN FREIEN STUNDEN SASS ICH AM ENTWURF MEINES TRAUMSCHIFFES, MIT DEM ICH DEREINST EINEN EINHANDTÖRN UM DIE WELT MACHEN WOLLTE.

SCHON DAMALS DACHTE ICH, DASS ICH DEN WECHSEL DES KLIMAS UND DER SAISONS DEM EINTÖNIGEN SEGELN IN DER PASSATREGION VORZIEHEN WÜRDE.

ALLERDINGS MÜSSEN DANN AUF EINER WELTUMSEGLUNG DAS KAP HOORN UND DAS KAP DER GUTEN HOFFNUNG VON OST NACH WEST GERUNDET WERDEN.

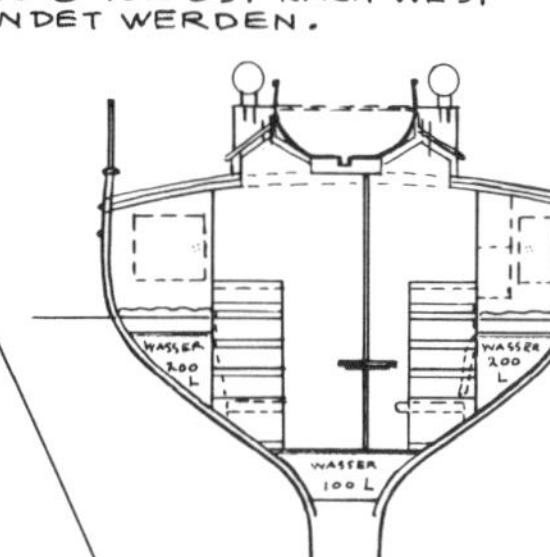

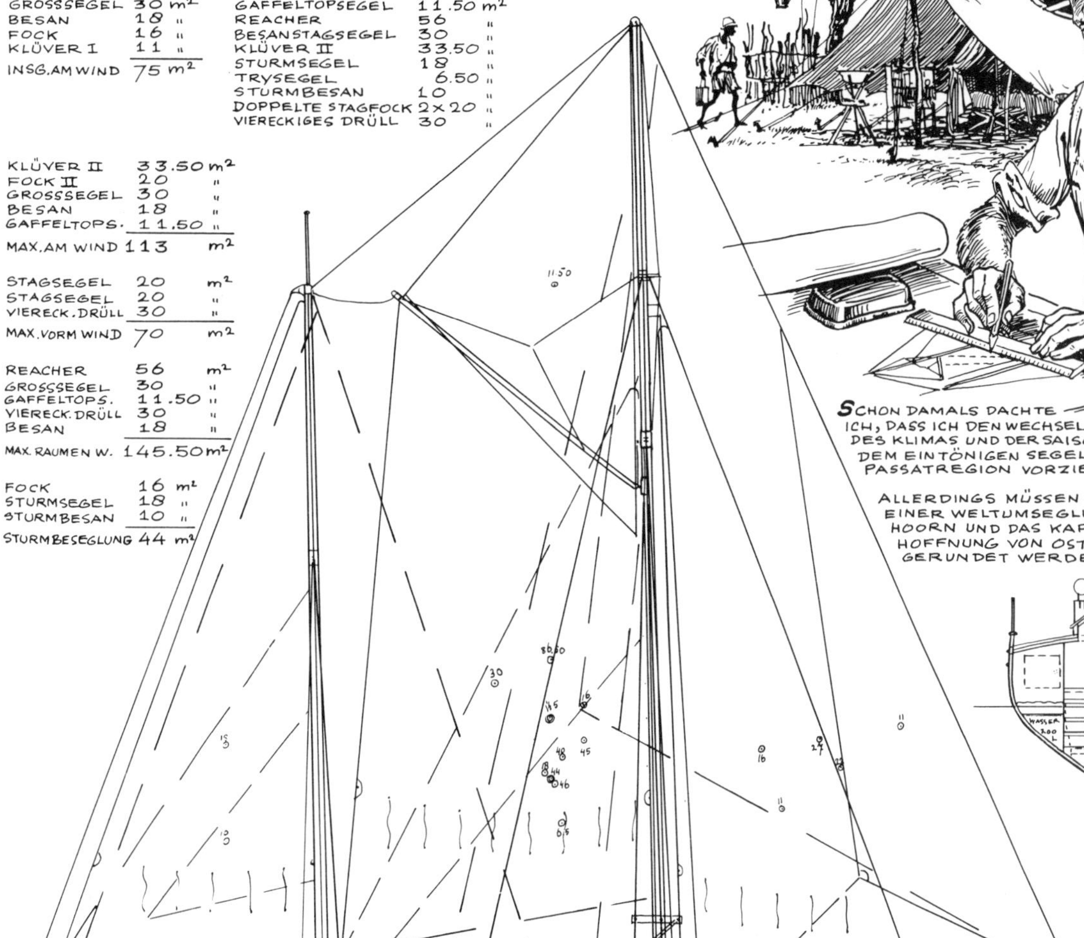

16.3.78, 15.30 H
AUSLAUFEN AUS PARAMARIBO.
19.3.78, 14.00 H
DIE INSEL TOBAGO LIEGT QUERAB.
20.3.78, 10.00 H
VOR ANKER BEI ST. GEORGE'S AUF DER INSEL GRENADA.
VON PARAMARIBO ZURÜCKGELEGT: 538 SM.

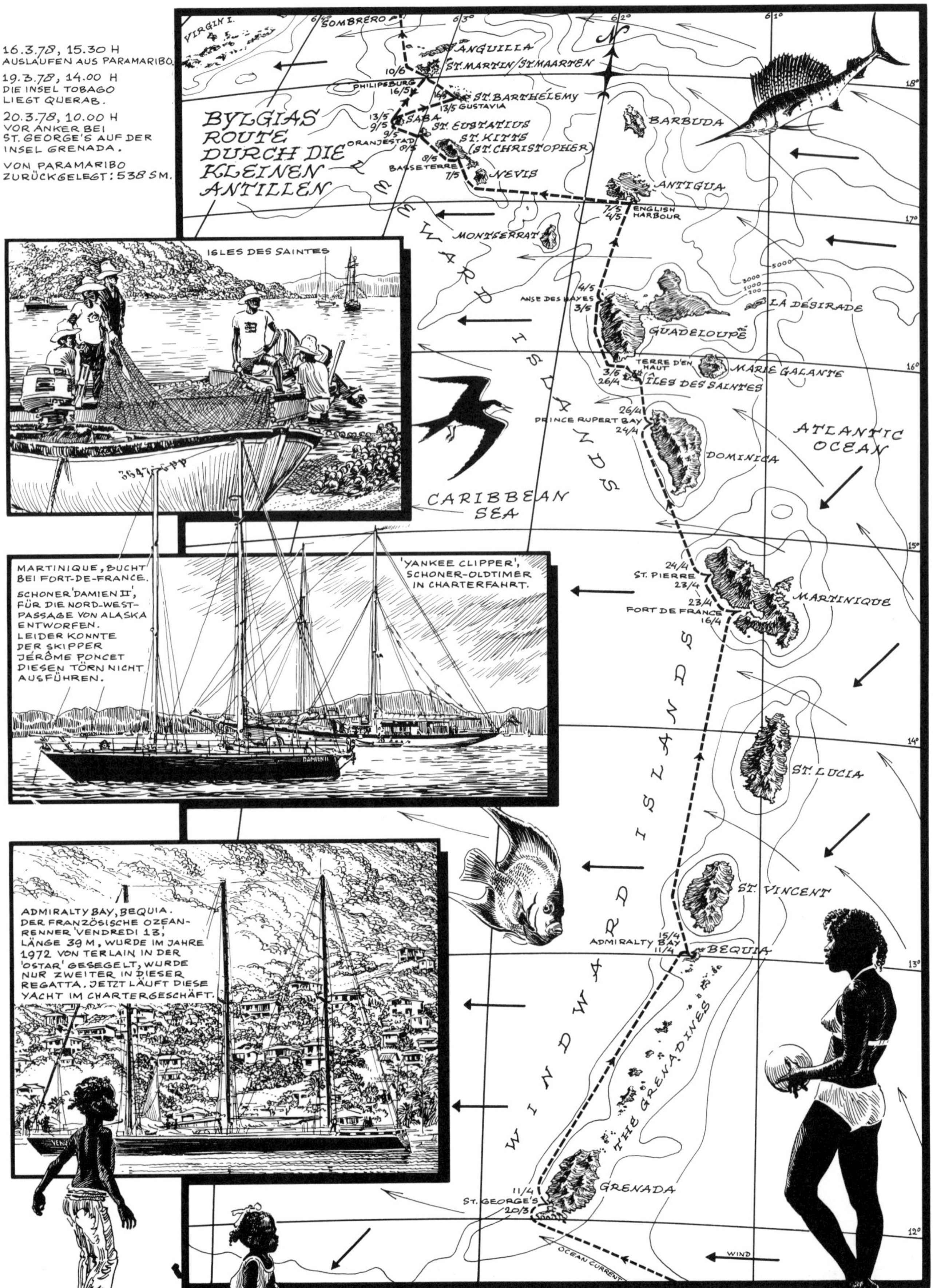

BYLGIA HAT AN EINEM STEG IN DER BUCHT VON ST. GEORGE'S AUF GRENADA FESTGEMACHT. KASEMIER HAT DEN RUMPF SEINER YACHT ÜBER DER WASSERLINIE NEU GESTRICHEN. DIE REGATTANUMMER IST UNTER DER NEUEN FARBSCHICHT VERSCHWUNDEN UND DAS SCHIFF SIEHT WIEDER WIE NEU AUS!
DER SKIPPER HEUERT EINEN JUNGEN AN, DER IHM BEIM STREICHEN DER AUFBAUTEN HELFEN SOLL...
DER FRACHTER 'GEESTLAND' LÄUFT IN ST. GEORGE'S EIN, UM BANANEN ZU LADEN. VOR ZWEI JAHREN, WÄHREND DER 'ROYAL WESTERN/OBSERVER SINGLE-HANDED TRANSATLANTIC RACE' (OSTAR) HATTE KASEMIER UKW-KONTAKT MIT EINEM FRACHTSCHIFF 'GEESTLAND' GEHABT. UM SEINE NEUGIERDE ZU BEFRIEDIGEN, SUCHT KASEMIER DEN KAPITÄN DES BANANENDAMPFERS AUF UND TATSÄCHLICH... IM SCHIFFSTAGEBUCH STEHT FÜR DEN 18.6.76 DIE SAUBERE EINTRAGUNG, DASS DIE SEGELYACHT „BYLGIA" AN SCHEVENINGEN RADIO GEMELDET WERDEN MÖCHTE UND DASS AN BORD ALLES WOHLAUF IST.
JOHNNY, DU KANNST SCHON MAL ANFANGEN UND DEN HANDLAUF STREICHEN. ICH MUSS NOCH MAL RAUF IN DEN MAST KLETTERN.
BEIDE MACHEN SICH AN DIE ARBEIT. PLÖTZLICH EIN GELLENDER SCHREI VON JOHNNY! MIT SEINEM ELLENBOGEN HAT ER DEN VOLLEN TOPF MIT WEISSER FARBE UMGEWORFEN.
AIIIII!!
KASEMIER SETZT SEINE REISE VON FORT-DE-FRANCE NACH ST. PIERRE FORT. UNTER MOTOR LÄUFT ER AN DER WESTKÜSTE VON MARTINIQUE ENTLANG, MIT DEM DINGHY IM SCHLEPP. ALS ER MAL WIEDER ACHTERAUS GUCKT, IST SEIN DINGHY VERSCHWUNDEN...
SOWAS! DIE SCHLEPPLEINE IST HEIL, DAFÜR HAT SICH DAS AUGE VOM DINGHY GELÖST...UMDREHEN UND SUCHEN...
KASEMIER FÄHRT IN SEINEM KIELWASSER ZURÜCK UND DANK DER GLATTEN SEE FINDET ER SEIN BEIBOOT SCHNELL WIEDER.
BEIM ZOLL IN ENGLISH HARBOUR AUF DER INSEL ANTIGUA...
NO SIR... IN DIESEM AUFZUG WERDEN SIE NICHT ABGEFERTIGT. WIR TRAGEN DOCH AUCH HEMD UND STRÜMPFE!
DA LOB' ICH MIR DIE FREUNDLICHEN LEUTE AUF ÎLES DES SAINTES!
Fiji
AUF DER ÜBERFAHRT VON ANTIGUA NACH ST. KITTS GERÄT EINE NYLONLEINE MIT KORKSTÜCKEN IN DIE SCHRAUBE, DIE AUCH BEIM SEGELN MITDREHT. ES KOSTET DEN SKIPPER EINE HALBE STUNDE SCHUFTEREI, BEVOR DIE SACHE IN ORDNUNG IST UND ER SICH ERSCHÖPFT AN BORD ZIEHEN KANN.
ES MUSS NICHT NUR IN MÜHSELIGER KLEINARBEIT DER AUFBAU, DAS GANGBORD MIT 'TREADMASTER'-ANTISLIPPROFIL, DER SÜLLRAND UND DAS FREIBORD VON DER FARBE GESÄUBERT WERDEN, AUCH MUSS KASEMIER WIEDER MIT WASSERFESTEM SCHMIRGELPAPIER AN DIE ARBEIT UND DEN RUMPF AUF STEUERBORDSEITE NEU LACKIEREN. OBENDREIN SETZT SICH DIE WEISSE LACKFARBE, DIE AUF DEM WASSER SCHWIMMT, IM WELLENMUSTER AUF DER WASSERLINIE FEST. DAS ERGEBNIS SIND ETLICHE TAGE EXTRAARBEIT.
BYLGIA
bylgia

'CRANSTON'S ANTIQUE INN', DAS BERÜHMTE HOTEL AUF SABA, IN DEM MITGLIEDER DES HOLLÄNDISCHEN KÖNIGSHAUSES BEI IHREM ANTILLENBESUCH LOGIERTEN. AUCH DIE BESATZUNGEN DER YACHTEN BYLGIA UND DROMON ERFREUEN SICH DER GAST-FREUNDSCHAFT DES HAUSES.
16.5.78
IN DER BUCHT VON PHILIPSBURG AUF ST. MAARTEN ANKERT BYLGIA ZWISCHEN ZWEI BESONDEREN HOLLÄNDISCHEN YACHTEN: DIE 'DROMON' VON PIA UND WIM VERGOUW UND DER SCHONER 'LA ESPERANZA' VON NANDA UND JAAP BAKKER.
CRANSTON'S ANTIQUE INN
22.5.78
BYLGIA UND DROMON VERLASSEN ST. MAARTEN MIT BESTIMMUNG SABA. AN BORD VON BYLGIA BEFINDET SICH EIN DREIKÖPFIGES HOLLÄNDISCHES FERNSEHTEAM, WÄHREND PIA UND WIM NOCH HAYE THOMAS ALS PASSAGIER AN BORD HABEN. DIE GÄSTE VERBRINGEN DIE NACHT IM CRANSTON HOTEL. DIE SKIPPER BLEIBEN JEDOCH LIEBER AUF IHREN SCHIFFEN, DENN IN DEM KLEINEN HAFEN (AUF DER WESTSEITE DER INSEL) STEHT MEIST EIN HOHER SCHWELL!
La Esperanza
bylgia
MIT DER ESPERANZA UNTERNEHMEN NANDA UND JAAP BAKKER CHARTERREISEN VON ST. MAARTEN AUS. SIE HABEN DEN SCHONER EIGENHÄNDIG IN PORTUGAL GEBAUT.

DROMON

STÄHLERNE SCHONERBRIGG

LÄNGE ÜBER ALLES	11.60 M
LÄNGE ÜBER DECK	9.96 M
LÄNGE WASSERLINIE	8.36 M
BREITE	3.20 M
TIEFGANG	1.47 M
VERDRÄNGUNG	9.60 T
SEGELOBERFLÄCHE	56.14 M^2

ENTWURF:
KEES KOOPMAN, HAARLEM
BAU:
P. VAN DER WERFF, LEMMER

DIE SCHONERBRIGG 'DROMON' BEGLEITET BYLGIA AUF EINEM TÖRN RUND UM DIE INSEL SABA.

IN PARAMARIBO HATTE SKIPPER KASEMIER KONTAKT MIT DER HOLLÄNDISCHEN FERNSEHGESELLSCHAFT NCRV. MAN VERABREDETE DORT, DASS DIE REGISSEURE HAYE THOMAS UND THEO LEEUWENBURGH, DER KAMERAMANN MEES VAN DETH UND DER TONTECHNIKER HARM GROENEVELD AM 19. MAI AUF ST. MARTIN EINTREFFEN SOLLTEN, UM ÜBER KASEMIERS WELTREISE WIEDER EINMAL EINE FERNSEHREPORTAGE ZU DREHEN.
DIE ERSTEN AUFNAHMEN WURDEN BEIM START ZUR 'OSTAR' GEMACHT.
NACHDEM DER SKIPPER DAS FERNSEHTEAM VOM FLUGPLATZ ABGEHOLT HAT, FOLGEN EIN PAAR ANSTRENGENDE TAGE. NACH DEN INTERVIEWS IST KASEMIER FORTWÄHREND AUF SEINEM SCHIFF IN AKTION UND DEMONSTRIERT DESSEN HANDHABUNG, DAMIT ALLES FÜR EINE SENDUNG IM PROGRAMM 'HIER UND HEUTE' FESTGELEGT WERDEN KANN.

MITTERNACHT AUF DEM SARGASSOMEER. BYLGIA IST UNTERWEGS VON ST. MAARTEN ZU DEN BERMUDA'S...
ENDLICH MAL WIEDER MIT MIR ALLEIN, WIEDER FREI, NUR MEIN SCHIFF UND ICH, GANZ EINFACH HERRLICH!
HO, HO, DU VERGISST WOHL DASS ICH AUCH NOCH DA BIN!
NEIN BYLGI, DENN DAS IST WAS ANDERES. DU BIST MEINE UNZERTRENNLICHE GUTE FEE.
JUNGE, ICH HAB APPETIT AUF WAS LECKERES... AUF IN DIE KOMBÜSE!
36
bylgia
ES WAR JA ALLES SEHR SCHÖN UND INTERESSANT UND ICH MÖCHTE NICHT DARAUF VERZICHTEN, ABER AUF DIE DAUER WIRD MAN VON ALL DEN HÄFEN UND DEN VIELEN LEUTEN ETWAS MÜDE UND LASCH... INSELSATT!
BRATPFANNE AUF KLEINER FLAMME, SCHUSS SOJAÖL HINEIN...
ABER JETZT ERSTMAL 'NE SCHÖNE LANGE ÜBERFAHRT, EIN LANGES STÜCK OZEAN VORM BUG, AUCH WENN 'S DURCHS BERMUDA-DREIECK GEHT.
ICH BIN DIR ALSO NICHT LÄSTIG?
EINE ZWIEBEL, ZEHE KNOBLAUCH, EINE TOMATE UND EIN PAAR WÜRFEL SOJAFLEISCH, ALLES KLEINSCHNEIDEN...
OH NEIN, DU BIST MEIN SCHUTZENGEL, MIT DEM ICH IN EINSAMEN STUNDEN REDEN KANN.
UND IN DER BRATPFANNE SCHMOREN LASSEN. ALLES IN EINE SCHÜSSEL GEBEN...
JETZT ERKLÄR MIR DOCH MAL, WOHER ES KOMMT, DASS ES IN DEINEM SCHIFF SO VIEL KÜHLER ALS IN ANDEREN IST...
EINE DICKE SCHEIBE KÄSE MIT WEIZENMEHL PANIEREN UND IN DER BRATPFANNE ANBRATEN...
... DENN IN ALLEN HÄFEN KAMEN DIE ANDEREN SKIPPER NUR ALLZU GERNE IN DIESE KAJÜTE!
DAS KOMMT DURCH: 1. DIE GUTE LÜFTUNG, 2. DIE SORGFÄLTIG ANGEBRACHTE ISOLATION UND 3. DIE GROSSEN SONNENSEGEL, DIE ICH IN DEN HÄFEN AUFSPANNE.
DIE KÄSESCHEIBE UND DEN INHALT DER SCHÜSSEL AUF EINE SCHEIBE BROT.
WENN DU ES GENAU WISSEN WILLST... AUF DER ZEICHNUNG GEGENÜBER KANNST DU DIE AUSGEKLÜGELTE KONSTRUKTION SEHEN!
MMM! KÖSTLICH

bylgia
VENTILATION UND ISOLATION

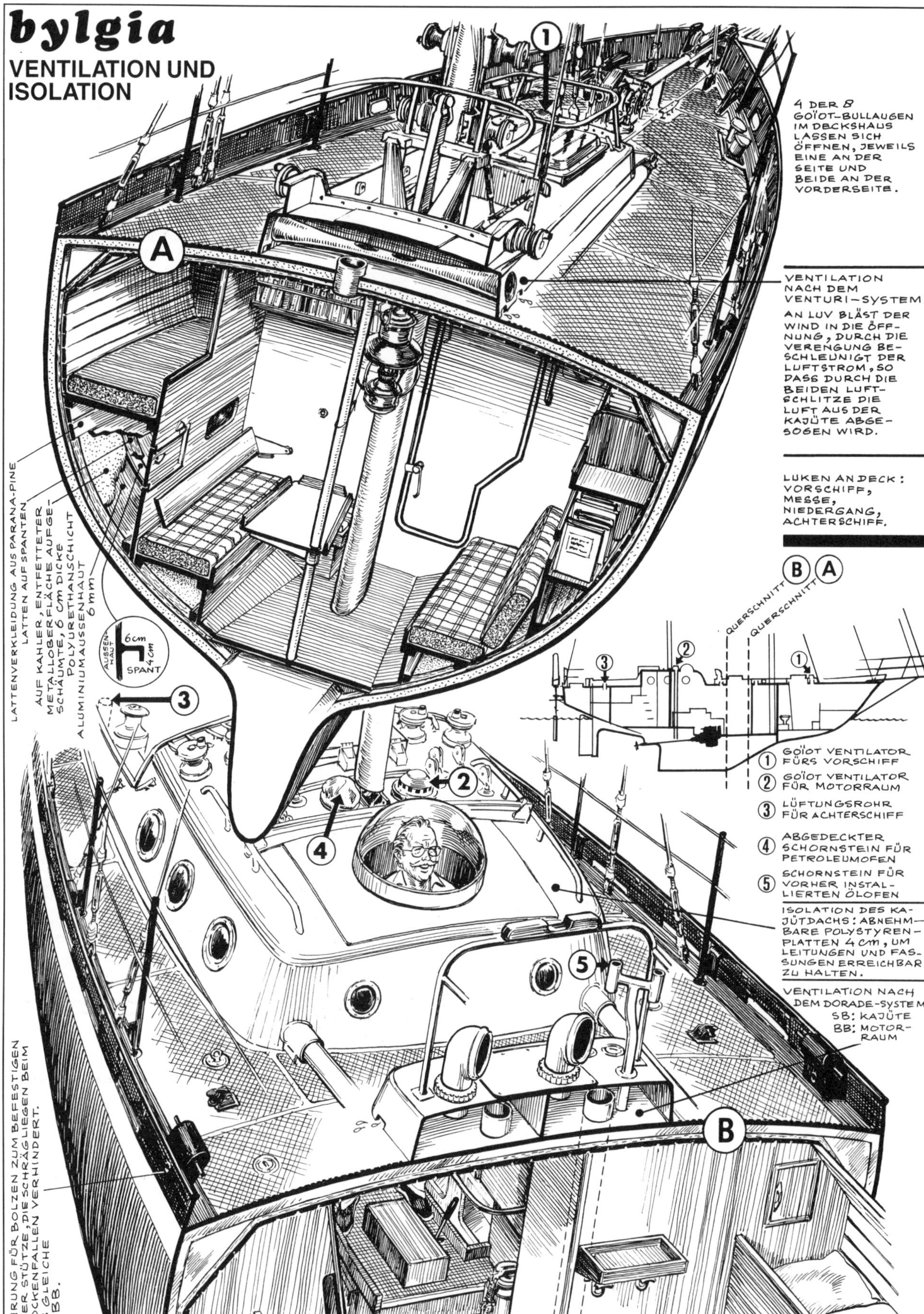

17. JUNI 78, 10.00 H
BYLGIA MACHT EINE SCHNELLE PASSAGE VON ST. MARTIN ZU DEN BERMUDA'S.
5 KM
IRELAND ISLAND NORTH
IRELAND ISLAND SOUTH
SOMERSET VILLAGE
BOAZ ISLAND
SOMERSET ISLAND
HAMILTON
FLATTS
CONEY ISLAND
ST. GEORGE'S ISLAND
ST. GEORGE
ST. DAVID'S ISLAND
TOWN CUT
BERMUDA ISLAND
64°45'W
32°15'N
UND DANN UM 12.00 H:
JA, DA WAR DIE SÜDKÜSTE VON BERMUDA, ABER... JETZT SITZ' ICH PLÖTZLICH IN DICKEM NEBEL! SCHADE, DENN ICH HATTE MICH GERADE SO AUF DEN 15-MEILEN-RAUMSCHOTS-TÖRN NACH ST. GEORGE ENTLANG DIESER SCHÖNEN KÜSTE GEFREUT... JETZT DREHT AUCH NOCH DER WIND... GEGENAN! MIT WIND UND STROM VON VORN UND DEM GRÜNZEUG AUF DEM UNTERWASSERSCHIFF KOMM ICH NICHT MEHR VORAN... MOTOR DAZU? IST NICHT GUT, DENN DANN HÖRE ICH NICHTS MEHR... ÜBER STAG ALSO UND WEG VON DER KÜSTE!
SCHNELL NACH UNTEN, EINE FUNKPEILUNG NEHMEN... NEIN, KEINEN KOPFHÖRER AUF, SONST KANN ICH NICHTS VON DRAUSSEN HÖREN... JA, DAS MÜSSTE DAS SIGNAL DES FLUGHAVEN-FUNKFEUERS SEIN!... WARUM BEKOMME ICH DAS ANDERE FUNKFEUER* NICHT HEREIN? KEINE KREUZPEILUNG! SO WEISS ICH NICHT GENAU, WIE WEIT ICH VON DER KÜSTE ABSTEHE... ICH HÖR' MAN AUF DAMIT, MUSS INS COCKPIT AUSGUCK HALTEN, LAUSCHEN UND DAS NEBELHORN BEDIENEN...
*SPÄTER STELLTE SICH HERAUS, DASS DAS FUNKFEUER NICHT IN BETRIEB WAR.
DU LIEBE GÜTE, ICH HÖR 'NEN SCHIFFMOTOR IN DER NÄHE... GOTTSEIDANK FÄHRT ER VOR MIR VORBEI.
ICH KÖNNTE EINE PEILUNG MIT VERSEGLUNG MACHEN... NEIN, LIEBER NICHT. ICH MUSS AN DECK BLEIBEN, ICH MUSS!
MAN WIEDER ÜBER STAG, AUF DIE KÜSTE ZU UND DANN UKW-KONTAKT SUCHEN.
RASCH AN DEN KARTENTISCH, MEINE GISSUNG ERGÄNZEN.
THIS IS BYLGIA... THIS IS BYLGIA... THIS IS BYLGIA... CALLING HARBOURMASTER ST. GEORGE... CALLING HARBOURMASTER ST. GEORGE... CALLING HARBOURMASTER ST. GEORGE... OVER!
THIS IS PILOTVESSEL ST. GEORGE... THIS IS PILOTVESSEL ST. GEORGE... THIS IS PILOTVESSEL ST. GEORGE... CALLING BYLGIA... CALLING BYLGIA... CALLING BYLGIA... WHAT DO YOU WANT?... OVER!
...KÖNNEN SIE MICH AUF IHREM RADAR AUSMACHEN? MEIN GEGISSTES BESTECK IST 32°21'N, 64°36'W... OVER!
...JA, WIR GLAUBEN SIE AUF DEM SCHIRM ZU HABEN, OVER!
... WELCHEN KURS MUSS ICH NACH ST. GEORGE HARBOUR ANLIEGEN?... OVER.
... STEUERN SIE 296° WAHRER KURS... KEIN SCHIFFSVERKEHR IN DER NÄHE, WIR BEHALTEN SIE IM AUGE... BLEIBEN SIE AUF EMPFANG AUF 16... OVER AND OUT!
BERMUDA ISLANDS
STRAATEN '81
KASEMIER HOLT DIE SEGEL EIN UND MOTORT SEHR VORSICHTIG IN DIE ANGEGEBENE RICHTUNG. DER EINSAME SEGLER KENNT JETZT DIE ENTFERNUNG UND DEN KURS ZUR KÜSTE UND KANN DAMIT RECHNEN, DASS ER WOHLBEHALTEN ANKOMMT.
NACH EINIGER ZEIT TAUCHT DAS LOTSENBOOT AUS DEM NEBEL AUF UND MAN MACHT KASEMIER DAS ANGEBOT IHN ZU EINEM LIEGEPLATZ ZU LOTSEN. BYLGIA ERREICHT UM 19.00 H WOHLBEHALTEN DEN HAFEN VON ST. GEORGE.
ZURÜCKGELEGTE ENTFERNUNG ST. MARTIN–BERMUDA: 903 SM IN 7 TAGEN.

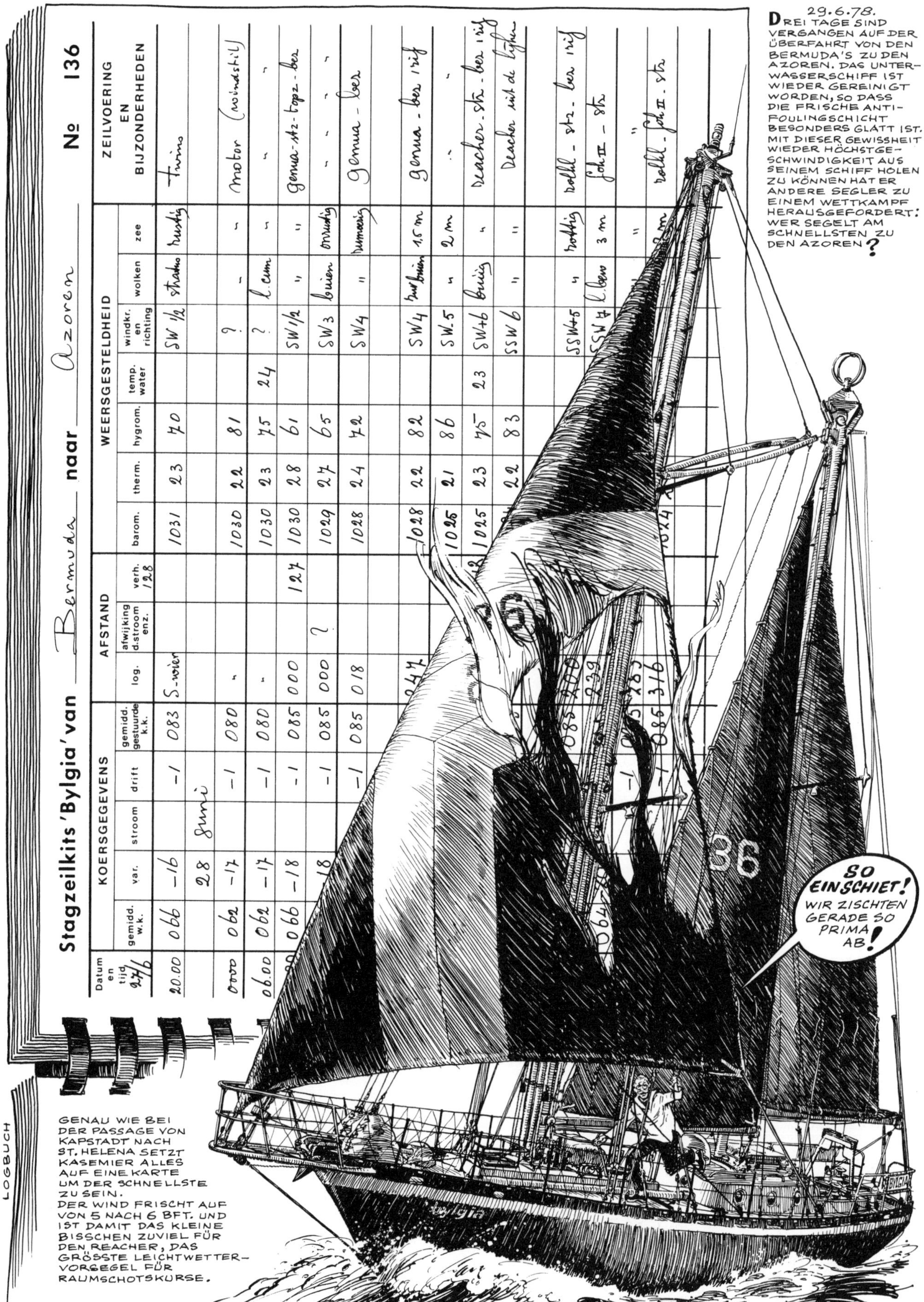

29.6.78.
DREI TAGE SIND VERGANGEN AUF DER ÜBERFAHRT VON DEN BERMUDA'S ZU DEN AZOREN. DAS UNTERWASSERSCHIFF IST WIEDER GEREINIGT WORDEN, SO DASS DIE FRISCHE ANTI-FOULINGSCHICHT BESONDERS GLATT IST. MIT DIESER GEWISSHEIT WIEDER HÖCHSTGESCHWINDIGKEIT AUS SEINEM SCHIFF HOLEN ZU KÖNNEN HAT ER ANDERE SEGLER ZU EINEM WETTKAMPF HERAUSGEFORDERT: WER SEGELT AM SCHNELLSTEN ZU DEN AZOREN?
Stagzeilkits 'Bylgia' van Bermuda naar Azoren
No 136
LOGBUCH
SO EINSCHIET! WIR ZISCHTEN GERADE SO PRIMA AB!
GENAU WIE BEI DER PASSAGE VON KAPSTADT NACH ST. HELENA SETZT KASEMIER ALLES AUF EINE KARTE UM DER SCHNELLSTE ZU SEIN. DER WIND FRISCHT AUF VON 5 NACH 6 BFT. UND IST DAMIT DAS KLEINE BISSCHEN ZUVIEL FÜR DEN REACHER, DAS GRÖSSTE LEICHTWETTER-VORSEGEL FÜR RAUMSCHOTSKURSE.

DIE BUCHT BEI HORTA AUF DER INSEL FAIAL, ARQUIPÉLAGO DOS AÇORES (AZOREN).

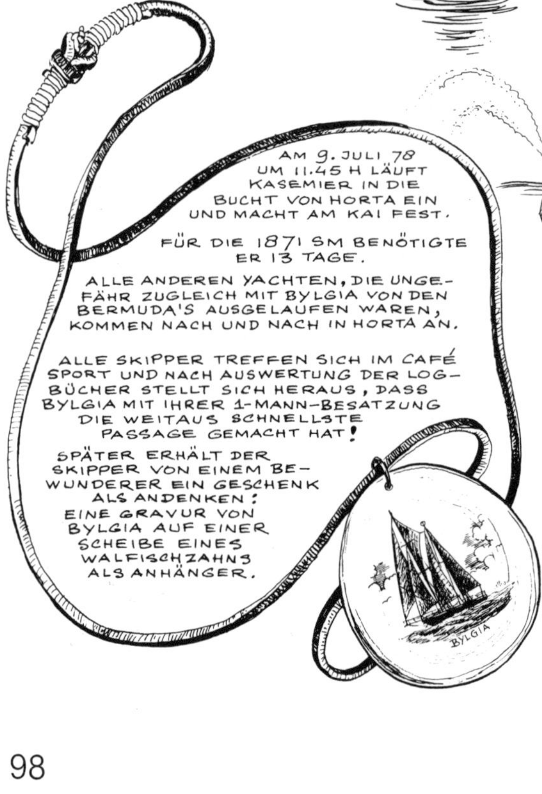

AM 9. JULI 78 UM 11.45 H LÄUFT KASEMIER IN DIE BUCHT VON HORTA EIN UND MACHT AM KAI FEST.

FÜR DIE 1871 SM BENÖTIGTE ER 13 TAGE.

ALLE ANDEREN YACHTEN, DIE UNGEFÄHR ZUGLEICH MIT BYLGIA VON DEN BERMUDA'S AUSGELAUFEN WAREN, KOMMEN NACH UND NACH IN HORTA AN.

ALLE SKIPPER TREFFEN SICH IM CAFÉ SPORT UND NACH AUSWERTUNG DER LOGBÜCHER STELLT SICH HERAUS, DASS BYLGIA MIT IHRER 1-MANN-BESATZUNG DIE WEITAUS SCHNELLSTE PASSAGE GEMACHT HAT!

SPÄTER ERHÄLT DER SKIPPER VON EINEM BEWUNDERER EIN GESCHENK ALS ANDENKEN: EINE GRAVUR VON BYLGIA AUF EINER SCHEIBE EINES WALFISCHZAHNS ALS ANHÄNGER.

AUS DEM SCHIFFSTAGEBUCH:

29.6.78 ... PRÄCHTIGE SEE, KOMME GUT VORAN ... UM „BYLGIA" FLIEGEN EINIGE WEISSSCHWANZ-TROPIKVÖGEL.

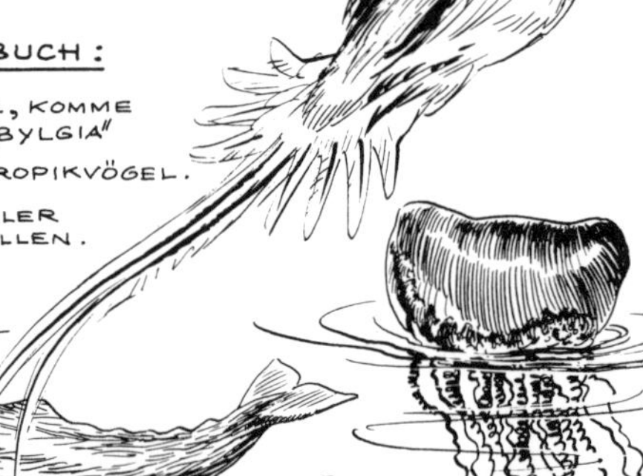

30.6.78 ... DIE SEE IST VOLLER EXOTISCHER QUALLEN.

POTTWAL

6.7.78 ... ÜBERALL DELPHINE. IN DER FERNE WALE. DIE SEE IST SPIEGELBLANK, ABER VOLLER LEBEN ...

7.7.78 ... STELLE EINE LISTE MIT ARBEITEN AUF, DIE ICH IN HORTA ERLEDIGEN MUSS:

- SPLINTE IN WANTENSPANNERN NEU BEKLEBEN.
- SCHOTHORN IN STAGSEGEL VERSTÄRKEN.
- BUGSPRIET ROST KLOPFEN, SCHLEIFEN UND STREICHEN.*
- BAUMSTÜTZEN UND NIEDERGANGSSCHOTTEN FIRNISSEN,
- GENUA NÄHEN.
- GEWEHR REINIGEN.
- KAKERLAKEN (SEIT MAURITIUS AN BORD) AUSRÄUCHERN.

*EINZIGES TEIL AM SCHIFF AUS GEWÖHNLICHEM STAHL.

KAKERLAKE, WAHRE GRÖSSE AN BORD 1 BIS 3 cm.

SAG MAL, EILCO, DU BIST JETZT RUND UM DIE WELT GESEGELT... WELCHER ORTE WIRST DU DICH IMMER GERNE ERINNERN?
DAS KANN ICH DIR SAGEN... AM TIEFSTEN HABEN SICH EINGEPRÄGT:
KAP HOORN – NIE MEHR VON OST NACH WEST.
TAHITI – BILDSCHÖNE MÄDCHEN.
TONGA/FIDSCHI – UM NOCH JAHRELANG DORT RUMZUSEGELN.
BALI – FÜR DIE HOCHZEITSREISE ODER SO ÄHNLICH.
SÜDAFRIKA – GASTFREUNDSCHAFT.
KARIBIK – EINMAL IST GENUG, AUSSER...
SABA – FÜR EINEN LANGEN LEBENSABEND.
BERMUDA – UM DORT ZU WOHNEN *
AZOREN – BILLIG UND FREUNDLICHE LEUTE, DORTHIN HOFFE ICH ZURÜCKZUKEHREN.
* PRAKTISCH KEIN AUTOVERKEHR (NUR FAHRRÄDER UND MOPEDS), HERRLICHES KLIMA, SCHÖNE LANDSCHAFT, FREUNDLICHE MENSCHEN, AUSGEZEICHNETER YACHTSERVICE.
UND HAST DU EIGENTLICH KEINE ANGST UNTERWEGS KRANK ZU WERDEN?
UNTERWEGS KRANK?... ABER NEIN...
1. DAS LEBEN AUF SEE IST GRUNDSÄTZLICH GESUND.
2. MAN WIRD KRANK DURCH:
A. PSYCHISCHE URSACHEN,
B. ANSTECKUNG UND
C. SLECHTE ERNÄHRUNG, SOWOHL QUALITATIV ALS AUCH UNREGELMÄSSIG.
A. AUF SEE GIBT'S KEINE PSYCHISCHEN URSACHEN ODER SOLLTE ES JEDENFALLS NICHT GEBEN.
B. NIRGENDWO KANN MAN DER ANSTECKUNGSGEFAHR BESSER ENTRINNEN ALS AN BORD EINER YACHT. ICH WAR NICHT MAL EIN EINZIGES MAL ERKÄLTET.
C. MEIN AUSGEWOGENES ERNÄHRUNGSSCHEMA HAT SICH, JEDENFALLS FÜR MICH, ALS IDEAL ERWIESEN:
TÄGLICH EINMAL MÜSLI,
EINE ZWIEBEL,
EIN EI,
CA. VIER KNOBLAUCHZEHEN,
SOJAFLEISCH,
KRÄUTERTEE,
UNGESCHÄLTER REIS,
HÜLSENFRÜCHTE UND
UNTERWEGS KEINEN ALKOHOL.
22.7.78, 16.30 H BYLGIA LÄUFT UNTER MOTOR AUS DER BUCHT VON HORTA AUS, DAMIT NIMMT KASEMIER KURS ZUR KANALINSEL GUERNSEY, SEINE LETZTE GROSSE ÜBERFAHRT.

AUS DEM SCHIFFSTAGEBUCH:

„28.7.78
ZUM ERSTEN MAL SEIT HORTA TRINKE ICH TEE IM COCKPIT.
HOCH OBEN FLIEGT EIN FLUGZEUG, DER KONDENSSTREIFEN ZEIGT DEUTLICH IN RICHTUNG LONDON ... ODER IST ES EINE KLM-MASCHINE VON PARAMARIBO NACH AMSTERDAM?

11.45 H, EIN FRACHTER PASSIERT, KEIN KONTAKT. BIN WIEDER SPLITTERNACKT, WASSERTEMPERATUR NUR 17°C, WOHL ZU KALT FÜR EINE DUSCHE, ODER NICHT...

13.00 H, SEHE IM NORDEN PLÖTZLICH EINEN BALLON MIT DARUNTER EINEM KORB. EIN RIESIG GROSSER GELBER BALLON MIT ZWEI ODER DREI SCHWARZEN STELLEN.* ER FOLGT UNGEFÄHR DEMSELBEN KURS WIE 'BYLGIA'. KEIN UKW-KONTAKT, AUCH MEIN WINKEN BLEIBT UNBEANTWORTET.

19.30 H, TANKER NAIAD PASSIERT AN SB IN RICHTUNG KANAL, KEIN KONTAKT.

PRÄCHTIGER ABEND, GENIESSE IN VOLLEN ZÜGEN DAS MEER UND AUCH DEN WEIN, DEN MIR PETER, DER WIRT DES CAFÉ 'SPORT' IN HORTA, GESCHENKT HAT."

---

* DON CAMERON, BALLONFABRIKANT AUS BRISTOL, UND CHRISTOPHER DAVEY WAREN AM 26.7.78 MIT DEM HEISSLUFT- UND HELIUMBALLON 'ZANUSSI' IN NEUFUNDLAND ZUR ATLANTIKÜBERQUERUNG AUFGESTIEGEN.
AM 30. JULI ERHALTEN SIE VON EINEM METEOROLOGEN PER FUNK DEN RAT AUF 12000 FUSS HÖHE ZU KLETTERN, UM DORT EINEN GÜNSTIGEN WIND ANZUTREFFEN UND SO DIE FRANZÖSISCHE KÜSTE SCHNELLER ZU ERREICHEN.
ZUVOR HATTEN DIE BALLONFAHRER JEDOCH ALLE RESERVEKANISTER MIT HELIUM UND BRENNSTOFF ÜBER BORD GEWORFEN, UM EINER GEFÄHRLICHEN KUMULUSWOLKE AUSZUWEICHEN.

DAHER KÖNNEN SIE DIE ERFORDERLICHE HÖHE NICHT ERREICHEN UND WERDEN SCHLIESSLICH VON DER BEWÖLKUNG GEZWUNGEN 40 MEILEN VON DER BRETONISCHEN KÜSTE IM OZEAN ZU WASSERN.

SOMIT IST AUCH DER 13. VERSUCH DEN ATLANTIK PER BALLON ZU ÜBERQUEREN KURZ VORM ZIEL GESCHEITERT.

AM 17.8.78 GELINGT DREI AMERIKANERN DER ERSTE ERFOLGREICHE BALLONFLUG!

„BYLGIA" PLATT VORM LAKEN MIT EINEM YANKEE AN SB VORGEHEISST, AUSGEBAUMT ALS PASSATSEGEL, UND DER GENUA AN BB AUSGEBAUMT MIT DEM STAGSEGELBAUM (GENUASCHOT MIT SCHOTBLOCK AUF SCHOTBÜGEL).

"1.8.78 SEIT 11.00 H GESTERN ABEND UNTER KLEINER BESEGLUNG. ES IST KALT, KLAMM UND NEBLIG. AN UND UNTER DECK IST ALLES KLATSCHNASS, ABER ICH ERLEBE EIN MEERESLEUCHTEN WIE NIE ZUVOR. JEDER WELLENKAMM IST EIN LEUCHTENDER FLECK, UND MEIN KIELWASSER UND DER GISCHT GEBEN BEINAHE GENÜGEND LICHT UM DABEI ZU LESEN. EINFACH PHANTASTISCH, JEDOCH NICHT UNGEFÄHRLICH, DENN ICH KANN DIE POSITIONSLAMPEN ANDERER SCHIFFE NICHT ERKENNEN."

"NACH MITTERNACHT IST ES NICHT MEHR ZU VERANTWORTEN, UNTER DECK ZU BLEIBEN...
UND DENNOCH GIBT'S EINE BEINAHE-KOLLOSION MIT EINEM FISCHERBOOT!
GERADE RECHTZEITIG SEHE ICH SEINEN GRELLEN SCHEINWERFER UND LEGE HART RUDER NACH BB UND KANN IN 50 METER ENTFERNUNG PASSIEREN. ICH SEHE DIE MÄNNER AN DECK FLUCHEN, KANN SIE JEDOCH WEGEN DES HEULEN DES WINDES NICHT HÖREN.
UM 5 UHR NIMMT DER WIND AB, DIE LUFT KLART AUF UND ES WIRD TAG. ICH KANN MEHR SEGEL SETZEN UND WAGE ES ENDLICH, EINE MÜTZE VOLL SCHLAF NACHZUHOLEN."

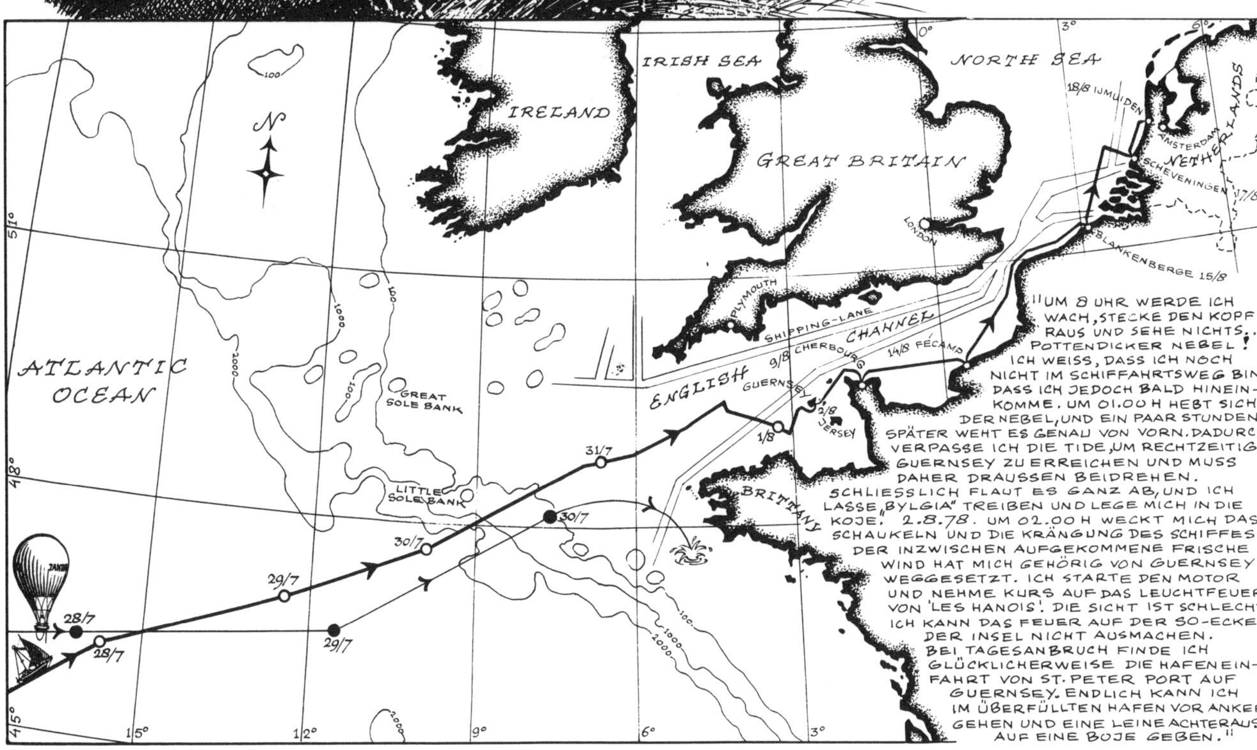

"UM 8 UHR WERDE ICH WACH, STECKE DEN KOPF RAUS UND SEHE NICHTS... POTTENDICKER NEBEL! ICH WEISS, DASS ICH NOCH NICHT IM SCHIFFAHRTSWEG BIN, DASS ICH JEDOCH BALD HINEINKOMME. UM 01.00 H HEBT SICH DER NEBEL, UND EIN PAAR STUNDEN SPÄTER WEHT ES GENAU VON VORN. DADURCH VERPASSE ICH DIE TIDE, UM RECHTZEITIG GUERNSEY ZU ERREICHEN UND MUSS DAHER DRAUSSEN BEIDREHEN. SCHLIESSLICH FLAUT ES GANZ AB, UND ICH LASSE „BYLGIA" TREIBEN UND LEGE MICH IN DIE KOJE." 2.8.78. UM 02.00 H WECKT MICH DAS SCHAUKELN UND DIE KRÄNGUNG DES SCHIFFES. DER INZWISCHEN AUFGEKOMMENE FRISCHE WIND HAT MICH GEHÖRIG VON GUERNSEY WEGGESETZT. ICH STARTE DEN MOTOR UND NEHME KURS AUF DAS LEUCHTFEUER VON 'LES HANOIS'. DIE SICHT IST SCHLECHT, ICH KANN DAS FEUER AUF DER SO-ECKE DER INSEL NICHT AUSMACHEN. BEI TAGESANBRUCH FINDE ICH GLÜCKLICHERWEISE DIE HAFENEINFAHRT VON ST. PETER PORT AUF GUERNSEY. ENDLICH KANN ICH IM ÜBERFÜLLTEN HAFEN VOR ANKER GEHEN UND EINE LEINE ACHTERAUS AUF EINE BOJE GEBEN."

FRÜHMORGENS AM 2. AUGUST LÄUFT BYLGIA IN DEN HAFEN VON ST. PETER PORT AUF DER KANALINSEL GUERNSEY EIN.
ALBION HOUSE
RUE DES CORNETS
CORNET STREET

GUERNSEY, 2.8.78.
AUS DIESEM ERSTEN FLECKEN EUROPAS HAT KASEMIER TELEFONISCHE VERBINDUNG MIT SEINER FRAU UND SEINEN FREUNDEN.
NACH ÜBER ZWEI JAHREN IN DER FREMDE WIRD DER SKIPPER VOM LÄRMEN DES AUTOVERKEHRS UND DER GESCHÄFTIGKEIT DER MENSCHEN ÜBERWÄLTIGT.

ZUM GLÜCK TRIFFT ER EIN PAAR HOLLÄNDISCHE SEESEGLER, DIE SICH SEINER IN LIEBENSWÜRDIGER WEISE ANNEHMEN UND IHM EIN RASCHES AKKLIMATISIEREN ERMÖGLICHEN.
AUCH WIRKEN DIE RADTOUREN ÜBER DIE INSEL BERUHIGEND.

AM 8. AUGUST LÄUFT KASEMIER NACH CHERBOURG AUS.

DA, NACH SEINER MEINUNG, DER KANAL UND DIE SÜDLICHE NORDSEE FÜR EINEN EINHANDSEGLER NICHT OHNE GEFAHREN SIND, KOMMEN SEINE FREUNDE WILLEM UND JAN WILLEM AN BORD.
DIE REISE WIRD FORTGESETZT IN EINEM AUF HOCHGLANZ POLIERTEN UND PRAKTISCH KAKERLAKENFREIEN SCHIFF.

ÜBER FÉCAMP UND BLANKENBERGE ERREICHEN SIE AM 17.8. SCHEVENINGEN.

HIER GIBT ES EIN HERZLICHES WIEDERSEHEN MIT SEINER FRAU UND SEINER TOCHTER.

UNSERE FREUNDE SEHEN SICH ABENDS IN EINEM HOTEL EINE FERNSEHREPORTAGE ÜBER DIE REISE AN.

SOGAR DIE FILMAUFNAHMEN, DIE AN DEM TAG AUS DER LUFT GEMACHT WORDEN WAREN, ERSCHEINEN AUF DEM BILDSCHIRM.

AM NÄCHSTEN TAG SEGELN DIE DREI FREUNDE BYLGIA NACH IJMUIDEN...

UND FÜNF JAHRE SPÄTER:

bylgia II

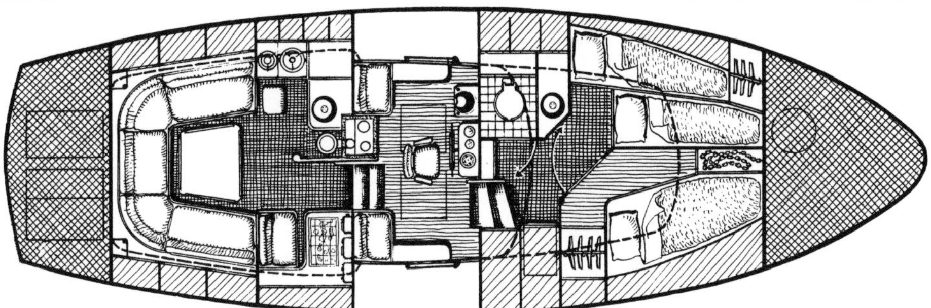

ENTWURF:
D. KOOPMANS
NACH IDEEN VON
EILCO KASEMIER

L.Ü.A.	11.90 M
L.W.L	10.40 M
BR.	3.75 M
VERDR.	11.9 T
BALLAST	2 T
MOTOR (PERKINS DIESEL)	73 PS
MARSCHGESCHW.	6.5–7 KN
HÖCHSTGESCHW.	8.5 KN
AKTIONSRADIUS	4600 SM

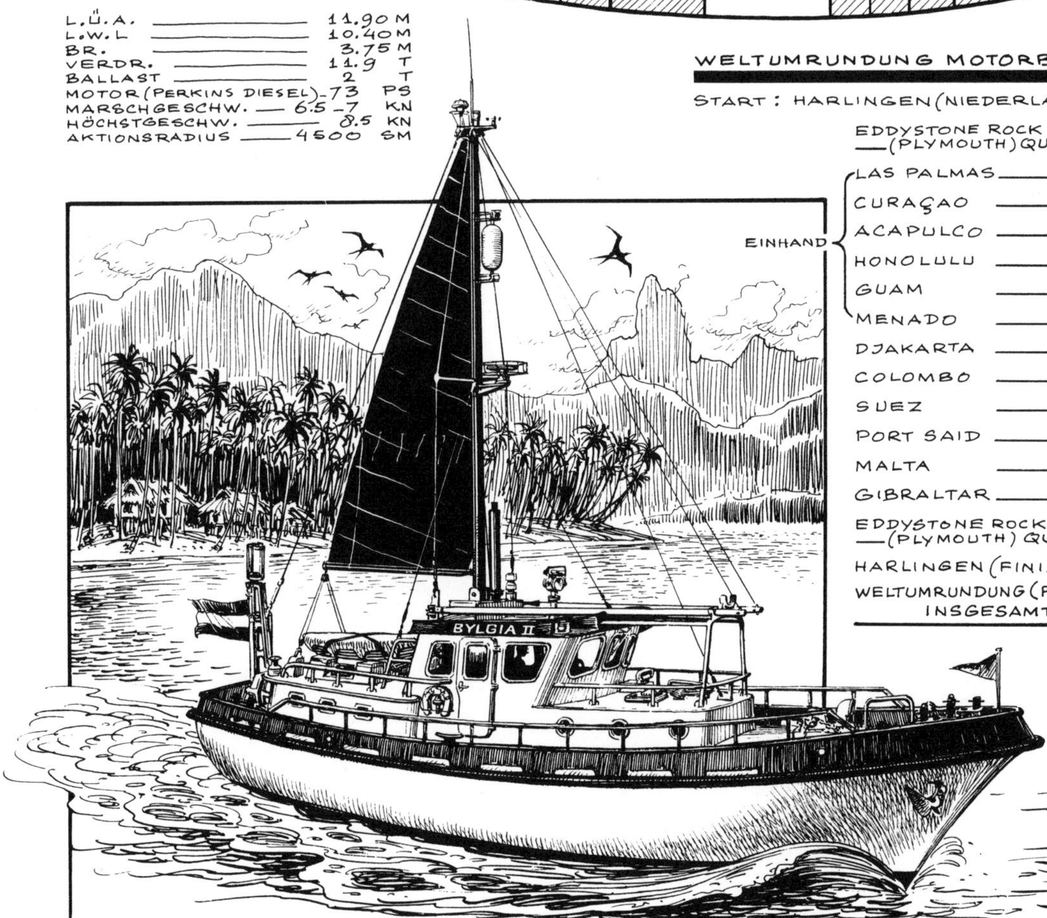

WELTUMRUNDUNG MOTORBOOT BYLGIA II

START: HARLINGEN (NIEDERLANDE) — 24.9.83

	EDDYSTONE ROCK LIGHT (PLYMOUTH) QUERAB	27.9. "
EINHAND	LAS PALMAS	11.10. "
EINHAND	CURAÇAO	6.11. "
EINHAND	ACAPULCO	27.11. "
EINHAND	HONOLULU	22.12. "
EINHAND	GUAM	15.1.84
EINHAND	MENADO	25.1. "
	DJAKARTA	10.2. "
	COLOMBO	25.2. "
	SUEZ	17.3. "
	PORT SAID	22.3. "
	MALTA	29.3. "
	GIBRALTAR	5.4. "
	EDDYSTONE ROCK LIGHT (PLYMOUTH) QUERAB	13.4. "
	HARLINGEN (FINISH)	20.4.84

WELTUMRUNDUNG (PLYMOUTH–PLYMOUTH): INSGESAMT 199 TAGE.

18. AUGUST 1978.
AN DIESEM STRAHLENDEN TAG TAUCHT BYLGIA VOR IJMUIDEN AN DER HOLLÄNDISCHEN KÜSTE AUF.
AUSSER EINIGEN BERUFSSCHIFFEN UND DEM LOTSENVERSETZBOOT 'SPICA' FÄHRT EINE FLOTTE VON SEGELBOOTEN VOM 'VEREIN DER KÜSTENSEGLER' KASEMIER ENTGEGEN.
SPICA

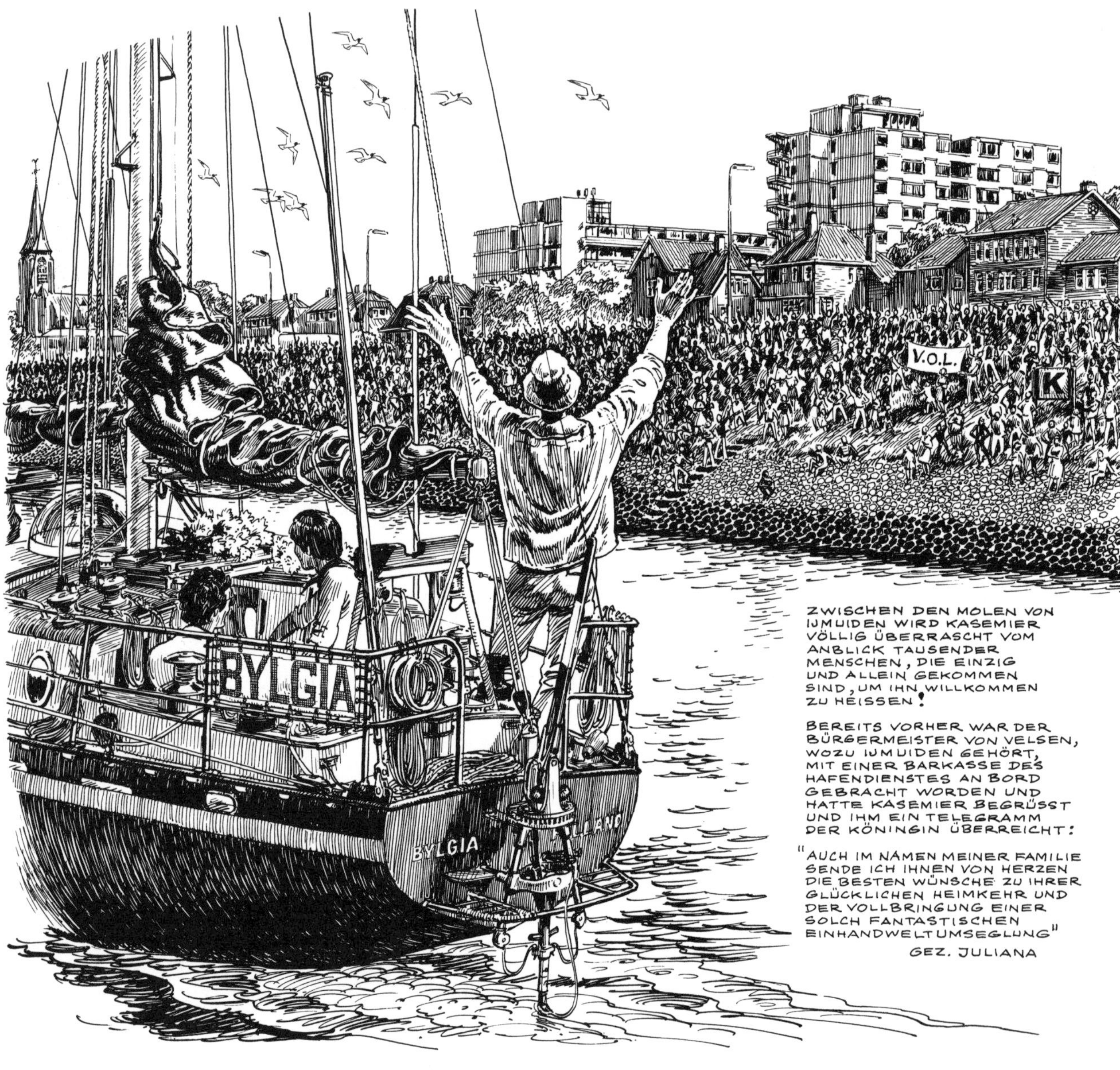
V.O.L.
K
BYLGIA
BYLGIA
ZWISCHEN DEN MOLEN VON IJMUIDEN WIRD KASEMIER VÖLLIG ÜBERRASCHT VOM ANBLICK TAUSENDER MENSCHEN, DIE EINZIG UND ALLEIN GEKOMMEN SIND, UM IHN WILLKOMMEN ZU HEISSEN!
BEREITS VORHER WAR DER BÜRGERMEISTER VON VELSEN, WOZU IJMUIDEN GEHÖRT, MIT EINER BARKASSE DES HAFENDIENSTES AN BORD GEBRACHT WORDEN UND HATTE KASEMIER BEGRÜSST UND IHM EIN TELEGRAMM DER KÖNINGIN ÜBERREICHT:
"AUCH IM NAMEN MEINER FAMILIE SENDE ICH IHNEN VON HERZEN DIE BESTEN WÜNSCHE ZU IHRER GLÜCKLICHEN HEIMKEHR UND DER VOLLBRINGUNG EINER SOLCH FANTASTISCHEN EINHANDWELTUMSEGLUNG"
GEZ. JULIANA

AM ANDEREN TAG IN HOOG SOEREN WIRD DER SKIPPER KASEMIER FEIERLICH VON SEINEN DORFBEWOHNERN EINGEHOLT.
WELKOM
OOM EILCO
MR-64
DIE WELTUMSEGLUNG IST BEENDET UND DER JUGENDTRAUM IST WIRKLICHKEIT GEWORDEN.
WELTUMSEGLUNG STAGSEGELKETSCH BYLGIA
22. MAI 1976 BIS 18. AUGUST 1978
FAHRTAGE: 362, LIEGETAGE: 414
INSGESAMT ZURÜCKGELEGTE DISTANZ: 43200 SEEMEILEN
MITTLERES ETMAL: 118,3 SM.
V. STRAATEN '81

Eilco Kasemier, der Asket im „absoluten Maximum" von Kap Hoorn

Es ist eigenartig: Man kann stundenlang mit ihm reden und dabei versuchen, in die hintersten Winkel seiner Seele zu leuchten, aber sein Innerstes bleibt verschlossen. Wahrscheinlich deshalb, weil da Menschen zweier Welten miteinander reden, die Landratte mit dem Seebären. Und weil er zu der Handvoll Ozeansegler gehört, deren Vergnügen darin besteht, um die Welt zu fahren. Winzige Punkte zu sein in der Unendlichkeit.

Was treibt einen Mann, der glücklich verheiratet ist, brave Kinder hat, einen gutflorierenden Betrieb leitet – der alles oder wenigstens fast alles besitzt, was sein Herz begehrt –, was treibt so einen Menschen, allein rund um die Welt zu segeln, und das noch dazu auf einer der gefährlichsten Routen, die die Schiffahrt kennt?

Was kann diesen Mann bewogen haben, die Bequemlichkeit eines herrlichen Hauses, die Geborgenheit seiner Familie und die Zuneigung vieler Freunde für mindestens zwei Jahre einzutauschen gegen die Unbequemlichkeit einer engen Koje und gegen knappe Rationen, gegen die Qual der Einsamkeit und gegen Mühsal und vielleicht sogar Trauer und Angst?

Als der japanische Segler Kenichi Horie allein in einem Boot von noch nicht einmal sechs Meter Länge den Pazifischen Ozean von Osaka nach San Francisco überquert hatte, wurde er wie beinahe jeder berühmte Oze-

ansegler nach 94 Tagen einsamer Überfahrt mit Fragen bestürmt wie: „Warum haben Sie das getan? Was wollten Sie damit erreichen?"

„Ich glaube", schreibt Horie in seinem Buch über diese Reise, „die Fragesteller erwarteten von mir, ich würde etwas Nettes sagen, oder etwas Schockierendes, etwas Überzeugendes oder etwas Außergewöhnliches. Es war sehr schwierig für mich, mir etwas auszudenken, das ihre Neugier zufriedenstellte. Und so schloß ich meinen Bericht jedesmal mit den Worten: ‚Na ja, ich tat es, weil es mich danach verlangte; ich hatte kein anderes Motiv als das.'"

Die Reporter von Presse, Funk und Fernsehen notierten diese Antworten – möglicherweise nicht zufrieden, denn mit solchen Antworten konnten sie wenig anfangen. Genausowenig wie mit dem Wort des Engländers Knox-Johnston, der während der letzten Vorbereitungen für seinen großen Trip sagte: „Warum? Weil ich es so verdammt gern tue." Später wurde er deutlicher. Am Vorabend seines Einhand-Nonstop-Rennens rund um die Welt – ein Unternehmen, das vor ihm noch niemals ein Mensch unternommen hatte – gestand er unumwunden: „Ich wußte, daß heute oder morgen ein Ozeansegler die Welt umrundet, ohne einen einzigen Hafen anzufahren. Ich konnte nur hoffen, es würde ein Engländer sein, der als erster solch eine Leistung vollbringt. Und deshalb wollte ich der Engländer sein."

Es war gegen Ende Januar 1977, als der Hotelier Eilco Kasemier aus Hoog-Soeren als erster niederländischer Einhandsegler das berüchtigte Kap Hoorn rundete, jenen äußersten südlichen Zipfel von Südamerika, wo zwei Ozeane aneinandergrenzen und wo Stürme die See mit solcher Urgewalt aufwühlen, daß es schon manchen Seemann das Beten lehrte. Kasemier segelte von Ost nach West, gegen die Stürme und die Meeresströmungen. Er erreichte, was in der Hochseeschiffahrt seit Jahrhunderten als das „absolute Maximum" angesehen wird.

Drei Jahre vor Kasemier war der englische Seesegler Chay Blyth der erste der Welt gewesen. Blyth, ehemaliger Fallschirmjäger, abgehärtet, hatte zuvor schon einmal den Atlantik in einem Ruderboot überquert. Aber was er später in seinem Buch „The Impossible Voyage" über Kap Hoorn schrieb, schreckte jeden Segler ab, ein solches Unternehmen zu wiederholen.

Wieder drängt sich die Frage auf: Was trieb ihn? Ehre, Ruhm, Geld oder ein Adelstitel, mit dem einige Engländer wegen außergewöhnlicher Leistungen geehrt wurden?

Kasemier – hochaufgeschossen, graublond, seriös – mag sich im Äußeren vielleicht von dem Japaner Horie unterscheiden, in den Beweggründen unterscheiden sich die beiden allerdings kaum.

Nach so vielen Jahren der Träume und der Vorbereitungen trieb es beide danach, aufzubrechen. Sie segelten nicht gegen andere, um die ersten zu sein, nicht um den Ruf, es mit noch kleineren Schiffen zu vollbringen. Nein, sie segelten um der Genugtuung willen.

Kasemier hat seinen besten Freunden und den Tausenden Menschen, die nach seiner Weltumseglung zu seinen Vorträgen kamen, berichtet, wie es war, als er allein war, als es absolut keine Verbindung mehr zur Welt um ihn herum gab, als er niemanden mehr reden hörte als sich selbst und als es niemanden mehr gab, dem er zuhören konnte. Man sollte meinen, daß solch eine Erfahrung einen ungeheuren Einfluß ausübt auf die Seele eines Menschen. Kasemier jedoch empfand solche Veränderungen eher fein als spektakulär. Er fühlte sich nicht einsam, jedenfalls nicht so, wie sich jemand einsam fühlen kann in einer großen Stadt, wo er niemanden kennt. „Wenn du dir den jahrelangen, immer wieder gut durchdachten Wunsch erfüllst, allein mit deinem Schiff loszusegeln – und das bedeutet navigieren, das Schiff unterhalten, lesen, schlafen, essen, Spannendes und Wunderliches erleben –, dann bist du nicht einsam. Du überlegst, du denkst, du sprichst auch mal mit dir selbst, und du sprichst zu Gott. Friede, Zufriedenheit herrschen an Bord – du bist eins mit dem Schiff."

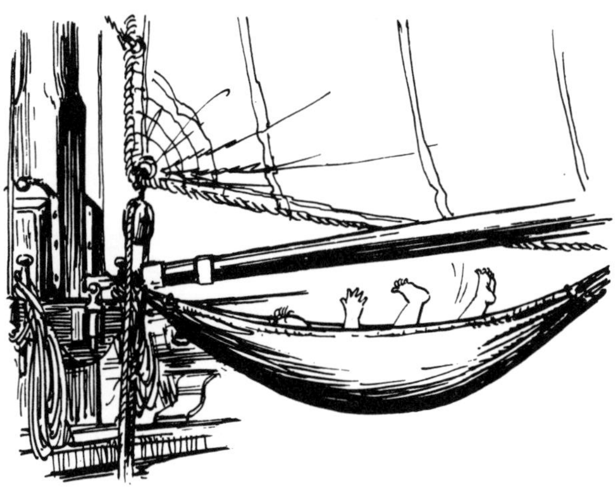

Kasemier wollte immer schon alles wissen und erleben – sein ganzes Leben lang. Seiner Erinnerung nach von seinem achten Lebensjahr an, als er als dritter „Mann" an einer Segelregatta teilnahm. Der eigentliche Ursprung mag noch früher liegen: damals, als das Baby Eilco in seiner Hängematte am Baum des friesischen Tjotter hing, der seinen Eltern gehörte. Der Schulbub Eilco kaufte für ein paar Gulden sein erstes Kanu, möbelte es auf, verkaufte es wieder, nahm eine Jolle.

Nach Schule und Lehrzeit arbeitete Kasemier bei der Holländischen Dampfschiffahrts-Gesellschaft, wurde von der deutschen Besatzungsmacht festgenommen, flüchtete aus dem Arbeitslager Walshut am Rhein, wollte schwimmend über die Schweizer Grenze gelangen, wurde aber von der starken Strömung aufs deutsche Ufer zurückgetrieben. Kasemier gab nicht auf, flüchtete aufs neue und erreichte Ende 1944 Woudsend in Friesland, wo er untertauchte.

Bis nach Kriegsende war er schwerkrank. Noch im Spätsommer 1945 trieb er sich, wiederhergestellt von einer Hirnhautentzündung („Nie gemerkt, daß ich'n bißchen hinke?"), zehn Tage in einem kleinen Boot auf dem IJsselmeer herum. Das war seine erste Erfahrung im Alleinsein auf einem Schiff. Und dort, in der grenzenlosen Weite des Wassers, ringsum nur Horizont, schwor er sich, eines Tages allein um die Welt zu segeln. Doch als er dieses Gelöbnis tat, hatte er keine einzige Mark in der Tasche, um ein Schiff zu kaufen.

Von nun an wurde der Plan zu seiner großen Herausforderung. Das Erlebnis auf dem IJsselmeer stellt den Anfang dar eines roten Fadens, der sich durch das ganze Leben des Eilco Kasemier zieht. Nicht nur zu seltenen Gelegenheiten ein schöner Gedanke, sondern ein realistischer, konsequent verfolgter Plan, für den von nun an auch ebenso konsequent gespart wurde.

Für Kasemier war es zugleich der Beginn einer ständigen Übung in Selbstdisziplin. Noch heute erinnert er sich lebhaft an jene Zeit und daran, wie schwer ihm das Sparen fiel. Aber das Sparschwein blieb unangetastet, 30 Jahre lang. Sogar dann, als Kasemiers mit kaum mehr als den Kleidern auf dem Leibe 1961 aus dem afrikanischen Kongo flüchten mußten. Damals gab es in den Niederlanden keine einzige Stelle, die solchen Menschen Hilfe leistete. „Heute sehe ich das als Glücksfall an", sagte Kasemier, „sonst hätte ich wohl nicht den Anstoß bekommen, noch mal ganz von vorne anzufangen."

Kasemier wollte es wissen. Und dieses Wissen und das Erlebenwollen wurden für ihn zu einem Lebensziel. Wie ist das, Schwierigkeiten, Enttäuschungen und Rückschläge selbst zu erleben, sie nüchtern zu analysieren und aus eigener Kraft zu lösen?

Hat er – damals, als der Plan in den 70er Jahren festere Formen anzunehmen begann – jemals erwogen, die Weltumseglung zu zweit zu unternehmen? Mit Ellen, seiner Frau, oder mit einem guten Freund? Kasemier sieht das Problem des Alleinsegelns sehr nüchtern. Er hat niemals daran gedacht, noch jemand anderen mitzunehmen. Das ließe sich nicht vereinbaren mit dem Charakter des Individualisten. Außerdem könnte es Schwierigkeiten geben, dann nämlich, wenn ausdrücklich die Rede ist vom „ersten" und vom „zweiten" Mann. Genau dieses Problem zeigte sich bei John Ridgway, einem britischen Offizier aus einem Fallschirmjäger-Regiment, und seinem Gefährten Chay Blyth, der Sergeant war. Der Seesegler Anderson schrieb über sie: „Das Verhältnis zwischen diesen beiden Männern, nach drei Monaten engem Zusammenleben in einem offenen Boot auf dem Atlantischen Ozean, war bewunderungswürdig. Blyth anerkannte die Führerschaft von Ridgway mit der unbegrenzten Loyalität eines guten Sergeants einem guten Offizier gegenüber.

Ridgway akzeptierte seine Verantwortung gegenüber Blyth, den Erfolg der Rudertour über den Atlantik als etwas, das über alle persönlichen Gefühle hinausging."

„Mit diesen beiden mag das geklappt haben", meint Kasemier. „Aber Zwei-Mann-Unternehmen auf der Basis der Gleichheit scheiterten fast immer, und nicht selten endeten sie in erbittertem Streit. Das bedeutet natürlich außerordentliche Gefahren. Jede Reizung, und sei sie noch so gering, geht aber zu Lasten der Konzentration, und das kann gefährlich sein. Dieses Risiko jedoch muß ausgeschaltet werden. Deshalb: allein."

Wohl aber, so sagen viele Seesegler, kann sich bei sehr langem Alleinsein eine Art Instabilität, ein seelisches Ungleichgewicht bemerkbar machen. Auf der einen Seite wächst die seelische Stärke – durch Selbstüberwindung, durch Selbstdisziplin und durch die Genugtuung, daß gute Vorbereitungen zu guten Resultaten führen. Auf der anderen Seite wird solch ein Mensch verletzlicher. Kasemier stellte das bei sich selbst fest, als er vor seiner Weltreise sein Schiff vor Island probesegelte. Er hatte einen kleinen Siamkater an Bord, Jaki. An einem Schlechtwettertag vermißte er das Tier plötzlich. Es gab keinen Zweifel: über Bord. „Tagelang war ich niedergeschlagen. Ich konnte zwar meine Arbeit an Bord tun, aber ich spürte, daß ich durch

diesen Verlust empfindlicher geworden war. Und ich fühlte mich auch verletzlicher. Denn es hatte eine gefühlsmäßige Beziehung bestanden, und eben die wollte ich eigentlich nicht, weil sie hinderlich sein kann. Wenn Jaki vor meinem Hotel von einem Auto überfahren worden wäre, hätte mich vielleicht in der nächsten Minute ein Gast in einem längeren Gespräch voll mit Beschlag belegt. Aber an Bord lenkte mich nichts und niemand von dem Gedanken an Jaki ab. Das empfand ich als eine gewaltige Behinderung. Und die muß man so weit wie möglich eliminieren, wenn man die Absicht hat, solch ein Unternehmen zu vollenden . . ."

Als jemand Kasemier und seinen berühmten holländischen Kollegen Gerard Dijkstra fragte: „Wollen Sie beide sich nicht zusammentun? Welch ein Paar, soviel Kenntnis, soviel Erfahrung – echte Sieger", da antwortete Dijkstra: "Schauen Sie, ich mag Eilco gern, und ich weiß, daß auch er mich mag. Aber auf See würden wir binnen kurzer Zeit erbitterten Streit haben. Denn er ist ein Individualist, ein Solist, und ich bin es auch." Kasemier stimmte dem ohne Einschränkung zu. Er weiß von den Dramen, die sich auf See ereignet haben – jedes einzelne verursacht durch die Tatsache, daß ein Zusammenleben auf kleinstem Raum gewaltige Frustrationen verursachen kann. Sogar unter den besten Freunden kommen diese Frustrationen früher oder später zum Ausbruch.

„Individualisten sind keine bequemen Menschen", sagt Kasemier. „Viele Dinge wollen sie alleine tun, besonders weil sie auch noch arge Perfektionisten sind." Als er sich konkrete Gedanken über die Risse für sein Schiff machte, sprach er nur mit wenigen Menschen darüber, denn er wollte lieber von sich aus zu den richtigen Schlüssen kommen. Es galt eine Menge Fragen zu beantworten. Alle liefen auf dasselbe hinaus: Wie muß das Schiff für solch eine Aufgabe beschaffen sein? Kasemier las alte Logbücher, studierte Törnberichte und wälzte Berge von Fachbüchern. Nicht mit anderen reden, denn das würde nur zu Diskussionen führen. Statt dessen lesen und eigene Schlüsse ziehen. So wie die meisten der großen Segler. Es ist das, was einen Solisten ausmacht.

Wurde Kasemier auf seiner Reise rund um die Welt niemals von Zweifeln befallen? „Nein, keine Zweifel. Ich zweifelte nicht an meinem Schiff und nicht an mir selbst, wenn es auch gewisse Spannungen gab." Am stärksten waren diese Spannungen in Rio de Janeiro, etwa drei Wochen, bevor er das „absolute Maximum" erreichte, den äußersten Zipfel Land gegenüber dem Südpol: Kap Hoorn.

„In meinen Träumen hatte ich das berüchtigte Kap Hoorn schon ein dutzendmal umrundet, und in meinen Berechnungen mit Hilfe zahlloser Karten und Beschreibungen war ich zu dem Ergebnis gekommen: Dies muß gelingen. Ich wußte natürlich, daß ich mich irren konnte, aber ich war ja nur mir selbst verantwortlich. Mir saß kein

Sponsor im Nacken, dem ich einen Erfolg vorweisen mußte. Es gab nur ein paar Zeitungen und Zeitschriften, die auf meine Berichte warteten (gewöhnlich per Brief vom nächsten Hafen aus); für deren Leser war jedoch allein die Reise schon interessant genug. Auch dann, wenn ich am Kap hätte sagen müssen: Nein, ich kann's nicht ... Es gab also niemanden, der mich trieb, außer mich selbst. Es war ein herrliches Gefühl. Das bedeutete Anspannung, nicht aber ein Wagnis, weil ich mich selbst und mein Schiff kannte. Es war auch nicht die pure Lust auf Abenteuer; denn es hätte einfachere Mittel gegeben, um diese Lust zu befriedigen."

Bei seinen Vorbereitungen hatte Kasemier das Für und Wider von Kap Hoorn genau gegeneinander abgewogen. Wenn es irgendwo eine Unsicherheit gab, dann beschäftigte er sich so lange damit, bis er sicher war, das Risiko werde in jedem Fall so klein wie möglich bleiben.

Vorbereiten, vorbereiten – jahrelang. Studieren und träumen ... Lächelnd hat Kasemier seine Fahrt, besonders die Vorbereitungen, einmal mit einem erotischen Erlebnis verglichen, dessen Vorspiel für ihn bedeutungsvoller war, wenn nicht sogar erregender als das Erlebnis selbst. Die letzten fünf Jahre, bevor er zu seiner Reise aufbrach, zog er sich Abend für Abend aus dem hektischen Hotelbetrieb zurück. Dann kramte er die Karten aller Weltmeere hervor, studierte die Umrisse Tausender Meilen Küste, wälzte meteorologische Bücher, las in vergilbten Schriften und alten Folianten, schöpfte Wissen aus Logbüchern und Konstruktionszeichnungen anderer Yachten.

Wenn er das „Warum?" erklären soll, kommt Kasemier immer wieder auf den einen Punkt zu sprechen: Wenn ein Mensch so lange geplant und geträumt, so viele Daten und Fakten zu Papier gebracht hat und immer wieder darüber in Schlaf gefallen ist, in diesem Grenzbereich zwischen Denken und Träumen – ja, dann will er schließlich den „moment suprême". „Es war für mich obendrein ein bewährtes Schlafmittel, besser als jede Tablette. Man schläft einfach ein, mit einem Lächeln im Gesicht."

Haben sich in diese Träume auch noch andere Elemente gemischt? Etwa eine Prise Patriotismus, ein Quentchen Ehre, der erste Niederländer zu sein auf dieser „unmöglichen Route" von Chay Blyth? Die Aussicht auf Ruhm vielleicht oder auf ein Ordensbändchen nach der Rückkehr in Amsterdam? Oder die Hoffnung auf reichen Tantiemensegen durch Bücher, Lesungen und Interviews?

Einige dieser Motive haben in den letzten 50 Jahren im Hochsee-Segelsport eine große Rolle gespielt. Robin Knox-Johnston wollte unbedingt der erste Engländer sein. Chichester segelte nicht nur über die Ozeane, er flog geradezu dahin, weil er der schnellste sein wollte. Beide wurden Nationalhelden.

Kasemier sagt: „Natürlich bedeutet mir die holländische Flagge einiges. Ich fand es schön, daß ich genau

am Geburtstag von Königin Beatrix um Kap Hoorn herumsegelte, aber das war nicht geplant. In vielen Häfen war ich stolz auf diese Flagge, hoch oben im Masttopp. Aber für mich muß sie nicht unbedingt auf jeder Weltmeisterliste, in Zeitungen oder auf dem Fernsehschirm erscheinen."

Kurz bevor Kasemier aufbrach zu seiner Weltreise, die dann dennoch einen solchen Grad der Bekanntheit erlangte, bekam er mehrere Angebote, aber alle lehnte er ab – sehr höflich, aber auch mit einem gewissen Phlegma. Die Medien sahen in diesem schlanken, weißschnurrbärtigen, „English style"-Gentleman-Ozeansegler ein prächtiges Objekt. Aber bald schon mußten sie erkennen, daß Kasemier, wie auch immer die Reise verlaufen würde, sich keineswegs in die eine oder andere Heldenrolle drängen lassen würde. Und es war ebenso klar, daß weder eine Zeitung noch ein Rundfunksender ihn vertraglich zwingen könnte, die Reise gegen seinen Willen fortzusetzen, wenn er der Meinung sein würde, es sei das beste, umzukehren.

Als sich allmählich herausstellte, daß diese Haltung unumstößlich war, erlahmte das Interesse. Und das war Kasemier sehr willkommen. Natürlich wurden immer noch Fragen gestellt nach seinem Privatleben. Viele wollten wissen, wie ein Mann es seiner Frau beibringt, daß sie ihn zwei Jahre ziehen läßt. Aber die Boulevardpresse wurde bei dem Hotelier aus Hoog-Soeren nicht fündig. Auch wenn der eine oder andere es immer wieder versuchte, wie jener Fotograf, der Kasemier auf seinem Schiff besuchte: „Mijnheer Kasemier, ich kenne eine Menge Männer – und ich selbst gehöre dazu –, die wagen es kaum, ihre Frau um Erlaubnis zu fragen, wenn sie mal eine Woche mit Freunden zum Fischen fahren wollen. Und wie haben Sie ...?"

Kasemier unterbrach ihn: „Ich weiß, was Sie meinen. Ich kann mir vorstellen, daß es Tausende Männer gibt, die auch gerne so etwas tun würden. Denn wer von uns will nicht wissen, was hinter den Bergen liegt. Auch die anderen träumen davon, aber ich glaube, daß viele es nicht richtig *wollen.* Ihren Traum zerstören immer wieder die Vernunftgründe: die Frau, die sich weigert oder den Traum als lächerlich bezeichnet und damit zerstört. Oder es ist die gute Stellung, es sind die Kinder, der Betrieb, das Geld. Und so werden noch eine Menge Argumente herangezogen, die alle dazu führen, es *nicht* zu tun. So entschwindet der Traum, und es verschwindet auch das Lächeln beim Einschlafen. Es mangelt eben daran, richtig zu wollen."

Als Kasemier heiratete, erzählte er seiner Frau von seinen Plänen, wie sie während seiner einsamen Segeltour auf dem IJsselmeer gereift waren. Ellen wußte, daß nichts diesen Plan umstoßen konnte, daß ein unwiderstehlicher Drang ihren Mann beherrschte. „Sie hat meine Pläne nicht nur verstanden und akzeptiert", sagt Kasemier, „sondern sie hat mich oft genug auch noch ermuntert, sie zu verwirklichen."

Während eines kurzen Ferienaufenthaltes in Südengland im Juni 1972 wußte Kasemier es so einzurichten, daß Ellen und er drei Tage vor dem Start des vierten Einhand-Transatlantikrennens mit dem Auto in Plymouth ankamen. 18 Stunden am Tag, und das drei Tage lang, war er damit beschäftigt, am Millbay Dock Details der teilnehmenden Schiffe zu fotografieren. Und mit den Seglern zu reden. Auf dem Heimweg nach Holland sagte Ellen: „Ich habe dich die letzten Tage in Plymouth beobachtet, aber weißt du, was du tun mußt? Dafür sorgen, daß du 1976 selbst dabei bist. Wäre das nicht ein schöner Start für die Reise um die Welt, die du immer noch machen willst? Du mußt nur das Geschäft so gut organisieren, daß ich deinen Platz einnehmen kann, solange du weg bist."

Ellen war immer „zweiter Mann" gewesen. Nach Eilcos Abreise aber mußte sie der Chef sein. „Das ist großartig geglückt", stellte Kasemier fest, als er zwei Jahre später zurückkehrte nach Hoog-Soeren. Er sagte es mit dem Ausdruck der Bewunderung und der Dankbarkeit für seine Frau. „Wenn du ablegst, dann fühlst du dich stark ... glaub' mir! Übrigens, wenn du ein junger Kerl bist, verheiratet dazu", meint Kasemier, „dann mußt du deine Frau mitnehmen, denn sonst führt solch ein Unternehmen wahrscheinlich zum Bruch." Er hatte es bei mehreren jungen Seglern festgestellt, die er unterwegs traf. Sie hatten sich für ihr Schiff entschieden.

Ist der Solo-Segler ein Egoist? „Wahrscheinlich ja, in jedem Fall muß er eine egozentrische Einstellung besitzen, denn sonst könnte er so etwas nicht verwirklichen." Kasemier selbst meint, er habe es für seine Person relativ leicht gehabt. „Wenn du zwischen 50 und 60 bist, hast du natürlich weniger physische Kraft als ein junger Mann. Dagegen kannst du jedoch etwas tun, unter anderem durch gute Organisation an Bord. Aber das Alter verschafft dir mehr Reife, und das ist ein großer Vorteil."

Im Mai 1976 setzte Kasemier, mit seinem Sohn und mit Freunden an Bord, nach Plymouth über zum Start des fünften Einhand-Transantlantikrennens. Kurz bevor im Hafen ein ohrenbetäubendes Getute losbrach, sagte er zu seinen Freunden: „Ich hoffe, daß ich sowenig Fehler mache wie möglich ..." Zweifelsohne dachte er dabei an die Warnung von Chay Blyth: „Für den, der vor Kap Hoorn einen Fehler begeht, gibt es keinen Weg mehr zurück."

Kasemier segelte allein, aber er war nicht einsam. Landratten, die kaum etwas wissen davon, wie es in der Segelschiffahrt zugeht, mögen erstaunt sein, wenn sie erfahren, wie klein Männer in schönen, aber auch in schwierigen Augenblicken sein können, Männer, für die kein Berg zu hoch und keine See zu wüst ist. Die Literatur über die alte Segelschiffahrt kennt viele Gebete – Gespräche mit einer göttlichen Macht. Es sind meist nur einfache Worte, manchmal auch Sinnsprüche mit eindrucksvollem, philosophischem Inhalt. Und was bedeuten sie für den Seemann, der ganz auf sich allein gestellt ist?

In seinem Buch „A World of My Own" schreibt Knox-Johnston: „Es gibt physische Gesetze, denen du gehorchen mußt, wenn du eine Chance haben willst. Wenn du weißt, daß dein Schiff geradewegs auf das Zentrum eines Hurrikans zusteuert, dann hilft es dir nicht, wenn du Gott bittest, er möge dich sicher durchbringen. Das ist nicht seine Aufgabe. Es ist deine eigene Aufgabe, dein Schiff aus der Gefahr herauszusteuern. Du verlangst zuviel, wenn du erwartest, daß du nur durch Gottes Hilfe überlebst.

Ich glaube, daß Gott dem hilft, der sich selbst hilft. Es ist nicht gut, in der Koje zu liegen, auf den anschwellenden Sturm zu horchen, während man spürt, wie das Schiff ächzt und immer schwerer mit den Wellen kämpft, und dann Gott zu bitten, er solle ein Reff ins Segel binden. Nur ein Dummkopf würde erwarten, daß etwas geschieht. Du mußt aufstehen und selber reffen.

Wenn alles getan ist, von dem du weißt, daß es getan werden kann und muß, erst dann darfst du auf das allmächtige Wesen vertrauen. Weil ich so handelte, habe ich mich während der gesamten Reise eigentlich nicht ein einziges Mal alleine gefühlt.

Wenn du versuchst, eine besonders unangenehme Arbeit zu tun, und wenn dir das Mal um Mal mißlingt, dann wird dir das Wissen, daß es einen Gott gibt, eine Hilfe sein, und vielleicht bringt er selbst dich sogar dazu, alles mögliche zu tun ..."

So haben es viele Ozeansegler erlebt. Bekannt ist das Wort eines Seemannes: „Du darfst bei Gott keine Anleihe aufnehmen, wenn du dein eigenes Geld verspielt hast!"

Kasemier findet es schwierig, diese Art von Bekenntnis, die aus der Tiefe der menschlichen Gefühle kommen, in Worte zu kleiden. Es sagt es einfach so: „Wenn du monatelang allein segelst, dann hast du viel Zeit, nachzudenken und zu grübeln. Und wenn du dann gen Himmel schaust, die oft überwältigenden Wolkengebirge siehst, die Sonnenauf- und die Sonnenuntergänge, während dein Schiff durch die Wellen schneidet, schon tagelang begleitet von einem Delphin

– dann fragst du dich: Wer beherrscht dies alles? Und wer bin ich selbst? Wie kommt es, daß ich mich so sehr glücklich fühle? Dann kannst du nur noch niederknien und Gott danken. So etwas hat nichts zu tun mit einer Religion oder mit Gedanken an die Ewigkeit."

Ein Südafrikaner, mit dem er darüber an einer Bar in Kapstadt sprach, konnte sich das nicht vorstellen. Der Mann verstand nicht, daß ein Mensch so sehr die unmittelbare Anwesenheit Gottes erleben konnte, sowohl in schwierigen wie in sorglosen Augenblicken. Für ihn, den Südafrikaner, spielte Gott immer nur dann eine Rolle, wenn er nachdachte über Auferstehung, Himmel und Hölle. Die Männer gingen auseinander. Ihre Gedanken lagen auf einer Linie, aber wo die gemeinsame Linie einen Bruch hatte, wußten sie nicht.

„Ja, die See bringt einem Gott viel näher", sagt Kasemier. „Ich bin nicht religiös, und vielleicht besteht darin der Unterschied im Denken des Südafrikaners und meiner Erfahrung. Ich habe auf See gespürt, daß mich jemand begleitete. Es war wie eine Schulter direkt neben mir – keine Schulter, an die ich mich anlehnte, um zu weinen, sondern eine Schulter, die mich stützte und von der ich Hilfe zu erwarten hatte. Auf meinen vorbereitenden Einhand-Segeltouren rund Irland und zu den Shetlandinseln habe ich das sehr intensiv erlebt. Ich hatte Schwierigkeiten, der Wind wehte mit Stärke neun, ziemlich viel Wasser kam über, das Schiff kämpfte gewaltig gegenan, und ich mußte ein Reff einbinden, was aber nichts half. In solchen Augenblicken fängt das Herz an zu reden. Und das Herz spricht zu Gott: Bitte, gib mir ein wenig Hilfe; ich schaff's nicht allein. Schauen Sie, schon allein die Zuversicht, daß Sie es nun schaffen werden, macht Sie glücklich. So denke ich, und davon bin ich zutiefst überzeugt, wenn ich allein auf See bin."

Kap Hoorn zu umrunden und dann weiter um die Welt zu segeln, das verlangt vor allem Konzentration. Darum hielt Kasemier vor seiner Abreise auch nichts von Festen, nichts von Pressekonferenzen, nichts von PR-Kampagnen zugunsten möglicher Sponsoren. Denn er meint, daß niemand ein Geschäft mit der Zukunft machen kann. Und daß niemand einen Bericht verkaufen kann, wenn die erste Zeile noch geschrieben werden muß.

Viele Hochseesegler empfinden solche Skrupel nicht. Sie treffen schon vor der Abreise alle möglichen Vereinbarungen und schließen Verträge. Und einige segeln nur unter dem Druck der Verpflichtungen. Kasemier hätte auf seine Reise einen Kurzwellensender mitnehmen können. Aber er weigerte sich, weil er keine Journalisten im Nacken sitzen haben wollte, die ihn – so wie es damals bei Chichester der Fall gewesen war – hartnäckig um Berichte angingen, auch wenn es gar nichts zu berichten gab.

Nein, keine Verträge, dafür Konzentration und Selbstdisziplin. „Das wird nur erreicht durch gute Vorbereitung – körperlich, materiell, aber vor allem geistig. Darauf kommt es an. Man muß wollen, muß motiviert sein, muß seine Gedanken geordnet haben. Wirre Gedanken, das dreht sich im Kreis, und dann fangen die Zweifel an. Wer zweifelt, folgt nicht mehr der festen Linie und läuft Gefahr, daß sich seine innere Einstellung, sein Brennpunkt verändert. Dieser Brennpunkt ist wichtig. Schon bei der Frage: Warum bin ich aufgebrochen? Denn es gibt einen großen Unterschied zwischen, sagen wir, einer Familie, die zusammen mit den Kindern schöne Ferien verlebt und ab und an ein paar Fotos macht oder filmt, um sich später an einem langen Winterabend daran zu erfreuen – und einer anderen Familie, die einen viel schöneren Film dreht, aber dazu ein Drehbuch schreibt mit viel inszenierten Situationen, um später darüber gemeinsam mit den Freunden zu lachen."

Aber wie sieht solch ein geistiges Training aus? Kasemier übt es schon so lange aus, daß die Selbstdisziplin beispielsweise bereits zu einem solch selbstverständlichen Teil seines Lebensrhythmus geworden ist, daß er kurz nachdenken muß, um es zu erklären.

„Sobald Sie etwas wollen", sagt er, „müssen Sie zuerst nachdenken, die Dinge ordnen und überlegen, was das Beste ist. Manchmal müssen Sie auch Dinge tun, die Ihnen schwerfallen. In jedem Fall kommt es darauf an, eine Menge Dinge sehr bewußt zu tun oder nicht zu tun."

Jahre vorher schon bediente Kasemier sich eines sehr einfachen Hilfsmittels: auf die Autobahn zu gehen und trotz Eile und freier Bahn nicht schneller als 80 Kilometer in der Stunde zu fahren. Als Ellen und er aus dem Kongo zurückkamen – eine anstrengende Zeit mit viel Sorgen –, rauchte Kasemier sehr viel. „Wir mußten hart anpacken, um uns wieder etwas Neues aufzubauen", denn weil der Kongo unabhängig wurde, war es mit Kasemiers Karriere zu Ende. Es war nur ein schlichter Einfall, aber er paßte zu Kasemiers System. Er gab Ellen sein Päckchen Zigaretten und sagte zu ihr: „Ich höre mit dem Rauchen auf. Wenn mir das gelingt, bin ich sicher, daß mir dann noch viel mehr Dinge gelingen werden." Er machte seine Frau zum Bundesgenossen und gleich-

Seite 112 und 113: Vor Kap Hoorn – die Bylgia begegnet der Esmeralda

36
36
bylgia
36

zeitig zum Schiedsrichter. Und es gelang ihm in der Tat. Es gelang ihm noch viel mehr.

„Solche Dinge hat jeder Mensch nötig: Ordnung, und dann muß er allzeit bei sich selber anfangen. Er muß aufbauen, und er muß Freude daran haben, denn die braucht er, wenn er Dinge tun soll, die unbequem sind."

Vor seiner großen Reise ist Kasemier auch im eigenen Land hin und wieder gereist. Immer wieder von Hoog-Soeren in die Provinz Zeeland, wo sein Boot gebaut wurde, und regelmäßig auch zu einigen Ärzten („Ja, sehr viel Naturheilkunde, aber man muß aufpassen, daß man nicht zu sehr davon schwärmt oder sogar eine Art Aberglaube daraus macht"). Es folgten Lehrgänge in Meteorologie, in Erster Hilfe, Überlegungen über die Zusammenstellung des Proviants und Diskussionen mit dem Fabrikanten, der die Lebensmittel sterilisierte und vakuumverpackte.

Dann waren da die zeitraubenden Experimente mit seinen Augen. Kasemier ist Brillenträger, er aber wollte lieber Kontaktlinsen tragen. Im In- und Ausland ließ er sich untersuchen und Probegläser anpassen, doch schließlich entschied er sich für die herkömmliche Brille. Zur Sicherheit nahm er zehn Modelle mit auf die Reise. Nicht alle von gleicher Stärke, denn Fachleute hatten ihm erklärt, seine Augen würden durch das häufige In-die-Ferne-Sehen eher besser denn schlechter werden.

Fast ein Jahr lang nahm Kasemier nur noch jene Nahrung zu sich, von der er während seiner Reise leben würde: in der Hauptsache ein speziell zusammengestelltes Müsli aus Getreidekörnern, Nüssen, Südfrüchten, sterilisiert und vakuumverpackt. Später nahm er auch Weizen mit an Bord, den er selbst mahlte und von dem er dann und wann in einem Schnellkochtopf Brot backte. Außerdem standen auf dem Speisezettel grüne Erbsen, Bohnen, Kapuzinererbsen (grüne Erbsen, die beim Kochen braun werden), Zwiebeln, Möhren und Knoblauch.

„Und dann im Hafen ein saftiges Beefsteak mit einer herrlichen Sauce?" fragte jemand.

„Ich weiß, es hört sich komisch an für einen Hotelbesitzer", sagte Kasemier, „danach stand mir nicht mal der Sinn. Vor allem deshalb nicht, weil ich es auch daheim nicht esse. Ich lasse eine Menge Dinge stehen, dazu gehören Fleisch, Zigaretten, Alkohol. Nicht, weil ich aus Prinzip dagegen wäre, sondern nur aus praktischen Gründen. Ich mußte das Risiko, krank zu werden, so klein wie möglich halten; nur deshalb verfiel ich auf die makrobiotische Ernährung, zumal sie mir auch schmeckt. Was nicht bedeutet, daß mir anderes nicht auch mundet."

Kasemier ist schon oft gefragt worden: „Und Schnaps? Wie ist es damit? Niemals ein Gläschen? Ist doch herrlich, Mann ... ruhige See ... mal ein bißchen abschalten ..."

Nein, kein Gläschen, es sei denn mit Freunden in einem Hafen. Aber wieder auf See, gab es anstatt Alkohol jeden Tag ein Glas Meerwasser – natürlich nicht unmittelbar in Küstennähe, sondern draußen, außerhalb der Fahrrouten der großen Schiffe.

Stolz zeigte Kasemier einmal einem Gast an Bord seinen Extravorrat an Trinkwasser. Die Versorgung mit Frischwasser bedeutet auf langen Ozeanreisen ein großes Problem. Schon viele Segler haben Berechnungen angestellt darüber, mit wieviel Wasser der Mensch auskommt. Kasemier meint, zwei Liter pro Tag seien normal, aber schon ein halber Liter sei ausreichend. Es könnten sich jedoch Situationen ergeben, in denen gar kein Wasser zur Verfügung steht (zur Ausrüstung der Rettungsinsel gehören zehn Liter). Deshalb hat Kasemier auch Angelzeug an Bord, um hin und wieder einen Fisch zu fangen. Weniger, um ihn zu essen, sondern um das Süßwasser aus ihm herauszupressen. Denn sämtliche Flüssigkeit im Körper eines Seefisches ist – wider Erwarten – süß.

Für jeden Tag waren also zwei Liter Wasser eingeplant. Mehr als erforderlich, aber als Extravorrat hatte Kasemier Wasser aus seinem Heimatort Hoog-Soeren mitgenommen. „Das ist das beste Wasser, was es gibt. Das nehme ich mit für den Fall, daß es unterwegs etwas zu feiern gibt, Geburtstag oder so."

Kasemiers Einhandreise rund um die Welt war kein Abenteuer im üblichen Sinn. Die Reise war ein durchgeplantes Unternehmen, wenn auch ein Unternehmen mit einem tüchtigen Schuß Abenteuer: die Herausforderung. Aber Herausforderungen, das muß doch auch Sorge bedeuten, Ängste vielleicht? Die wütende See vor Kap Hoorn? Die Kap Hoorniers, die diesen Winkel der Erde einst mit großen Schiffen befuhren, bezeichnen in ihren Logbüchern die Wellen dort als hohe Mauern aus Wasser. Bereitet das Sorge, oder bedeutet das nackte Angst?

Es ist merkwürdig, aber bevor Kasemier abreiste, sprach er kaum über hohe See, Hurrikane und Zyklone. „Ja", sagte er einmal, „das alles steht mir zweifelsohne bevor, aber es macht mich nicht ängstlich, will sagen: sie machen mir nicht die größte Sorge. Ich habe ein gutes Schiff, ich weiß, was kommen kann, und meine Kondition ist bestens."

Wer diesen Mann auch fragte, was eine solche Reise denn noch für Probleme bringen könnte, der hörte eine sehr nüchterne Antwort: „Ich kenne diese Strecke von 43000 Seemeilen schon, zumindest in der Theorie. Ich stehe hier zwar noch auf dem trockenen Land, eigentlich aber bin ich schon längst unterwegs. Na ja, Sorgen und Probleme. Am meisten habe ich Angst davor, daß ich mich verletzen könnte, ich meine einen verstauchten Knöchel beispielsweise oder einen gebrochenen Finger, Arm oder Bein. Dann kann's gefährlich werden, wenn man durch einen dummen Zufall plötzlich behindert ist."

Und wie wird man mit dem seelischen Tief fertig, das sich zweifelsohne nach einer solchen Blessur einstellt? Kasemier: „Phlegmatisch!" Das ist seine Art. Depressive Stimmungen zu bekämpfen, darin hat er sich sein ganzes Leben lang geübt – auf Trecks durch die Sahara, als Prospektor im Kongo und bei anderen mehr oder weniger stürmischen Gelegenheiten. „Darin bekommen Sie mit der Zeit Routine. Nur nicht nervös werden, sondern erst mal ordnen, nüchtern betrachten und dann über eine Lösung nachdenken und eine Lehre daraus ziehen: Meistens sind es Hast, Nachlässigkeit und Unordnung, welche die Gefahr der Verletzung erhöhen."

Und andere Sorgen oder Ängste? Ja, zum Beispiel die dichtbefahrenen Schiffahrtswege. Wenn es dann auch noch neblig ist, erlebt der Seesegler ohne Zweifel die beängstigendsten Augenblicke seines Lebens. Die großen Seeschiffe hört er zwar, aber er weiß nicht, aus welcher Richtung. Von allen Seiten dringt das Echo der Schiffsmaschinen auf ihn ein. Da kann schnell etwas geschehen. Denn im Vergleich zu einem Tanker ist Kasemiers Schiff eher einer im Wasser treibenden Schachtel Streichhölzer vergleichbar. „Man ist dann einfach machtlos, und das ist auf See das am meisten Frustrierende."

Das gleiche Gefühl der Ohnmacht hatte Kasemier in den berüchtigten Doldrums in der Nähe des Äquators erlebt. In diesem Gebiet herrscht eine nahezu unmenschliche Windstille mit feuchter Hitze, unterbrochen manchmal durch warmen Regen, und die drohende Stille wird nicht einmal durch das ständige Auf und Ab der Dünung gemildert. Bevor Kasemier aufbrach, wußte er natürlich um die Doldrums, denn sie werden schon in alten Logbüchern beschrieben. Auf ihren Fahrten nach Ost und West bezahlten frühere Generationen von Seeleuten schon schweren Blutzoll, weil die Besatzung durchdrehte. Skorbut und Meutereien waren an der Tagesordnung.

Kasemier hält nichts von Superlativen. Aber wenn er schildert, wie es dem Segler auf hoher See bei Windstille ergeht, dann bricht es aus ihm heraus: „Es ist eine schreckliche Erfahrung. Man kann nichts tun. Man empfindet Ohnmacht und fühlt, wie das Schiff leidet. Die Segel schlagen, wie wenn man Teppiche ausschlägt. Durch die Dünung erhält das Ganze einen gewissen Rhythmus. Dennoch liegt das Schiff auf der Stelle, es ist brüllend heiß, sogar der Regen ist unangenehm warm. So eine Situation kann manchmal eine Woche andauern.

Ja, da habe ich meinen Tiefpunkt gehabt, weil ich mich so elend fühlte und alles nur schwarz in schwarz sah. Schließlich aber habe ich zu mir gesagt: Was bist du doch für ein Dummkopf. Du wußtest doch, daß da ein Hochdruckgebiet lag, warum setzt du dich denn da mitten hinein?

So fängt man an, mit sich selbst zu reden. Nein, nicht reden, ich habe mich selbst beschimpft. Mehr als einmal, beispielsweise auch, als ich einmal vergaß, etwas mit aufs Vorschiff zu nehmen. Das kostet Energie, das erhöht das Risiko. Darauf muß man achten."

Dieses „am eigenen Leibe empfinden" wollte Kasemier schon, bevor er auf die große Reise ging. Und das will er auch heute noch. Er war niemals darauf aus, Gefahren zu suchen. Ihn interessierte nur die menschliche Reaktion auf die Gefahr. Er will nichts weiter als einfach vorbereitet sein auf alles, was dem Ozeansegler zustoßen kann, physisch und psychisch. In den Doldrums kann man sich machtlos fühlen, und das tastet das Abwehrsystem an, das man sich vorher mühsam antrainiert hat. Die Herausforderung, die Probe des Trainings der Wirklichkeit – darum geht es. Wenn man den Doldrums entkommt, ist das natürlich herrlich. Aber die größte Genugtuung verschafft doch das Gefühl, daß die eigenen Systeme stark genug geblieben sind.

Das Schiff und sein Skipper. So redet nur der Seemann. Auch Kasemier. Zu allererst kommt immer das Schiff, und das natürlich um so mehr, als das Schiff eine „Sie" ist. Kasemier taufte sein Schiff (nicht mit Champagner, sondern mit Seewasser) BYLGIA, in der

nordischen Mythologie „die Göttin der sanften Westwinde, die den Schnee über die fruchtbare Erde hinschmelzen lassen". Bei Gelegenheit scherzte er: „Ich bin also nicht allein, ich habe eine Göttin bei mir, und dazu noch BYLGIA. Zum großen Teil muß sie alles machen. Ich auch etwas ... na ja, sagen wir: Wir machen es zusammen." BYLGIA und der „sanfte Westwind". Ausgerechnet diese Göttin mußte es aufnehmen mit den unbarmherzigen Winden und Strömungen, die aus Westen standen, als Kasemier Kap Hoorn rundete.

Vor der Weltreise lag BYLGIA in verschiedenen Yachthäfen. Im Heimathafen Ketelhaven bei Kampen konnten eine Menge Segler und Landratten ihre imposante Erscheinung bewundern: eine zweimastige Stagsegel-Ketsch mit 96 Quadratmeter Segel am Wind und 150 Quadratmeter unter Vollzeug.

Als junger Bursche hatte Kasemier von einem Einmaster geträumt. Aber er war nun 55, und deshalb verteilte er die Kräfte auf eine größere Zahl Segel und auf 16 Winschen. Beim Entwurf des Schiffes wurden folgende Kriterien berücksichtigt, und zwar in dieser Reihenfolge: Sicherheit, Bedienbarkeit, Komfort, Geschwindigkeit. Das verlangte schwierige Entscheidungen, denn Kasemier hält Geschwindigkeit für nicht unwichtig. Insbesondere findet er, daß Geschwindigkeit auch Sicherheit bedeutet.

BYLGIA ist – was man doch von einer Göttin leicht erwarten könnte – keine schlanke Dame: 12,20 Meter lang, davon 9,65 Meter in der Wasserlinie, 3,60 Meter breit, ihre Masten haben eine Länge von 17,50 Meter, und der Tiefgang mißt 1,90 Meter.

Yachtkonstrukteur D. Koopmans hat die Ideen und Vorschläge Kasemiers in zahllosen Zeichnungen verarbeitet. An vielen Stellen des Schiffes war das Material ebenso großzügig bemessen wie die Segelfläche – überflüssig zum Segeln im Passat, aber eine zusätzliche Sicherheit in den zu erwartenden schweren Stürmen um Feuerland.

Zur umfangreichen Ausrüstung gehörte auch eine automatisch aufblasbare Rettungsinsel. Zusammen mit Piloten der Luftwaffe hatte Kasemier den Umgang damit in einem Schwimmbad gründlich trainiert. In der Rettungsinsel befanden sich ein Funkgerät, das automatisch Notsignale sendet, sobald das Rettungsfloß mit Salzwasser in Berührung kommt, Medikamente, eine Rettungsweste, Überlebensrationen, Sextant, Angelzeug, Trinkwasser, selbstzündende Leuchtsignale in Rot und Weiß, dazu Rauchsignale an Fallschirmen.

Um die Trinkwasserversorgung an Bord der BYLGIA sicherzustellen, war an beinahe alles gedacht worden: Es gab einen Tank mit 220 Liter Inhalt, der in jedem Hafen aufgefüllt werden konnte, dazu eine Anzahl schirmartiger Vorrichtungen, die mit Seewasser gefüllt werden und in der Sonne Kondenswasser spenden, sowie ein Gerät zum Auffangen von Regenwasser. Nicht zu vergessen schließlich die 20 Kanister mit je fünf Liter Wasser vom Veluwemeer.

Wie wertvoll dieses Wasser war, das hatte ein Test bewiesen: Vor der Seereise hatte Kasemier das Veluwe-Wasser zwei Jahre lang im Kofferraum seines Autos durch die Gegend gefahren. Danach war es immer noch trinkbar.

BYLGIA ist ausgerüstet mit einem Drei-Zylinder-Perkins-Diesel von 33 PS, dessen dreiflügeliger Propeller für die Regatta von Plymouth nach Amerika versiegelt werden mußte. In den Tanks befanden sich 730 Liter Treibstoff – nicht nur für die Hafenmanöver, sondern auch, damit der Motor von Zeit zu Zeit die Akkus aufladen konnte, denn an Bord gab es zahlreiche elektrische Geräte.

Die Plexiglaskuppel im Deck der BYLGIA war zwölf Millimeter stark, aus demselben Material wie die Bullaugen. Im Vor- und im Achterschiff waren zwei wasserdichte Schotts eingebaut; außerdem gab es einen kleinen Arbeitsplatz mit einer Werkbank für Reparaturen. Nahe beim Ruder hatte Kasemier ein scharfes Messer gehaltert für den Fall, etwas Festgeklemmtes blitzschnell kappen zu können.

Für eine andere Art von Notfall gab es an Bord der Göttin der Westwinde eine Feuerwaffe: ein Gewehr. Erfahrung mit Schießwaffen hatte Kasemier in seiner Zeit im Kongo gesammelt. „Ich werde das Ding wohl nicht nötig haben", sagte er, als er die Waffe einem Gast zeigte. Aber man konnte ja nicht wissen, ob sie nicht doch eines Tages gebraucht wurde, und sei es, um einen Piraten in der Karibik in Schach zu halten, wo bekanntlich immer noch Seeräuber aus einem versteckten Hafen auslaufen auf Suche nach Beute, die auf Luxusyachten lockt.

In dieser Beziehung mußte Kasemier sich freilich nicht allzu große Sorgen machen, denn eine Luxusyacht war die BYLGIA nun ganz und gar nicht, und Geld gab es an Bord auch nicht viel.

Fachleute, die die BYLGIA von oben bis unten untersucht haben, die den Solosegler schon Jahre zuvor bei seinen Vorbereitungen beobachteten, äußerten sich voll des Lobes darüber, wie gut Schiff und Schiffer ausgerüstet waren. „Und dennoch muß man aufpassen, trotz der Instrumente und all dem Spielzeug", sagte Kasemier. „Man kann sein Schiff zwar ausrüsten mit allerlei Automatik, die den Skipper auch warnt. Das feine Gefühl aber, das kann und das darf die Technik nicht ersetzen. Ein Hochseesegler muß darauf bedacht sein, daß er sich für bestimmte Dinge ein Gefühl bewahrt, unter anderem durch Training. Es macht einen Teil der Disziplin aus."

Kasemier lernte in seinem Kursus in Meteorologie, an Bord einer Segelyacht die eigene Wettervorhersage zu erstellen, indem man beispielsweise Wolkenformation, Windrichtung, Wellenmuster und die Farbe des Wassers auf sich wirken läßt. Damit kann man etwas anfangen. Vieles davon ist gefühlsmäßig, aber es läßt sich erlernen. „Ich hätte mir für ein paar tausend Gulden auch einen Computer kaufen können, der mir zu jeder Tageszeit auf einem Blatt Papier das Wetter präsentierte, einen sogenannten Wetterkartenschreiber. Aber solch ein Ding wollte ich nicht. Ich hämmere allen Neulingen, die sich auf See hinauswagen, immer wieder ein, nach draußen in die Plicht zu gehen. Die Leute sitzen viel zu viel unter Deck, hinter ihrem Wetterkartenschreiber, am Radargerät und solchen Sachen. Da sitzen sie dann, um zu navigieren, aber sie müssen nach draußen, um Augen, Ohren und Nase zu gebrauchen. Denn dazu haben wir sie ja. Aber wer kann noch riechen, daß es bald regnet? Auf Deck, in der Plicht hat man alles rings um sich herum, einen gewaltigen Brocken Information – warum sollen wir den nicht nutzen?"

Jene, die Kasemier gut kennen und die ihn in vielen Dingen bewundern, hört man zuweilen sagen, es sei gerade dieses tief Menschliche einzigartig an diesem Mann. Er besitzt unglaublich viel Kenntnisse und Fertigkeiten. Er wäre gewiß ein hervorragender Dozent in Hochsee-Schiffahrt, so umfassend sind seine Kenntnisse. Aber es ist vor allem die Tiefe seines Wissens und seines Könnens, die so verblüfft. Daher sollte man es nicht nur als einen leicht dahingesagten Rat verstehen, wenn Kasemier resümiert: „Hüten wir uns vor jener Sorte Automaten, die das Gefühl eliminieren und durch die wir Gefahr laufen, gefühllos zu werden. Das gilt nicht nur für Segler, sondern für jedermann, der etwas unternimmt."

So gab es an Bord der Bylgia zwar eine für den Einhandsegler unverzichtbare Selbststeueranlage, die das Schiff während der kurzen Schlafpausen auf Kurs hält, aber ohne Alarm-Einrichtung. Wenn Kasemier seinen „Hasenschlaf" hielt (eine Stunde schlafen, aufstehen und kurz nach draußen, weiterschlafen – ein wichtiger Bestandteil seines monatelangen Trainings), dann hätte ihn sein Gefühl aufwachen lassen, wenn etwas nicht gestimmt hätte. Er verließ sich nicht auf eine Hupe oder eine Sirene, denn die können defekt werden, und vor allen Dingen tragen sie dazu bei, daß der Skipper sich „gefühllos" in die Koje legt.

Eilco Kasemier besitzt auf der ganzen Welt gute Segelfreunde, darunter berühmte Männer, deren Taten viele Nationen in fast hysterischen Jubel versetzten, aber Männer auch, die, obwohl nicht weniger bedeutend, jede Publicity scheuen.

Es ist typisch für die Persönlichkeit Kasemiers, daß er Segelfans empfiehlt zu lesen, was der Seesegler Andersen über den Amerikaner Robert Manry schreibt, der 1965 in einem Boot von nur 4,20 Meter Länge in 78 Tagen den Atlantik überquerte. „Ich weiß", sagte Kasemier vor seiner Reise, „daß die See unüberwindlich ist. Ich werde auch nicht versuchen, sie zu besiegen, aber ich will ihr trotzen. Außerdem, etwas, das unüberwindlich ist, verliert den Charme des Wagnisses. Wir, Bylgia und ich, wollen es versuchen, mehr nicht – gut ausgerüstet, gut vorbereitet, auf Sicherheit segelnd und innerhalb der Grenzen dessen, was menschenmöglich ist, und vor allem: es genießend."

So dachte auch Manry darüber: „Obwohl der Wind und die See sich dann und wann als meine Gegner zeigten, so waren sie mir doch meistens freundlich gesonnen; sie benahmen sich mit einer Ehrlichkeit, die mit der Natur übereinstimmte. Sie zu kennen, bedeutete für mich, sie zu respektieren."

Im Anschluß daran sagt Anderson über die See: „Manry empfindet keine sentimentale Liebe für die See. Er weiß eben, daß sie vollkommen neutral ist gegenüber dem Menschen. Das Meer ist wohlwollend oder wütend, ganz wie es der meteorologische Zufall will, aber es ist immer ehrlich. Wenn eine riesige Welle eine kleine Segelyacht in Stücke schlägt, dann nur, weil sie ihr im Weg war. Es ist nun einmal nichts weiter als die natürliche Bestimmung, daß einige tausend Tonnen Wasser, die in Bewegung geraten, alles beiseite schleudern, was ihnen im Weg ist. Solch eine Riesenwelle kann gelegentlich Angst im Menschen hervorrufen, aber er muß nicht ihre persönliche Feindschaft fürchten. Die sogenannte Vorstellung der Elemente ist nichts anderes als ein unendlich abgewandeltes Beziehungsmuster, wobei der Mensch nur abhängig ist von seiner eigenen Geschicklichkeit und seinem Erfindungsreichtum, damit er sich selbst in die bessere Position bringen kann. Aber er kann dabei auf Ehrlichkeit rechnen."

Anderson empfindet große Bewunderung für Manry, wenn er sagt: „Ich frage mich, ob es wohl jemals eine Yacht gegeben hat, die vollkommen war, als sie auf Törn ging – vielleicht war Manrys Boot, die Tinkerbelle, eine der wenigen Ausnahmen." Wäre Andersons Buch später erschienen, hätte der Autor zweifelsohne Manry und Kasemier in einem Atemzug erwähnt. Nicht nur wegen der vollständigen Ausrüstung in materieller Hinsicht, sondern auch wegen des geistigen Proviants (wenn man dies so nennen mag). Aber auch in jenem Sinn, der gemeint ist, wenn die Zuschauer am Kai und die Medien vom „Heldenmut der Eroberer des Meeres" sprechen.

Ist dies alles der Mühe wert?

Kasemier spricht oft von der großen Befriedigung, die sich auf hoher See einstellte, er spricht über den Frieden und die Ruhe prächtiger Sonnenuntergänge, darüber, wie schnell das Boot vorwärts kam, über die Begegnung mit einem verirrten Vogel, die Gesellschaft von

Delphinen, die Anspannung im Sturm, die Befriedigung, die ihm die Selbstüberwindung verschaffte, oder die Genugtuung, die er empfand, wenn das Schiff dank der perfekten Navigation genau die eine kleine Insel im unendlichen Ozean erreichte. Er meint, die See wirke charakterbildend, die See wirke formgebend auf den Geist, oder – wie schon von anderen gesagt wurde – die See modelliere den Mann auf „Größe".

Der neuseeländische Arzt David Lewis, der mehrmals die Welt umsegelte (auch mit Frau und Kindern), schrieb einmal dazu: „Kinder neigen dazu, viel von dem, was sie gesehen haben, zu vergessen. Jedoch nicht alles. Sie betrachten die Menschen fremder Völker als ihre Freunde und als ihresgleichen. Sie haben gelernt, die gewaltigen Kräfte der Natur zu respektieren, und im großen und ganzen fürchten sie sie nicht. Ich hoffe, daß sie das Leben auch noch auf andere Weise kennenlernen, bevor sie groß werden. Daß sie die Unzufriedenheit spüren, die ihnen klarmacht, daß das Leben von einem Tag zum anderen nicht genügt, so daß sie schließlich auch den Wunsch verspüren, weiter zu segeln als nur bis zum gewohnten Horizont. Selbst auf die Gefahr hin, daß ihr Kurs sie zu Zielen führt, die sie nicht völlig begreifen ..."

Anderson drückt dasselbe etwas einfacher aus: „Wenn der Rebstock allzu gut geschützt steht, bringt er keine guten Früchte. Die wirklich guten, großen Weine kommen von den Berghängen, die den Naturelementen ausgesetzt sind. Das gilt auch für den Menschen: Das zu sehr behütete Individuum gedeiht nicht gut."

Im Laufe der vergangenen 50 Jahre standen Millionen Menschen auf den Hafenkais, um neue Rekorde der Ozeansegler zu bejubeln. Auch dem heimkehrenden Kasemier wurden prächtige Empfänge zuteil – in Ijmuiden, in Amsterdam und – dies freute ihn am meisten – in seinem Dörfchen Hoog-Soeren. Dort endlich fühlte er sich wieder zu Hause, besonders unter den Kindern der kleinen Dorfschule, die ihm während seiner Reise Briefe und Zeichnungen geschickt hatten.

Jedermann gönnte ihm dieses Willkommen, das zwar nicht so prächtig ausfiel, als ob ein Popstar empfangen worden wäre, dafür jedoch weitaus herzlicher.

Jedermann? Nein, vielleicht nicht. Kasemier kam auch eine Bemerkung zu Ohren im Sinne von: „Kunststück ... wenn einer Geld hat." Solche Worte verletzen: „Neid ist schlimm, er kann Menschen verderben." Wohl aber kann Kasemier solche Menschen begreifen, die auf der Kaimauer stehen und sich fragen: „Warum kann ich so etwas nicht?"

„Sie könnten es schon", sagte Kasemier, „aber der Haken ist, daß sie es nicht wirklich *gewollt* haben. Es heißt immer, die berühmten Ozeansegler hätten ihre Fahrten nur vollbringen können, weil sie Geld hatten. Das Gegenteil ist richtig. Ich kenne zig davon persönlich, und von etlichen weiß ich aus ihren Berichten, daß sie keinen Cent hatten und oft jahrelang sparen oder Darlehen aufnehmen mußten – alles ganz normale Burschen, genau wie ich. Und dennoch segelten sie los, einfach, weil sie es wollten. Niemand konnte sie davon abbringen. Und da gab es keineswegs immer großzügige Sponsoren, und viele bezahlten später ihre Schulden zurück mit den Einnahmen, die ihnen ein Werbevertrag einbrachte." Nein, die Großen der Ozeansegelei waren keineswegs reiche Leute. Ein paar winzige Ausnahmen will Kasemier gelten lassen. Dennoch: 98 Prozent mußten ihr Geld mühsam ersparen, manche sogar – so wie Kasemier selbst – schon von Jugend an.

In der Philosophie Kasemiers liegen Können und Wollen weit auseinander. Wer seinen Lebenslauf kennt, der weiß, daß sein Wille eine ganz andere Dimension hat. Dieser Begriff ist unlösbar verbunden mit seinem Charakter – dem Charakter eines Menschen, der sich selbst prüft, der Ordnung in Perfektion verwandelt, der Pläne schmiedet mit „einem langen Atem". Wenn er nicht die Zeit gehabt (und sich genommen) hätte, um sein Ideal zu verwirklichen, dann hätte er wohl eines Tages im Kongo gesagt, als es ihm finanziell gutging: „Schwamm drüber." Nein, er plante. So lange, bis die Zeit reif war.

Daß Kasemier die Niederlande 1947 verließ, nach dem Besuch einer Hotelfachschule, dazu trieb ihn nicht allein der Drang, etwas zu erleben. Vier, fünf Tage nach der Befreiung der Niederlande trat in Sneek zum erstenmal der neue Gemeinderat zusammen. Durch eine Hintertür schlich Kasemier ins Rathaus, denn ihn interessierte, was dort vor sich ging. „Nun, ich war selten so frustriert. Unvorstellbar, dieses Gezänk: Soviel Sitze wir und soviel Sitze die anderen ... Niemand brachte auch nur die Höflichkeit auf, dem anderen zuzuhören, niemand zeigte sich Argumenten zugänglich. Es war ein Streit jeder gegen jeden, ein unwürdiges Getue. Und das fünf Tage, nachdem die Deutschen aus unserem Land abgezogen waren. Als ich das sah, dachte ich: Verdammt noch mal, was tust du hier? Das sind doch lauter Verrückte.

Da erst spürte ich, wie sehr die Niederlande am Boden lagen, dieselben Niederlande, deren stolze Widerstandsbewegung noch kurz zuvor Pläne geschmiedet hatte, um die Deutschen eines nicht mehr fernen Tages aus dem Land zu jagen. Ich war noch ein junger Kerl, so um die 24, aber ich konnte diesen plötzlichen Wechsel von einer Situation, in der die Menschen alle einig waren, zu solch einem ordinären Gezänk über die Zusammenstellung eines Not-Gemeinderates nur mühsam verarbeiten. Im Laufe der Jahre danach konnte ich obendrein kaum spüren, daß wir aus den Kriegsjahren etwas gelernt hätten."

Nach der Hotelfachschule war Kasemier kurze Zeit in Frankreich und in Tanger. Mit etwas gespartem Geld unternahm er eine Tour durch die Sahara bis in den Kongo. Es wurde eine harte Erfahrung. Er hatte sich mit zwei Abenteurern angefreundet, die sich seine Kenntnisse in der Navigation zunutze machten. Aber diese Freundschaft erwies sich in schwierigen Momenten doch als zu brüchig. Und das bestärkte ihn in seiner Überzeugung: Tu es allein!

Er machte es allein. Im Kongo bekam er bei einer belgischen Firma mit einem russischen Ingenieur als Chef einen Job als Prospektor. Dessen Aufgabe war es, mit einer Truppe Eingeborener in den Urwald vorzudringen, Erzlagerstätten aufzuspüren und zu lokalisieren. Das war ein nahezu unmenschlich schweres Leben: zwei Jahre Arbeit, vier Monate Urlaub. Und auch diese freie Zeit wurde nicht vertrödelt, sondern genutzt für ein Studium der Geologie in Amsterdam. Sein Sparkonto nahm zu, denn im Busch konnte er kaum etwas ausgeben.

Nach dem zweiten Urlaub (in dem er Ellen heiratete) machten sich die Kasemiers nun gemeinsam auf die Erzsuche, die schließlich von Erfolg gekrönt war: Der holländische Prospektor und seine Frau entdeckten große Lager Zinn und Wolfram. Kasemier gab die schwere Arbeit auf, übernahm ein Hotel, eröffnete eine Tankstelle, organisierte Safaris und verwaltete eine Kaffeeplantage. Dies waren die besten Jahre seines Lebens, ausgenommen die beiden Jahre mit BYLGIA.

Die Unabhängigkeit des Kongostaates bereitete seiner Karriere als Hotelmanager (wenigstens vorläufig), seinen Kaffeeträumen und seinen Safaris ein jähes Ende. Per Auto machte sich das Ehepaar auf nach Südafrika, konnte dort aber nicht Fuß fassen und kehrte vollkommen abgebrannt in die Niederlande zurück. Nur das Sparkonto, angelegt für „einmal rund um die Welt mit der Segelyacht", hatte die Turbulenzen unangetastet überstanden.

Kasemier fing 1961 in den Niederlanden wieder ganz von vorn an: In Utrecht bekam er einen einfachen Job in der Rezeption eines Hotels (für 367 Gulden Monatsgehalt). Einige Zeit später wurde er Geschäftsführer in einem anderen Hotel, drei Jahre später richtete er ein großes Wassersport-Zentrum in Zeeland ein, und während einer Studienreise durch die Sowjetunion traf er durch Zufall einen Landsmann, der ihm einen Tip gab: In Hoog-Soeren biete sich die Möglichkeit, vom königlichen Hof das Hotel „Oranjeoord" zu pachten. Das war 1968. Vier Jahre später, 1972, konnte Kasemier das schöne Haus in der einzigartigen Umgebung der königlichen Wälder kaufen. „Wir waren glücklich, und der Betrieb lief gut."

Hier könnte der Bericht zu Ende sein, wenn sich durch das Leben des Eilco Kasemier nicht dieser rote Faden ziehen würde – dieses Gespinst aus Abenteuer, Einbildungskraft, eiserner Disziplin und der Passion für das Segeln. Und natürlich, wenn nicht das Sparbuch für eine Segelyacht auch unter dem Druck der Umstände unversehrt geblieben wäre.

Die vorhergehenden Seiten, das Ergebnis einer Begegnung Kasemiers mit einem großartigen Zeichner, liefern uns den Bericht: die große Reise, wie sie noch niemals zuvor ein Niederländer unternahm: Kap Hoorn von Ost nach West.

Soll damit alles zu Ende sein? Soll das Traumbild sich verwischen, der Traum nicht mehr blühen? Soll der Mann Kasemier – inzwischen 60 Jahre – gänzlich aufhören, seinen Traumbildern nachzuhängen?

Seine Umgebung kann sich dies kaum vorstellen. Es gibt nämlich Hinweise darauf, daß er wieder Pläne schmiedet, denn seit einiger Zeit trinkt er kein einziges Glas Wein mehr. Und man kann ihn wieder in den Wäldern von Hoog-Soeren sehen, wo er seine Trimmläufe unternimmt. Auf seinem Speisezettel stehen wieder Vollkorn, Kräutertee und Buttermilch. Und in seinem Arbeitszimmer brennt noch spät das Licht …

Es heißt, daß jedes Buch eine „Botschaft" übermitteln soll. Gibt es so etwas auch in dem Bildbericht einer Weltreise? Kasemier: „Vielleicht doch. Ich fände es schön, wenn Menschen sich bewußt würden, wie wichtig es ist im Leben, solche Höhepunkte zu erleben, für die man einiges tun muß. Aber ich kann mir auch vorstellen, daß viele Menschen sagen: ‚Wenn ich mein Auskommen habe, meine Frau und Kinder täglich um mich herum, dann bin ich glücklich. Für was soll ich mir solche Schwierigkeiten aufladen?'

Ich glaube, daß die meisten Leute ein solches Leben vorziehen. Ich dagegen mag nun einmal lieber die Tiefpunkte und die Täler mit den Höhepunkten und den Bergspitzen dahinter."

Voilà, Kasemier. Wenn noch etwas auf deinem Programm steht: Dann nur zu – du bist noch jung!

H. J. Idema

Kommentar des Konstrukteurs

Vorbereitung

Als Eilco Kasemier im Laufe des Jahres 1971 das erstemal zu mir kam, um mit mir über ein eventuell zu bauendes Schiff zu reden, da hatte er schon jahrelang über dieses Schiff nachgedacht.

Er hat mir dann auch sehr genau beschrieben, welchen Anforderungen dieses Schiff genügen müßte.

Zugleich war von Anfang an klar, für welche Reise das Schiff bestimmt war.

Einige Überlegungen Kasemiers:

- Wenn erst einmal die Länge der Wasserlinie (9,00 bis 9,50 Meter) und die Wasserverdrängung (10 bis 13 Tonnen) bestimmt sind, wird für den Einhandsegler, der es nicht eilig hat, die Art des Riggs wichtiger als die Form des Rumpfes.
- Die Größe des größten Amwindsegels (etwa 25 Quadratmeter) ist bestimmend für die Art der Takelage.
- Deshalb fiel die Wahl auf eine Stagsegelketsch, weil hierbei
  – die Gesamtsegelfläche verteilt wird auf vier Amwindsegel gleicher Größe,
  – auf einfache Weise Segelfläche verringert werden kann, ohne daß oft gerefft werden muß,
  – die Masten sehr gut verstagt werden können.
- Im Prinzip scheint eine Yacht mit Kimmkielen die beste Wahl. Bei einem mehr oder weniger experimentellen Entwurf wie dem vorliegenden (einer Herausforderung für sich) ist das Risiko der weniger guten oder sogar schlechten Fahreigenschaften jedoch nicht auszuschalten, auch nicht nach Schleppversuchen.

Soweit Eilco Kasemier.

Es erleichtert einem Yachtkonstrukteur die Arbeit, wenn der Auftraggeber ihm seine Wünsche präzise umschreiben kann, auch wenn diese Vorstellungen nicht alle zu verwirklichen sind oder zum Teil sogar einander widersprechen. Wie gut Eilco Kasemier sich vorbereitet hatte, das zeigt die Tatsache, daß schon in meinen ersten Entwürfen die spätere, endgültige Bylgia deutlich zu erkennen war.

In dieser ersten Phase machte ich mehrere Skizzen, einen vorläufigen Linienriß, einen vorläufigen Segelriß und einen ersten Einrichtungsplan.

Der Aufbau eines Entwurfs für ein Schiff geht eigentlich genauso vor sich wie der Aufbau eines Gemäldes. Da gibt es zuerst die Idee, die mit wenigen Strichen zu Papier gebracht wird. Dann wird das Ganze weiter ausgearbeitet, bis in die Details. So wie der Maler häufig einen Schritt zurücktritt von seiner Staffelei, um einen Blick aufs Ganze zu werfen, so versucht auch der Yachtkonstrukteur stets, sich das Endergebnis vor Augen zu führen.

Das Unterwasserschiff

Ich fand den Gedanken an einen Kimmkieler nicht so attraktiv. Abgesehen von den Zweifeln, die Eilco Kasemier bereits vorbrachte, schienen mir zwei Kiele nicht logisch, weil ein tiefliegender Gewichtsschwerpunkt schwierig zu erreichen sein würde, ohne die Kiele sehr stark nach unten zu ziehen. Das wiederum würde zur Folge haben, daß die Fläche des Unterwasserschiffs sehr groß werden und obendrein mehr Bewuchs ansetzen würde.

Nach langen Diskussionen beschlossen wir, uns für einen gemäßigt modernen Lateralplan zu entscheiden, Ruder und Kiel deutlich getrennt. Dadurch würde die benetzte Fläche relativ klein werden, ebenso wie die nötigen Ruderkräfte. So entstand ein ziemlich effizientes Unterwasserschiff, wodurch die Konzessionen an die Segeleigenschaften, bestimmt durch die Wahl der Takelage, teilweise kompensiert wurden.

Der Segelriß

Schon bei der Konzeption des Segelrisses zeigte sich, wie gut die Masten verstagt werden könnten und wie gering die Gefahr des Schamfilens sein würde.

Die Backstagen können fest montiert werden, weil ihnen kein Großsegel im Weg ist. Der Besan steht dank Vor- und Achterstag auch viel besser als sonst auf einer Ketsch oder Yawl.

Das ursprünglich vorgesehene Toppsegel wurde, nachdem ich mehrere Fotos solcher Segel gesehen hatte, durch ein Toppsegel mit Spreizgaffel ersetzt. Vom besseren Stand abgesehen, erwartete ich auch, daß ein solches Segel besser zu bedienen sein würde. In der Praxis stellte sich dann heraus, daß ein Segel in dieser Form auch sehr nützlich war, um das Rollen zu begrenzen.

Die Spreizgaffel kann an der Achterseite des Mastes so weit nach unten rutschen, daß ihr achterliches Ende an Deck festgemacht werden kann. Nachteile dieses Segels sind allerdings die Auf- und Niederholer und die

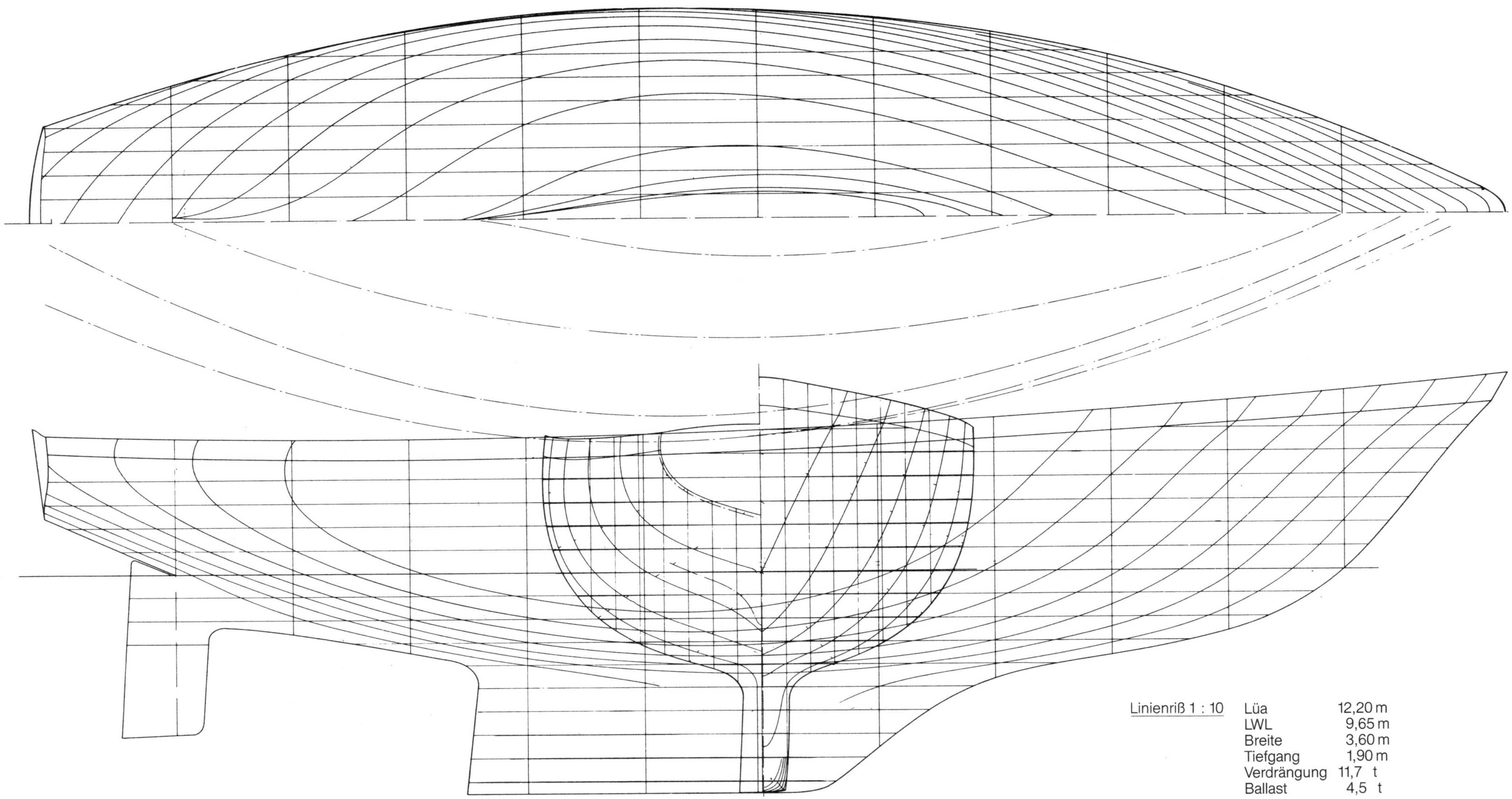

Linienriß 1 : 10

Lüa	12,20 m
LWL	9,65 m
Breite	3,60 m
Tiefgang	1,90 m
Verdrängung	11,7 t
Ballast	4,5 t

Geien, die wie alle Fallen und Niederholer außerhalb des Mastes geführt werden.

Dadurch und durch die schwere Ausführung des stehenden Gutes nimmt der Windwiderstand beträchtlich zu, was wiederum zu Lasten der Amwind-Eigenschaften geht.

Ein weiterer Nachteil der ausgewählten Takelage bestand darin, daß es dazu sehr wenig Fertigteile gab, besonders Beschläge. Das verlangte viel mehr Denk- und Zeichenarbeit als für eine normale Ketsch-Takelage. Denn dabei lassen sich fast ausschließlich Standardbeschläge verwenden.

Zum Glück fanden wir in Willem Kesteloo einen Bootsbauer mit Gefühl für Entwürfe und mit Warenkenntnis. Ich glaube, daß es zu einem guten Teil ihm zu verdanken ist, daß auf der gesamten Reise der BYLGIA kein einziges Teil der Takelage zu Bruch ging.

Rumpf und Deck

Die Stärke des Aluminiumrumpfes sollte größer sein als normal und der Abstand der Spanten im Vorschiff kleiner.

Sehr viel Aufmerksamkeit kam der Isolierung zu (das gesamte Schiff wurde von innen mit Polyurethan ausgeschäumt) und der Ventilation.

Einer der Vorteile des salzwasserfesten Aluminiums besteht darin, daß die Dorade-Lüfter in die Konstruktion integriert werden können, ohne daß in den nicht zugänglichen Winkeln Korrosion entsteht.

Der Plan auf Seite 124 zeigt, wie sorgfältig alles an Bord geplant wurde. Das war in diesem Fall besonders wichtig, weil Eilco Kasemier nicht sehr stark gebaut ist. „Wer nicht stark ist, muß schlau sein", heißt es in einem Sprichwort. Und trotz der auf den ersten Blick komplizierten Takelage (Seite 123) lassen sich ihre einzelnen Teile dennoch einfach bedienen.

Die Winschen für die Fallen sind zum Teil an Deck montiert und so niedrig, daß sie im Sitzen bedient werden können.

Die Bäume für die Vorsegel liegen so an Deck, daß sie festen Halt haben und daß sie nicht weit transportiert werden müssen.

An Deck wurde rings um den flachen vorderen Aufbau eine Reling montiert. Sie dient nicht nur als Handlauf, sondern auch dazu, irgendwelche Gegenstände auf die Schnelle festzumachen.

Die Schwerwettersegel bleiben an einem eigenen Stag angeschlagen. So muß nur selten mit schweren Segelsäcken hantiert werden. Anstelle des Rollklüvers kann eine große Leichtwetter-Genua oder ein Sturmklüver am Vorstag angeschlagen werden.

Die Plicht ist klein, aber tief und zweckmäßig.

Die Ruderpinne wurde so konstruiert, daß ein erstes festes Stück lang genug ist, daran die Steuerleine der Selbststeueranlage zu belegen sowie die Leinen des Autopiloten. In das feste Stück der Pinne kann ein zweites, abnehmbares Stück gesteckt werden, wenn von Hand gesteuert werden soll.

Die Aufbauten sind niedrig, aber doch so hoch, daß die Bullaugen geöffnet werden können.

Die Plexiglaskuppel wurde mittschiffs so angebracht, daß der Skipper auch bei Krängung nach Luv Ausschau halten kann.

Der Bugspriet wurde in einem Drehgelenk befestigt. Dadurch wurde das Ganze etwas leichter, denn bei dieser Konstruktion mußte nur noch mit Druckkräften gerechnet werden. Auch Ermüdung des Materials an der Verbindung zum Rumpf konnte nun keinen Schaden anrichten. Allerdings zeigte sich auf der ersten Probefahrt, daß die Fläche des hölzernen Gitterrostes zu groß war. Dadurch bot der Rost dem Wasser eine zu große Angriffsfläche, wenn das Schiff einmal mit dem Bug in eine See tauchte.

Die Einrichtung

Die Einrichtung schließlich bereitete viel Kopfzerbrechen. Zwar gab es schon von Anfang an einen Entwurf, doch es kostete viel Zeit und Diskussionen, bevor wir uns einig waren.

Das Problem der Einteilung eines Schiffes für eine Weltreise ist, daß aus wirtschaftlichen Gründen das Ganze auch noch nach der großen Reise brauchbar sein muß.

Wichtig: Sollte der Skipper einmal fallen, darf es so wenig wie möglich Platz dazu geben, damit er sich nicht verletzt. Auf der BYLGIA findet man denn auch einen Niedergang zwischen zwei Längsschotten (dadurch bleiben auch die Hundekojen schön trocken) und außerdem viele Handgriffe.

Pantry und Kartenecke befinden sich zu beiden Seiten des relativ hohen Motorkastens. Die Abdeckung dient auf diese Weise auch als Stütze in der Querschiffsrichtung. Auf der Abdeckung stehend, bietet sich die Rundsicht von der Kuppel aus.

In dem Raum vor dem wasserdichten Aluminiumschott gibt es eine in Längsschiffsrichtung angeordnete Toilette; außerdem bleibt Raum zum Segelbergen. Dazu noch der Kettenkasten für 75 Meter Ankerkette (12 Millimeter).

Der Hauptanker ist ein CQR-Anker von 65 lbs (später 45 lbs). Zwei Gründe sprechen für das extra schwere Ankergeschirr: erstens das Rigg, das dem Wind eine große Angriffsfläche bietet, zweitens die Tatsache, daß nur ein einziger Mann das Schiff fährt und nicht immer Ankerwache gegangen wird.

Das Verhalten unter extremen Bedingungen

Wenn jemand plant, mit einem relativ kleinen Schiff in den Gewässern der südlichen Erdhalbkugel zu segeln, dann muß er auch jenen Fall einkalkulieren, daß die Masten das Wasser berühren oder daß das Schiff durchkentert. Wenn die Takelage eine solche Kenterung überstehen soll, muß sie sehr stark und folglich entsprechend schwer sein. Auch die Spannkräfte in den Wanten

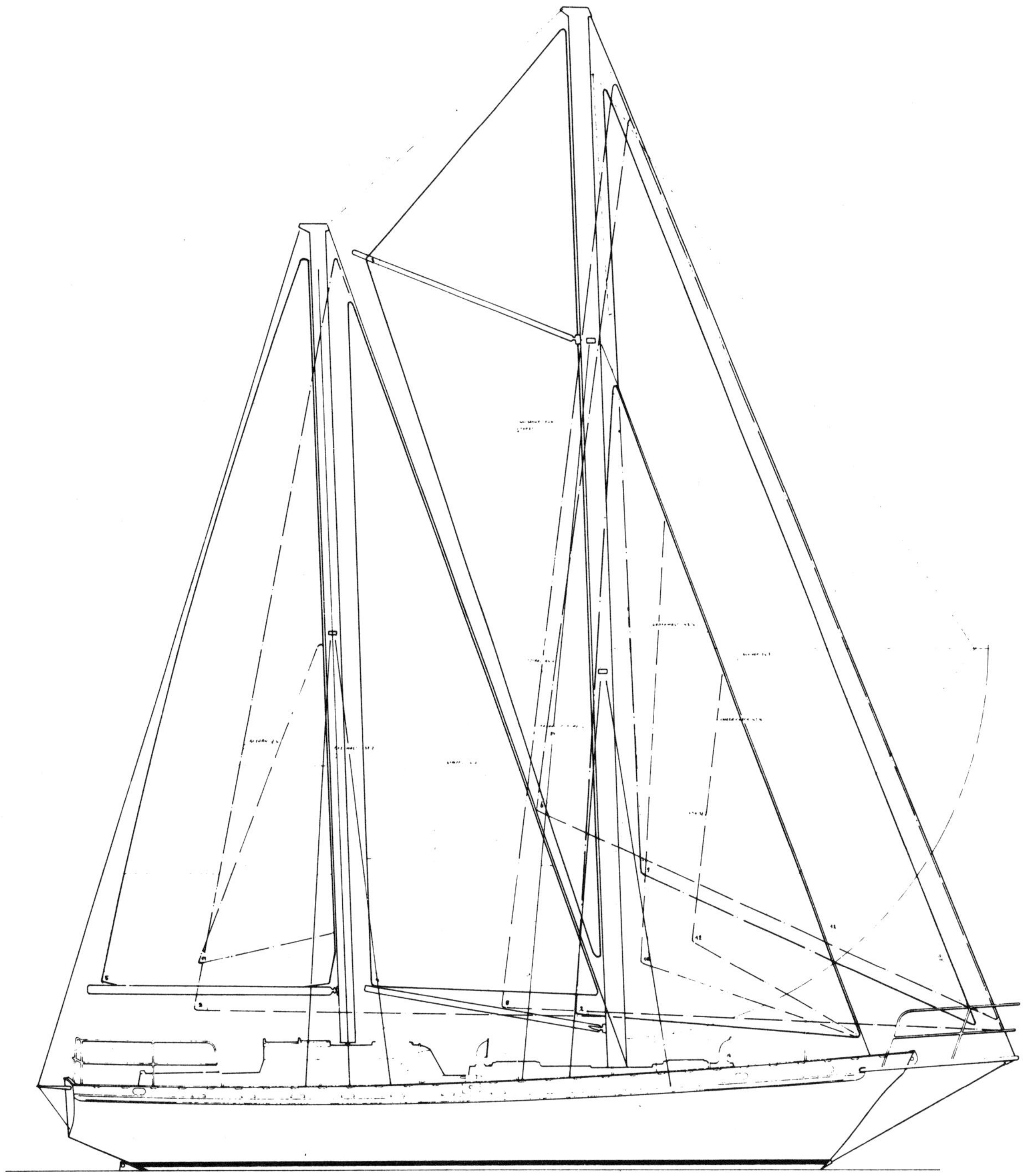

Segelriß 1 : 20

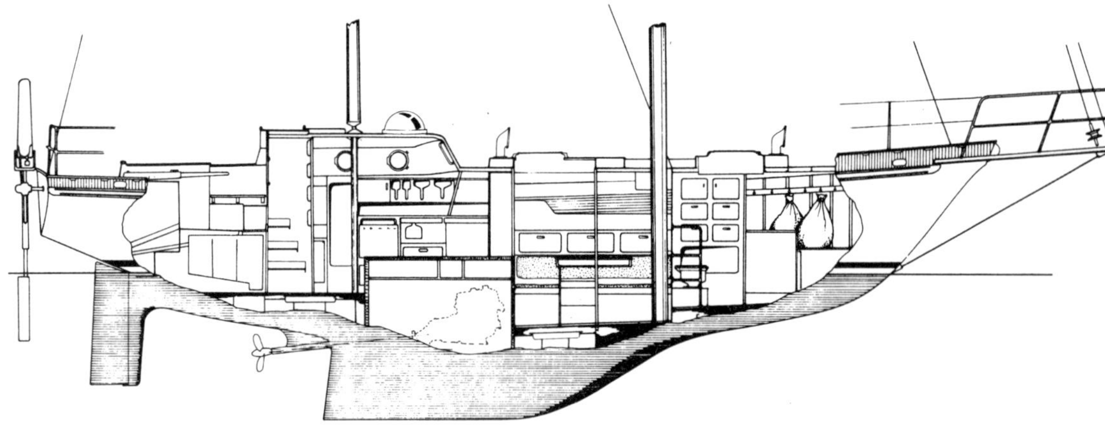

Einrichtungsplan 1 : 20

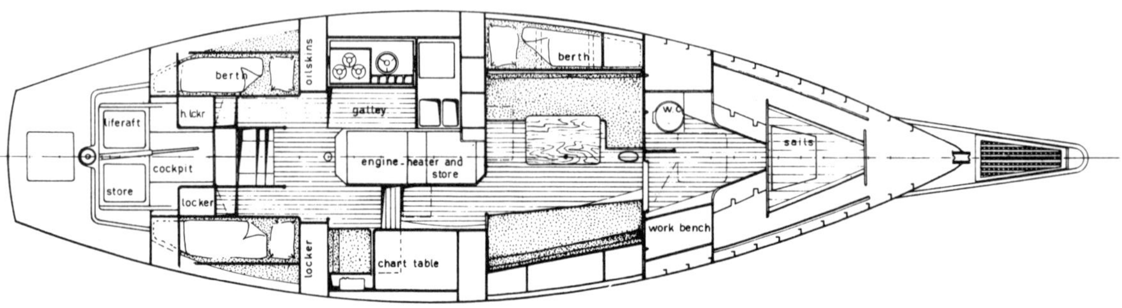

und Stagen müssen soweit wie möglich ausgewogen sein, so daß der Mast von allen Seiten gleichmäßig belastet wird.

Ein massives Rigg, mit dem Gewicht und Windangriffsfläche verringert werden können, bringt den Nachteil mit sich, daß sich der Verschleiß des Materials erst relativ spät bemerkbar macht und daß unterwegs einzelne Teile eventuell nur sehr schwierig ausgewechselt werden können. Eine negative Folge wäre außerdem, daß jedes zusätzliche Gewicht in der Takelage auf Kosten der Stabilität geht, was wiederum die Wahrscheinlichkeit vergrößert, daß das Schiff in der Tat durchkentert. (Wobei es immer noch als Streitfrage gilt, ob es im Falle einer Kenterung nicht besser wäre, daß die gesamte Takelage bricht, damit das Schiff sich wenigstens schnell wiederaufrichten kann.)

Aus der Literatur zu diesem Thema geht hervor, daß die Schiffe auf verschiedenste Art und Weise kentern. Beispiele:

Die Gefahr, daß ein Boot längsschiffs kentert (sich also Heck über Bug überschlägt), ist deutlich kleiner als die des Querschiffskenterns.

Schiffe, die aktiv gesteuert werden, scheinen sicherer zu sein als solche, die sich selber überlassen werden. Ein magerer Trost für den Einhandsegler; er muß der Stabilität seines Schiffes trauen und der Selbststeueranlage, die ihn im kritischen Augenblick allerdings im Stich lassen kann, weil hohe Brecher sie gegen den Wind abschirmen oder sogar die Windfahne beschädigen.

Wie ein Schiff kentert, hängt auch mit seiner Größe zusammen: Kaum denkbar, daß ein Supertanker über den Bug kentert.

Meiner Ansicht nach werden die meisten Durchkenterungen dadurch verursacht, daß plötzlich von der Seite her eine extrem steile Welle auf das Schiff aufschlägt. Dabei kann auch ein zufälliges Zusammentreffen der Umstände eine Rolle spielen, beispielsweise:
– aus dem Ruder laufen
– eine Welle, die das Schiff genau in dem Augenblick trifft, in dem es eine Rollbewegung vollführt
– an Deck festgezurrte Segel, die das Wasser festhalten
– Lasten im Schiffsrumpf, die in Bewegung geraten
– Krängung, weil der Wind in die Takelage drückt

Mit einer Art Filmstreifen will ich versuchen, einen solchen Bewegungsablauf darzustellen (siehe Zeichnungen Seite 125). Zwei Yachten gleicher Länge werden durch eine gefährliche brechende Welle getroffen. In einem Fall ist es ein ausgesprochenes IOR-Regattaschiff, im anderen eine schwere Tourenyacht. Die beiden Yachten besitzen folgende Kennzeichen:

	Wasser-verdrängung	*Takelage*	*Breite*	*Tiefgang*	*Lage des Schwerpunktes*
IOR-Yacht	sehr klein	extrem leicht	an Deck sehr breit	groß	Wasserlinie
schwere Tourenyacht	mindestens 60 % mehr	sehr schwer	mäßig maximale Breite ½ Freibord	mäßig	etwa Wasserlinie

Situation 1 Beide Yachten liegen mehr oder weniger ruhig vor der heranstürmenden Welle. Beide „spüren" die sich nähernde Welle und beginnen zu krängen.

Situation 2 Beide Yachten werden von der Welle getroffen. Sie bieten ihr in diesem Augenblick ungefähr gleich große Angriffsflächen. Die Bewegung in Querschiffsrichtung (also die Drehung um die Längsachse) beschleunigt sich. Wegen ihrer kleineren Masse beschleunigt die IOR-Yacht schneller als die Tourenyacht.

Auf die Krängung wirken auch das Trägheitsmoment und der Widerstand des Kiels ein. Durch das große Gewicht ihrer Takelage zeigt die schwere Tourenyacht in der ersten Phase der Beschleunigung einen kleineren Krängungswinkel als die IOR-Yacht, allerdings nimmt sie mehr Wasser über.

Situation 3 Die IOR-Yacht erreicht jetzt beinahe die Geschwindigkeit des Wellenkamms. Das Deck faßt Wasser, wodurch sich die Krängung verstärkt. Die Tourenyacht dreht noch nicht so schnell, auch die Krängung ist geringer, weil der Mast immer noch eine positive Wirkung ausübt.

Situation 4 Die IOR-Yacht dreht mit dem Mast in das jetzt gegenströmende Wasser. Ihr Gewichtsschwerpunkt jedoch verlagerte sich inzwischen nach oben. Dadurch entsteht ein Stabhochsprung-Effekt. Das schwerfälligere Fahrtenschiff befindet sich schon auf der Rückseite der Welle. Die Geschwindigkeit seiner Drehung um die Längsachse nimmt zwar ab, doch die Masten beharren in ihrer Bewegung, und dadurch nimmt die Krängung noch zu.

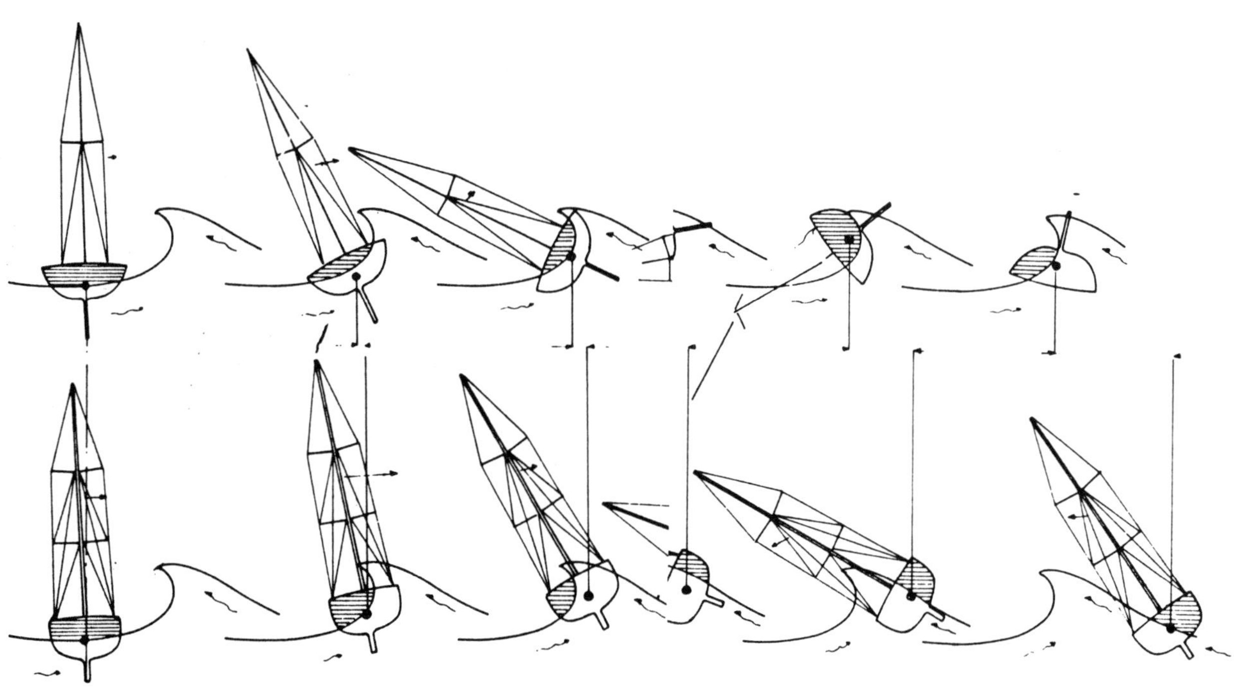

Situation 1 2 3 4 5 6

Situation 5 Die IOR-Yacht hat nun wahrscheinlich schon den Mast verloren. Für die Sicherheit der Yacht spielt es kaum noch eine Rolle, ob sie durchkentert oder sich wiederaufrichtet. Die Tourenyacht liegt fast wieder ganz ruhig im mit der Welle mitströmenden Wasser. Dank ihrer größeren Stabilität wird sie sich langsam wiederaufrichten.

Fazit Folgende Faktoren vergrößern die Sicherheit beim Durchkentern eines Schiffes:
- die Größe
- eine relativ große Wasserverdrängung
- eine große Massenträgheit bei der Drehung um die Längsachse
- ein niedrig liegender Gewichtsschwerpunkt
- eine kleine Decksbreite
- wenig Tiefgang
- kleiner Lateralplan

und als indirekt einwirkende Faktoren:
- gute Kursstabilität
- angemessene Reserveverdrängung vorn
- ein freies Achterschiff
- niedrige Fußleiste

Folgende Faktoren dagegen vergrößern die Gefahr des Durchkenterns:
- kleine Abmessungen
- relativ kleine Wasserverdrängung
- kleine Massenträgheit querschiffs (bei der Drehung des Schiffes um die Längsachse)
- hoch liegender Gewichtsschwerpunkt
- große Breite an Deck
- großer Tiefgang
- großer Lateralplan

und als indirekt einwirkende Faktoren:
- schlechte Kursstabilität
- sehr schlankes Vorschiff
- Gleiteigenschaften
- hohe und dicht stehende Relingsstützen

Diese Faktoren beschleunigen die Drehgeschwindigkeit:
- große Abmessungen
- kleine Wasserverdrängung
- niedrig liegender Gewichtsschwerpunkt
- kleine Massenträgheit längs- und querschiffs (Drehung des Bootskörpers um die Längs- und Querachse)
- großer Tiefgang
- kleiner Lateralplan
- schlankes Vorschiff
- Gleiteigenschaften
- großer Freibord und große Breite an Deck (miteingerechnet das Gewicht der Besatzung)

Unter den Faktoren, die die Sicherheit des Schiffes verringern, habe ich noch nicht die Stabilitätskurven der Schiffbaukunst erwähnt.

Dabei sind diese Kurven zweifelsohne von großer Bedeutung; denn die Amwind-Segeleigenschaften werden von der Stabilität bis etwa 30 Grad ebenso bestimmt wie vom Segelriß. Auch für den Krängungswinkel sind diese Kurven wichtig. Denn bis zum Krängungswinkel von 180 Grad ist es wichtig zu sehen, bis zu welchem Winkel ein Schiff krängen muß, um wieder zurückzurollen.

Ob kleine Schiffe nun durchkentern oder nicht, die Antwort auf diese Frage hängt meiner Ansicht nach ab vom Geschehen des Augenblicks. Diese Dynamik kann mit den Berechnungen der traditionellen Schiffbaukunst nur zum Teil erklärt werden.

Wenn einer wie ich sich so lange Zeit intensiv damit beschäftigte, eine Segelyacht zu konstruieren, dann fällt es am Ende schwer, seine Meinung zum endgültigen Ergebnis auszudrücken.

Als wir an einem herrlichen Augusttag im Jahre 1978 aus dem Hafen von Ijmuiden ausliefen, um die Bylgia zu begrüßen, war ich sehr neugierig, welchen Eindruck das Schiff auf mich machen würde. Dann kam sie, bei leichter Dünung und unter Vollzeug. Willem Kesteloo, bei mir an Bord und nicht so gespannt wie ich, sagte: „Welch ein großes Schiff es doch ist." Und als die Bylgia dann näherkam, elegant in den Farben und in jeder Beziehung piekfein in Ordnung, da erst fiel mir auf, daß sie auch unter Segel ein herrlich anzusehendes Schiff war. Nicht nur ein Schiff, um damit rund um die Welt zu segeln, sondern auch eines, das man gerne anschaut, wenn es in einer einsamen Bucht vor Anker liegt.

Aber bedenken wir: Jeder, der am Entstehen eines solchen Schiffes beteiligt ist, kann noch so sehr sein Bestes geben. Es liegt schließlich an der Besatzung, ob das Unternehmen gelingt oder nicht.

Es bleibt das Verdienst von Eilco Kasemier, daß er diese Reise zu einem solch großen Erfolg führte.

Dick Koopmans